Personalrecht 2024

Inhaltsverzeichnis

Arbeitsrecht

Aktuelle Entwicklungen im Personalrecht

Arbeitsrecht

1 Gesetzlicher Mindestlohn

Christoph Tillmanns

Der gesetzliche Mindestlohn steigt zum 1.1.2024 von 12 EUR brutto pro Stunde auf 12,41 EUR. Ein Jahr später – Anfang 2025 – folgt die nächste Erhöhung um weitere 41 Cent auf 12,82 EUR. Das hat das Bundeskabinett auf Vorschlag der Mindestlohnkommission durch die Vierte Verordnung zur Anpassung der Höhe des Mindestlohns am 15.11.2023 beschlossen. Die Verordnung ist im Bundesgesetzblatt vom 29.11.2023 verkündet worden.

Die dynamisierte Minijobgrenze steigt dadurch ab Januar 2024 von 520 EUR auf 538 EUR monatlich bzw. 6.456 EUR jährlich.

2 Ausgleichsabgabe im Schwerbehindertenrecht

Christoph Tillmanns

Ab dem 1.1.2024 wird die Ausgleichsabgabe nach § 160 SGB IX erhöht. Nach § 154 Abs. 1 SGB IX haben private und öffentliche Arbeitgeber mit jahresdurchschnittlich monatlich mindestens 20 Arbeitsplätzen i. S. d. § 156 SGB IX auf wenigstens 5 % der Arbeitsplätze schwerbehinderte Menschen zu beschäftigen. Erleichterungen gelten für kleinere Arbeitgeber:

Arbeitgeber mit jahresdurchschnittlich monatlich weniger als 40 Arbeitsplätzen müssen jahresdurchschnittlich je Monat 1 schwerbehinderten Menschen beschäftigen. Arbeitgeber mit jahresdurchschnittlich monatlich weniger als 60 Arbeitsplätzen müssen jahresdurchschnittlich je Monat 2 schwerbehinderte Menschen beschäftigen.

Solange Arbeitgeber die vorgeschriebene Zahl schwerbehinderter Menschen nicht beschäftigen, entrichten sie für jeden unbesetzten Pflichtarbeitsplatz für schwerbehinderte Menschen eine Ausgleichsabgabe (§ 160 Abs. 1 SGB IX). Die Ausgleichsabgabe wird auf der Grundlage einer jahresdurchschnittlichen Beschäftigungsquote ermittelt.

Die Ausgleichsabgabe beträgt ab 1.1.2024 je unbesetztem Pflichtarbeitsplatz:

1. 140 EUR bei einer jahresdurchschnittlichen Beschäftigungsquote von 3 % bis weniger als dem geltenden Pflichtsatz,
2. 245 EUR bei einer jahresdurchschnittlichen Beschäftigungsquote von 2 % bis weniger als 3 %,
3. 360 EUR bei einer jahresdurchschnittlichen Beschäftigungsquote von mehr als 0 % bis weniger als 2 %,
4. 720 EUR bei einer jahresdurchschnittlichen Beschäftigungsquote von 0 %.

Grund für diese Anhebung der Ausgleichsabgabe, insbesondere für Arbeitgeber, die gar keinen schwerbehinderten Menschen beschäftigen, ist nach der Gesetzesbegründung, dass „noch immer etwa 45.000 beschäftigungspflichtige Arbeitgeber (also rund ein Viertel der beschäftigungspflichtigen Arbeitgeber) bundesweit keinen einzigen schwerbehinderten Menschen beschäftigen. Dies kann nicht auf Dauer hingenommen werden. Daher wird eine weitere (vierte) Staffel für die Beschäftigungsquote null Prozent neu eingeführt, um die Antriebsfunktion der Ausgleichsabgabe zu unterstreichen. Die beschäftigungspflichtigen Arbeitgeber, die keinen schwerbehinderten Menschen beschäftigen, sollen eine höhere Ausgleichsabgabe zahlen als diejenigen Arbeitgeber, die wenigstens in geringem Maße schwerbehinderte Menschen beschäftigen und damit zum Ausdruck bringen, dass sie sich zumindest teilweise mit dem Ziel der Beschäftigung schwerbehinderter Menschen identifizieren“ (Gesetzentwurf, S. 22).

Abweichend von der obigen Staffel beträgt die Ausgleichsabgabe je unbesetztem Pflichtarbeitsplatz für schwerbehinderte Menschen bei kleineren Arbeitgebern:

1. Mit jahresdurchschnittlich weniger als 40 zu berücksichtigenden Arbeitsplätzen bei einer jahresdurchschnittlichen Beschäftigung von weniger als 1 schwerbehinderten Menschen 140 EUR und bei einer jahresdurchschnittlichen Beschäftigung von null schwerbehinderten Menschen 210 EUR.
2. Mit jahresdurchschnittlich weniger als 60 zu berücksichtigenden Arbeitsplätzen bei einer jahresdurchschnittlichen Beschäftigung von weniger als 2 schwerbehinderten Menschen 140 EUR, bei einer jahresdurchschnittlichen Beschäftigung von weniger als 1 schwerbehinderten Menschen 245 EUR und bei einer jahresdurchschnittlichen Beschäftigung von null schwerbehinderten Menschen 410 EUR.

3 Änderungen beim Hinweisgeberschutzgesetz

Christoph Tillmanns

3.1 Gesetzgebungsverfahren

Die EU-Richtlinie 2019/1937 zum Schutz von Personen, die Verstöße gegen das Unionsrecht melden, hätte eigentlich bereits bis zum 17.12.2021 in deutsches Recht umgesetzt werden müssen. Das vom Bundestag am 17.12.2022 verabschiedete Gesetz wurde vom Bundesrat am 10.2.2023 jedoch abgelehnt. Als Begründung wurde angeführt, es sei zu bürokratisch, was einerseits teilweise zutrifft, andererseits aber nicht zu vermeiden ist, weil die EU-Richtlinie 2019/1937 entsprechende Vorgaben macht. Da das Gesetz der Zustimmung des Bundesrats bedurfte, konnte es nicht in Kraft treten.

Im Vermittlungsausschuss wurde am 9.5.2023 eine Einigung über Änderungen an dem ursprünglich verabschiedeten Gesetz getroffen. Dabei wurden an dem Gesetzentwurf insbesondere Änderungen zu den Meldewegen für anonyme Hinweise, zu Bußgeldern und zum Anwendungsbereich des Gesetzes vorgenommen, ohne das Gesetz aber in seinem Kern zu verändern.

Das Gesetz ist **am 2.7.2023 in Kraft getreten**.

3.2 Wichtige Änderungen

Folgende Änderungen sind am ursprünglich vom Bundestag verabschiedeten Gesetz vorgenommen worden:

Das Gesetz sieht keine Pflicht mehr vor, die Abgabe anonymer Meldungen zu ermöglichen. Dies gilt sowohl für interne als auch für externe Meldestellen (§§ 16 Abs. 1 Satz 5, 27 Abs. 1 Satz 4 HinSchG). Soweit eine anonyme Meldung eingeht, „soll" diese von der Meldestelle bearbeitet werden. Das ist für ein funktionierendes Hinweisgebersystem ohne Zweifel sinnvoll.

Informationen über die in § 2 HinSchG genannten Verstöße fallen nur dann in den Anwendungsbereich des Gesetzes, wenn sie sich auf den Beschäftigungsgeber oder eine andere Stelle, mit der die hinweisgebende Person beruflich im Kontakt stand, beziehen.

Die Vermutung, dass die Benachteiligung einer hinweisgebenden Person eine Repressalie für den Hinweis ist, soll nur noch dann bestehen, wenn die hinweisgebende Person dies auch selbst geltend macht (§ 36 Abs. 2 HinSchG).

Die Höhe der angedrohten Bußgelder für bestimmte Verstöße gegen das HinSchG ist vermindert worden.

Wichtig: Bußgeld
Bei Nichteinrichtung und Nichtbetrieb einer internen Meldestelle kann seit 1.12.2023 ein Bußgeld i. H. v. bis zu 20.000 EUR verhängt werden (vgl. § 42 Abs. 2 HinSchG).

Bei Behinderung einer Meldung oder Kommunikation sowie bei einer Repressalie oder bei Nichtwahrung der Vertraulichkeit können sich die jeweiligen Höchstgrenzen für Geldbußen im Fall einer Ordnungswidrigkeit verzehnfachen (§ 40 Abs. 6 Satz 2 HinSchG i. V. m. § 30 Abs. 2 Satz 3 OWiG i. V. m. § 40 Abs. 2 Nr. 1 und Nr. 3, Abs. 3 und Abs. 5 HinSchG).

3.3 Pflicht zur Einrichtung einer internen Meldestelle

Für Beschäftigungsgeber mit **mindestens 250 Beschäftigten** besteht die Pflicht seit Inkrafttreten des Gesetzes, d. h. seit 2.7.2023. Für Beschäftigungsgeber mit **mindestens 50 und maximal 249 Beschäftigten** besteht die Pflicht (erst) **seit dem 17.12.2023**. Für Beschäftigungsgeber mit **maximal 49 Beschäftigten** besteht keine Pflicht zur Errichtung.

4 Gesetzentwurf zur Anpassung der Vorschriften zur Betriebsratsvergütung

Christoph Tillmanns

Das Bundeskabinett hat am 1.11.2023 einen Regierungsentwurf für ein „Zweites Gesetz zur Änderung des Betriebsverfassungsgesetzes“ verabschiedet. Der Bundesrat hat in seiner Sitzung vom 15.12.2023 keine Einwendungen hiergegen erhoben. Das Gesetz tritt am Tag nach seiner Verkündung in Kraft. Aufgrund der in der Praxis entstandenen Rechtsunsicherheiten durch ein Urteil des Bundesgerichtshofs (BGH) vom 10.1.2023 (BGH, Urteil v. 10.1.2023, 6 StR 133/22) zur Frage der Untreue aufseiten des Arbeitgebers bei Verstößen gegen das betriebsverfassungsrechtliche Begünstigungsverbot nach § 78 Satz 2 BetrVG soll eine Anpassung der gesetzlichen Vorschriften erfolgen. Betriebsratsmitglieder dürfen nach § 78 Satz 2

BetrVG wegen ihrer Tätigkeit weder benachteiligt noch begünstigt werden. Das gilt auch für ihre berufliche Entwicklung einschließlich des Arbeitsentgelts. Das Benachteiligungsverbot wird ergänzt durch einen Mindestvergütungsanspruch. Nach § 37 Abs. 4 BetrVG darf das Arbeitsentgelt nicht geringer bemessen werden als das Arbeitsentgelt vergleichbarer Arbeitnehmerinnen und Arbeitnehmer mit betriebsüblicher Entwicklung. Dabei wird aber am Ehrenamtsprinzip des § 37 Abs. 1 BetrVG festgehalten. Die Gesetzesänderung dient dazu, den Betriebsparteien etwas mehr Spielraum bei der Festlegung von Vergleichsgruppen für die betriebsübliche berufliche Entwicklung zu geben und auch persönliche Qualifikationen, die ein Betriebsratsmitglied im Laufe seiner Amtszeit erworben hat, bei einem fiktiven Beförderungsanspruch zu berücksichtigen (§ 78 Satz 2 und 3 BetrVG).

§ 37 Abs. 4 BetrVG werden folgende Sätze angefügt:

„Zur Bestimmung der vergleichbaren Arbeitnehmer nach Satz 1 ist auf den Zeitpunkt der Übernahme des Betriebsratsamts abzustellen, soweit nicht ein sachlicher Grund für eine spätere Neubestimmung vorliegt. Arbeitgeber und Betriebsrat können in einer Betriebsvereinbarung ein Verfahren zur Festlegung vergleichbarer Arbeitnehmer regeln. Die Konkretisierung der Vergleichbarkeit in einer solchen Betriebsvereinbarung kann nur auf grobe Fehlerhaftigkeit überprüft werden; Gleiches gilt für die Festlegung der Vergleichspersonen, soweit sie einvernehmlich zwischen Arbeitgeber und Betriebsrat erfolgt und in Textform dokumentiert ist."

§ 78 wird folgender Satz angefügt:

„Eine Begünstigung oder Benachteiligung liegt im Hinblick auf das gezahlte Arbeitsentgelt nicht vor, wenn das Mitglied einer in Satz 1 genannten Vertretung in seiner Person die für die Gewährung des Arbeitsentgelts erforderlichen betrieblichen Anforderungen und Kriterien erfüllt und die Festlegung nicht ermessensfehlerhaft erfolgt."

Ob durch die Änderung tatsächlich mehr Klarheit bei der Vergütung von insbesondere langjährig freigestellten Betriebsratsmitgliedern, vor allem im Hinblick auf hypothetische Beförderungsansprüche geschaffen wird, bleibt abzuwarten. Eine höhere Vergütung von Betriebsräten allein wegen der Ausübung des Betriebsratsamts bleibt weiterhin verboten. Die bei Großunternehmen anzutreffende Praxis, Betriebsratsmitglieder in herausgehobener Position allein deswegen wie Manager zur vergüten, bleibt untersagt.

5 Einführung eines Qualifizierungsgeldes

Christoph Tillmanns

Das am 20.7.2023 in Kraft getretene Gesetz zur Stärkung der Aus- und Weiterbildungsförderung sieht zum 1.4.2024 unter anderem die Einführung von Qualifizierungsgeld vor.

Für den Bezug von Qualifizierungsgeld müssen verschiedene betriebliche und persönliche Voraussetzungen erfüllt sein:

Der Qualifizierungsbedarf der Mitarbeiter muss strukturwandelbedingt sein, z. B. durch demographische Veränderungen oder durch Transformationsprozesse im Zusammenhang mit der Digitalisierung bzw. Dekarbonisierung, wie etwa bei dem Wechsel vom Verbrennungsmotor hin zur Elektromobilität. Nur der daraus resultierende Qualifizierungsbedarf der Mitarbeiter wird durch das Qualifizierungsgeld gefördert. Auf diese Weise soll Arbeitslosigkeit vermieden und Beschäftigung gesichert werden. Daher ist auch weitere Voraussetzung, dass das Arbeitsverhältnis während der Qualifizierungsmaßnahme ungekündigt fortbesteht. Das Qualifizierungsgeld wird vom Arbeitgeber an die Arbeitnehmer ausgezahlt und von der Agentur für Arbeit erstattet.

Die Zahlung von Qualifizierungsgeld ist noch an weitere Voraussetzungen geknüpft:

Der strukturwandelbedingte Qualifizierungsbedarf muss mindestens 20 % der im Betrieb beschäftigten Arbeitnehmer betreffen, in Betrieben mit weniger als 250 Beschäftigen nur 10 %. Der Arbeitgeber muss die gesamte Weiterbildung finanzieren und insbesondere die Sachkosten alleine tragen. Die Lohnkosten muss er nicht übernehmen, da der Arbeitnehmer nicht arbeitet und anstelle des Arbeitslohns das Qualifizierungsgeld bezahlt wird. Für die Dauer der Qualifizierungsmaßnahme vereinbaren Arbeitgeber und Arbeitnehmer die unbezahlte Freistellung von der Arbeit.

Eine weitere Hürde besteht darin, dass durch Tarifvertrag oder Betriebsvereinbarung (die einen Betriebsrat voraussetzt!) Regelungen getroffen werden müssen, die den strukturwandelbedingten Qualifizierungsbedarf einschließlich der betroffenen betrieblichen Bereiche und Ursachen beschreiben. Darin zu treffen sind außerdem Regelungen über Perspektiven für die weitere Beschäftigung der dann qualifizierten Arbeitnehmer im Betrieb und Konzepte für deren Einsatz nach Abschluss der Maßnahme sowie über die Inanspruchnahme des Qualifizierungsgeldes.

Oftmals wird der Betriebsrat bei derartigen Transformationsprozessen Beteiligungsrechte haben: So hat er nach § 97 Abs. 2 BetrVG ein echtes Mitbestimmungsrecht, wenn durch Maßnahmen des Arbeitgebers Fortbildungen notwendig werden, weil die Kenntnisse der Mitarbeiter nicht mehr ausreichen. Transformationsprozesse sind häufig auch Betriebsänderungen, bei denen nach §§ 111 ff. BetrVG über einen Interessenausgleich und einen Sozialplan zu verhandeln ist. In diesem Rahmen spielt der Schutz vor dem Verlust des Arbeitsplatzes durch Qualifizierung eine wichtige Rolle.

Da der Arbeitgeber die Sachkosten der Qualifizierung tragen muss, ist er berechtigt, mit dem Arbeitnehmer zu vereinbaren, dass dieser die Sachkosten der Qualifizierung anteilig zurückzuzahlen hat, wenn er von sich aus vor Ablauf einer Bindungsfrist aus dem Arbeitsverhältnis ausscheidet. Die komplizierte und ausdifferenzierte Rechtsprechung des BAG zu Rückzahlungsklauseln ist hierbei genau zu beachten.

Zuletzt darf der Arbeitnehmer in den letzten 4 Jahren nicht an einer geförderten beruflichen Weiterbildung teilgenommen haben.

6 Referentenentwurf eines FamilienstartzeitG

Christoph Tillmanns

6.1 Stand der Gesetzgebung

Am 29.3.2023 hat das Bundesministerium für Familie, Senioren, Frauen und Jugend einen Referentenentwurf zu einem Gesetz zur Einführung eines Freistellungsanspruchs für den Partner oder die Partnerin nach der Entbindung und zur Änderung anderer Gesetze im Bereich der familienbezogenen Leistungen (Familienstartzeitgesetz) vorgelegt. Bisher ist dieser Referentenentwurf nicht im Kabinett beraten worden, sodass ein Regierungsentwurf bisher nicht vorliegt. Ob das Gesetz den aktuellen Sparzwängen zum Opfer fällt, ist derzeit nicht absehbar. Die finanzielle Belastung wäre aber überschaubar, da die Kosten vor allem aus den Mitteln der Umlage U2 nach dem Aufwendungsausgleichsgesetz (AAG) finanziert werden und der Anspruch auf die Partnervergütung zudem auf das Elterngeld angerechnet werden soll. Mit einem Inkrafttreten ist frühestens im ersten Halbjahr 2024 zu rechnen.

Der Zweck des Gesetzes ist ein doppelter: Zum einen geht es um den Gesundheitsschutz der Frau in den ersten 2 Wochen nach der Entbindung, zum anderen soll die gemeinsame Sorge der Eltern für das Kind in den ersten 2 Wochen nach der Entbindung gefördert werden.

6.2 Überblick über die beabsichtigten Regelungen

Zentrale Regelung ist die Einführung eines (bezahlten) Freistellungsanspruchs des Partners oder der Partnerin (fortan: Partner) in den ersten 10 Arbeitstagen nach einer Geburt (§ 25a MuSchG Ref-E). Darüber hinaus ist Folgendes geplant:

- Anspruchsberechtigt soll vorrangig „der im Haushalt lebende andere Elternteil“ sein.
- Alleinerziehende sollen die Möglichkeit erhalten, eine Person zu benennen, die sie als Partner anstelle des anderen Elternteils nach der Entbindung dabei unterstützen kann, sich in einem familiär-vertrauten Umfeld von den Anstrengungen der Geburt zu regenerieren.
- Die Zeit der Partnerfreistellung soll wie die Zeit der Mutterschutzfrist auf den Anspruch auf Elternzeit angerechnet werden (§ 15 BEEG).
- Regelungen zur Unterbrechung einer bestehenden Elternzeit des Partners, um die Partnerfreistellung in Anspruch zu nehmen.
- Für die Zeit der Freistellung soll der Partner von seinem Arbeitgeber Partnerschaftslohn in Höhe des durchschnittlichen Arbeitsentgelts der letzten 3 Kalendermonate erhalten. Der Partnerschaftslohn soll auf das Elterngeld angerechnet werden, wenn ein Anspruch auf Elterngeld besteht (§ 3 BEEG).
- Die Kosten der Freistellung sollen dem Arbeitgeber aus dem arbeitgeberfinanzierten U2-Umlageverfahren erstattet werden.
- Ergänzende Regelungen und Neufassung der arbeitsrechtlichen Vorschriften im BEEG. Diese haben überwiegend klarstellenden Charakter. Eine inhaltliche Klarstellung betrifft die Festlegungsfrist bei der erstmaligen Inanspruchnahme von Elternzeit. Die in § 16 Abs. 1 BEEG geregelte Festlegungsfrist von 2 Jahren beginnt mit dem Beginn der Elternzeit, nicht schon mit der Inanspruchnahmeerklärung, sodass die Frist faktisch mindestens 2 Jahre und 7 Wochen beträgt (Wegen der 7-wöchigen Frist für die Inanspruchnahmeerklärung nach § 16 Abs. 1 Satz 1 Nr. 1 BEEG).

6.3 Anspruch auf Partnerfreistellung mit Partnerschaftslohn

Der Anspruch auf bezahlte Partnerfreistellung ergibt sich aus § 25a MuSchG Ref-E:

(1) Der Partner oder die Partnerin kann von seinem oder ihrem Arbeitgeber tageweise in den ersten zehn Arbeitstagen ab dem Entbindungstag oder ab dem darauffolgenden Arbeitstag eine Freistellung von der Arbeitsleistung verlangen.

(2) Für die Dauer der Freistellung erhält der Partner oder die Partnerin von seinem oder ihrem Arbeitgeber Partnerschaftslohn. Als Partnerschaftslohn wird das durchschnittliche kalendertägliche Arbeitsentgelt der letzten drei abgerechneten Kalendermonate vor der Entbindung gezahlt.

6.4 Voraussetzungen für einen „Partner" oder eine „Partnerin"

Der Anspruch auf Partnerfreistellung setzt zunächst voraus, dass auch der Partner in den persönlichen Geltungsbereich des Mutterschutzgesetzes nach § 1 Abs. 5 Satz 2 i. V. m. § 1 Abs. 2 und 3 MuSchG Ref-E fällt. Partner können demnach alle Menschen sein, die in einem Beschäftigungsverhältnis nach § 7 Abs. 1 SGB IV stehen oder im Katalog nach § 1 Abs. 2 Nrn. 1–8 MuSchG aufgezählt sind, z. B. auch arbeitnehmerähnliche Selbstständige oder angestellte sozialversicherungspflichtige Geschäftsführer.

Der Begriff des anspruchsberechtigten Partners ist darüber hinaus in § 2 Abs. 6 Nrn. 1–3 MuSchG Ref-E gesetzlich bestimmt.

Er ist dadurch gekennzeichnet, dass vorrangig die Personen, die mit der Mutter verheiratet sind oder eine Partnerschaft geschlossen haben und mit ihr in einem Haushalt leben, Partner sind. Nur nachrangig für den Fall, dass die Mutter alleinerziehend ist und es eine solche Person nicht gibt, kann die Mutter beliebig einen Partner bestimmen.

Differenzierung zwischen Elternteil und anderer Person

Partner im Sinne dieses Gesetzes ist nach Nr. 1 vorrangig der andere Elternteil, der mit der Frau, die entbunden hat, in einem Haushalt lebt. Darunter fällt vor allem der leibliche Vater des Kindes. Die Vaterschaft richtet sich nach den Regelungen des Bürgerlichen Gesetzbuchs. Vater im Sinne von § 1592 BGB ist der Mann, der zum Zeitpunkt der Geburt mit der Mutter des Kindes verheiratet ist oder der die Vaterschaft anerkannt hat. Weitere Voraussetzung ist, dass er mit der Mutter zusammen in einem Haushalt lebt. Bei gleichgeschlechtlichen Ehen unter Frauen ist die Ehefrau der Mutter (noch) nicht der andere Elternteil, weil hier erst noch ein Adoptionsverfahren durchzuführen ist. Die Ehefrau der Mutter fällt daher nicht unter Nr. 1.

Partner nach Nr. 2 („andere Person in Lebenspartnerschaft im gemeinsamen Haushalt") ist die Person, die mit der Mutter in einer Lebenspartnerschaft verbunden ist und mit ihr in einem Haushalt lebt. Das kann sowohl der nichteheliche Vater des Kindes sein als auch die Ehefrau der Mutter, denn beide gelten zunächst nicht als

Elternteil i. S. d. §§ 1592 ff. BGB. Der Begriff der Lebenspartnerschaft ist hier nicht im Rechtssinne zu verstehen, zumal es seit dem Jahr 2017 keine eingetragenen Lebenspartnerschaften mehr gibt, sondern seit diesem Zeitraum die Ehe auch für gleichgeschlechtliche Personen möglich ist. Gemeint ist hier vielmehr eine tatsächliche auf Dauer eingegangene persönliche Bindung, die in einer früheren Lebenspartnerschaft im rechtlichen Sinne, einer gleichgeschlechtlichen Ehe oder einer nichtehelichen Lebensgemeinschaft bestehen kann. Diese Vorschrift soll insbesondere diejenigen Fälle erfassen, in denen z. B. in einer Lebenspartnerschaft der eine Lebenspartner aufgrund des noch nicht abgeschlossenen Adoptionsverfahrens kein rechtlicher Elternteil ist.

Wichtig: Anspruchsberechtigte Person von Gesetzes wegen

Ist ein Partner nach Nr. 1 (leiblicher Vater) oder nach Nr. 2 (Lebenspartner/in) vorhanden (Nr. 1 und Nr. 2 schließen sich gegenseitig aus), die oder der mit der Mutter in häuslicher Gemeinschaft lebt, so ist diese Person von Gesetzes wegen der anspruchsberechtigte Partner. Der Anspruch auf Partnerfreistellung besteht unabhängig davon, ob die Mutter damit einverstanden ist. Diese kann nicht verhindern, dass der Partner die Partnerfreistellung gegenüber dem Arbeitgeber in Anspruch nimmt. Die Mutter hat keine Möglichkeit, eine andere Person zu bestimmen, selbst wenn dieser Partner kurzfristig verhindert ist, beispielsweise durch eine Dienstreise oder Krankheit.

Nur dann, wenn ein solcher Partner nicht vorhanden ist, die Mutter also alleinerziehend ist, kann die Mutter nach Nr. 3 eine andere Person als Partner bestimmen. In der Bestimmung der Person ist die Mutter dann frei. Es muss sich nicht um einen nahen Angehörigen handeln, sondern kann z. B. auch eine Freundin sein.

Die Benennung eines Partners nach Nr. 3 kann auch noch nach der Entbindung durch die Mutter geschehen. Allerdings ist dabei zu beachten, dass der Anspruch auf Partnerfreistellung nach der Entbindung längstens für 10 Arbeitstage besteht.

Es kann nur eine Person Partner im Sinne dieser Vorschrift sein (§ 2 Abs. 6 Satz 2 MuSchG Ref-E).

6.5 Inanspruchnahme der Partnerfreistellung

Die Inanspruchnahme der Partnerfreistellung erfolgt gegenüber dem Arbeitgeber des Partners durch diesen selbst. Die Inanspruchnahmeerklärung ist fristlos und formlos möglich. Der Partner soll zwar seinem Arbeitgeber die Schwangerschaft und den voraussichtlichen Tag der Entbindung mitteilen. Das ist aber keine Voraussetzung für die Inanspruchnahme der Partnerfreistellung. Der Partner hat jedoch auf Verlangen – nicht von sich aus – seines Arbeitgebers ein Zeugnis nach § 15 Abs. 3 vorzulegen (§ 25a Abs. 4 und 5 MuSchG Ref-E). Verlangt der Arbeitgeber vom Partner einen Nachweis über die Entbindung, hat die Mutter ihrem Partner zum Nachweis gegenüber seinem Arbeitgeber ein ärztliches Zeugnis oder das Zeugnis einer Hebamme oder eines Entbindungspflegers auszuhändigen. Das Zeugnis hat den Namen der Mutter, den Namen des Partners sowie den Tag der Entbindung zu enthalten. Die Mutter darf das Zeugnis nur für eine Person ausstellen lassen. Dabei ist nicht zu verkennen, dass Arzt oder Ärztin, Hebamme oder Entbindungspfleger kaum in der Lage sein werden, die rechtlichen Voraussetzungen für das Vorliegen einer Partnerschaft zu prüfen.

Ist das Zeugnis insoweit falsch, bleibt der Partner unentschuldigt der Arbeit fern.

Partnerschaftslohn nur nach Vorlage eines ärztlichen Zeugnisses

Unklar ist, ob der Partner bei Vorlage der sonstigen Voraussetzungen die Partnerfreistellung antreten kann, obwohl das Zeugnis noch nicht vorgelegt worden ist. Dafür spricht, dass die Vorlage des Zeugnisses vom Gesetzgeber nicht zur Voraussetzung für den Antritt der Partnerfreistellung gemacht wurde, sondern nur eine zusätzliche Pflicht des Partners darstellt. Solange allerdings das Zeugnis nicht vorliegt, ist der Arbeitgeber nicht verpflichtet, den Partnerschaftslohn zu zahlen. Wird das Zeugnis überhaupt nicht vorgelegt, begeht der Arbeitnehmer einen schweren Vertragsverstoß, der entsprechende Konsequenzen nach sich ziehen kann. Wird die Partnerschaft nur „vorgetäuscht“, handelt es sich um einen an sich zur fristlosen Kündigung geeigneten Grund.

Der Partner hat einen Rechtsanspruch gegen die Mutter auf Vorlage des Attests.

Voraussetzung der Partnerfreistellung ist eine **Entbindung** im Sinne des Personenstandsrechts (§ 21 Abs. 2 PStG). Auch eine Totgeburt (aber keine Fehlgeburt) ist rechtlich betrachtet eine Entbindung. Zur Unterscheidung siehe § 31 der Personenstandsverordnung.

Ansonsten bestehen keine weiteren Voraussetzungen für die Inanspruchnahme der Partnerfreistellung. Insbesondere muss das Arbeitsverhältnis nicht bereits eine bestimmte Zeit bestanden haben, ebenso wenig ist eine bestimmte Form zu beachten, sodass die Inanspruchnahme auch mündlich erklärt werden kann. Andererseits vermittelt die Partnerfreistellung keinen besonderen Kündigungsschutz, wenngleich auch der Arbeitgeber nicht deswegen kündigen darf, weil es sich ansonsten um einen Verstoß gegen das Maßregelungsverbot nach § 612a BGB handeln würde. Der Arbeitgeber hat keine Möglichkeit, die Inanspruchnahme zu verhindern, selbst wenn er dafür dringende betriebliche Gründe anführen könnte.

6.6 Die zeitliche Dauer und Lage der Partnerfreistellung

Die Partnerfreistellung dauert nach dem Gesetzentwurf 10 Arbeitstage. Sie setzt bestehende Arbeitspflicht voraus, da ansonsten keine Freistellung von der Arbeit möglich ist. Befinden sich Mitarbeiter in Urlaub, ist eine Partnerfreistellung nicht möglich. Der erste Tag der Partnerfreistellung muss nicht zwingend der Entbindungstag sein, sondern kann auch der erste darauffolgende Arbeitstag sein, ohne dass sich die Dauer der Partnerfreistellung verkürzt. Sie kann auch weniger als 10 Arbeitstage umfassen. Das obliegt allein der Entscheidung des Partners.

Unklar ist, welchen Anspruch teilzeitbeschäftigte Partner haben, die nicht in der 5-Tage-Woche arbeiten. Da der Zweck des Gesetzes ist, der Mutter in den ersten 2 Wochen nach der Entbindung durch den Partner eine Entlastung zukommen zu lassen, verlängert sich die Partnerfreistellung bei einer Teilzeitarbeit nicht. Die 10 Arbeitstage beziehen sich auf eine 5-Tage-Woche in einem Vollzeitarbeitsverhältnis.

6.7 Partnerschaftslohn

Der Partner erhält nach § 25a Abs. 2 MuSchG Ref-E „Partnerschaftslohn“, der sich nach den Regeln des Mutterschutzlohns nach §§ 18 ff. MuSchG berechnet. Der Anspruch richtet sich gegen den Arbeitgeber, der die entsprechenden Aufwendungen nach § 1 Abs. 2 Nr. 2 AAG Ref-E über das U2-Verfahren von der Krankenkasse erstattet erhält.

Die Zeit der Partnerfreistellung gilt wie die Zeit der Schutzfristen der Frau als bestehendes Arbeitsverhältnis und vermindert den Urlaubsanspruch nach § 24 MuSchG nicht.

Neben dem Anspruch auf Partnerschaftslohn besteht kein weiterer Vergütungsanspruch des Ehepartners nach § 616 BGB. Ob ein solcher Anspruch überhaupt besteht – die Begründung des Referentenentwurfs geht davon aus – und in welchem zeitlichen Umfang, ist in der Rechtsprechung nicht endgültig geklärt. Nimmt aber der Mitarbeiter die Partnerfreistellung in Anspruch und erhält daher den Partnerschaftslohn, entfällt jedenfalls ein möglicher Anspruch nach § 616 BGB.

Ob die gängigen tarifvertraglichen Ansprüche auf bezahlte Freistellung bei der Geburt eines eigenen Kindes neben den Anspruch auf Partnerschaftslohn treten oder damit ebenfalls erfüllt sind, hängt von der Auslegung dieser Regelungen ab. Ergibt die Auslegung, dass es sich hierbei um eine Konkretisierung des Anspruchs aus § 616 BGB handelt, ist der Anspruch durch die Partnerfreistellung ebenfalls erfüllt. Ergibt die Auslegung, dass es sich um einen zusätzlichen Urlaub handeln soll, kommt dieser Anspruch tendenziell zum Anspruch auf Partnerfreistellung hinzu.

6.8 Partnerfreistellung und Elternzeit

Hier ist zu unterscheiden zwischen einer bestehenden Elternzeit des Partners wegen eines anderen Kindes oder des Anspruchs auf Elternzeit des Partners für das neugeborene Kind.

Die Zeit der Partnerfreistellung wird auf den Anspruch des Partners auf Elternzeit (der max. 3 Jahre beträgt) für das neugeborene Kind angerechnet (§ 15 Abs. 4 Satz 2 BEEG Ref-E), wie die Schutzfrist der Mutter auf ihren Anspruch auf Elternzeit für das neugeborene Kind angerechnet wird.

Unübersichtlicher ist es, wenn sich der Partner bereits in einer Elternzeit für ein anderes Kind befindet. Da die Partnerfreistellung nur möglich ist, wenn Pflicht zur Arbeit besteht, muss diese Elternzeit daher vorher für die Dauer der Partnerfreistellung beendet oder unterbrochen werden.

Ein Partner i. S. d. § 2 Abs. 6 Satz 1 Nr. 2 (Lebenspartner/in, nicht leiblicher Elternteil) oder Nr. 3 MuSchG (von der Alleinerziehenden bestimmter Partner) kann zur Inanspruchnahme der Partnerfreistellung seine Elternzeit ohne Zustimmung des Arbeitgebers unterbrechen (§ 16a BEEG Ref-E). Danach wird die Elternzeit fortgesetzt. Dem Arbeitgeber soll die Unterbrechung rechtzeitig mitgeteilt werden, Fristen sind hingegen nicht vorgeschrieben. Die Elternzeit verlängert sich dadurch. Eine vom Gesetzgeber kaum bedachte Folge dieser „Unterbrechungslösung“ sind die Auswirkungen auf das Recht zur Urlaubskürzung (§ 17 Abs. 1 BEEG) durch den Arbeitgeber. In diesem Fall hat während der 10 Tage Partnerfreistellung das Arbeitsverhältnis bestanden, es entstehen auch Urlaubsansprüche, die der Arbeitgeber nicht kürzen kann. Erst recht skurril wird die Regelung, wenn man sieht, dass der Gesetzgeber diese Möglichkeit der Unterbrechung der Elternzeit für den Partner nach § 2 Abs. 6 Nr. 1 MuSchG Ref-E (leiblicher Vater, der im Haushalt lebt) nicht vorsieht. Dieser kann eine bestehende Elternzeit, beispielsweise für ein Geschwisterkind des Neugeborenen nicht einfach durch einseitige Erklärung unterbrechen, sondern muss den mühsamen Weg der fristgerechten Beantragung einer vorzeitigen Beendigung der gesamten Elternzeit nach § 16 Abs. 3 BEEG beim Arbeitgeber beschreiten und auf die Genehmigung durch den Arbeitgeber hoffen, die der allerdings nur bei dringenden betrieblichen Gründen verweigern kann. Hier liegt eine offensichtliche Benachteiligung der leiblichen Väter vor; die Regelung dürfte insoweit verfassungswidrig sein.

6.9 Sonstige Änderungen

Darüber hinaus sind im Gesetz vorgesehen:

- Eine Änderung des AAG zur Einführung des vollen Erstattungsanspruchs für Arbeitgeber von Beschäftigten, die Partnerschaftslohn während der Partnerfreistellung beziehen.
- Die Einführung des Partnerschaftsgeldes für freiwillig gesetzliche Versicherte mit Krankengeldanspruch (das nur dem Progressionsvorbehalt unterliegt, § 32b Abs. 1 Nr. 1 EStG).
- Die Einführung des Partnerschaftstagegeldes für Privatversicherte mit Krankentagegeldanspruch im Versichertenvertragsgesetz.
- Weiterhin ist ein erweitertes Elterngeld im Fall von Frühgeburten vorgesehen.

7 Die Pflicht zur Arbeitszeiterfassung – Referentenentwurf zur Änderung des Arbeitszeitgesetzes

Christoph Tillmanns

7.1 Gesetzgebungsstand

Mit Beschluss vom 13.9.2022 (BAG, Beschluss v. 13.9.2022, 1 ABR 22/21) hat der Erste Senat des BAG unter Bezugnahme auf die CCOO-Entscheidung des EuGH (EuGH, Urteil v. 14.5.2019, C 55/18) entschieden, dass Arbeitgeber dazu verpflichtet sind, die gesamte Arbeitszeit der Arbeitnehmer – zu der auch die Unterbrechung der Arbeitszeit durch Pausen gehört – aufzuzeichnen. Dies gilt für Arbeitgeber bereits ohne weitere gesetzgeberische Aktivitäten auf der Grundlage von § 3 Abs. 2 Nr. 1 ArbSchG, der sie verpflichtet, Beginn und Ende der täglichen Arbeitszeit der Arbeitnehmer zu erfassen.

In einem bekannt gewordenen Entwurf des Bundesministeriums für Arbeit und Soziales (BMAS) vom 19.4.2023 zur Änderung des Arbeitszeitgesetzes wird die Arbeitszeiterfassungspflicht nun konkretisiert.

Ob dieser Entwurf tatsächlich zu einem Gesetz führt, erscheint derzeit sehr fraglich, eine Ressortabstimmung hat seit dem Entwurf nicht stattgefunden und das Vorhaben wird in der „Ampelkoalition" kontrovers diskutiert. Der Entwurf sieht zudem für die Einführung eines elektronischen Systems der Arbeitszeiterfassung sehr großzügige Übergangsfristen vor. Diese sind nach Unternehmensgröße gestaffelt.

Aber auch ohne ein Gesetz gilt, dass die Arbeitgeber nach der Entscheidung des Bundesarbeitsgerichts die Arbeitszeit zu erfassen haben – nur eben nicht zwingend elektronisch.

7.2 Verpflichtung zur elektronischen Erfassung

Nach dem Referentenentwurf sollen die Arbeitgeber verpflichtetet werden, Beginn, Ende und Dauer der täglichen Arbeitszeit der Arbeitnehmer jeweils am Tag der Arbeitsleistung „elektronisch" aufzuzeichnen. Eine bestimmte Art der elektronischen Aufzeichnung wird nicht vorgeschrieben. Nach der Begründung des Entwurfs sollen neben den bereits gebräuchlichen Zeiterfassungsgeräten auch andere Formen der elektronischen Aufzeichnung mithilfe von elektronischen Anwendungen, beispielsweise durch Apps auf einem Mobiltelefon oder durch die Nutzung herkömmlicher Tabellenkalkulationsprogramme, in Betracht kommen.

Nicht zulässig sind nach dem Referentenentwurf jedoch Aufzeichnungen, die erst im Anschluss digitalisiert werden, z. B. das Einscannen von zuvor schriftlich auf Papier erfassten Zeiten.

Von der Pflicht zur elektronischen Erfassung ausgenommen werden Arbeitgeber mit bis zu 10 Arbeitnehmern; außerdem Arbeitgeber von Hausangestellten in einem Privathaushalt sowie ausländische Arbeitgeber ohne Betriebsstätte in Deutschland, die maximal 10 Arbeitnehmer nach Deutschland entsenden.

7.3 Öffnung für die Tarifvertragsparteien

Regeln können die Tarifvertragsparteien in einem Tarifvertrag oder aufgrund eines Tarifvertrags, die Arbeitgeber zudem mit dem Betriebs- oder Personalrat in einer Betriebs- oder Dienstvereinbarung, dass die Aufzeichnung der Arbeitszeit auch in nichtelektronischer Form erfolgen kann. Ebenso kann geregelt werden, dass die Aufzeichnung statt taggenau am Tag der Arbeitsleistung auch an einem anderen Tag erfolgen kann, spätestens aber bis zum Ablauf des 7. auf den Tag der Arbeitsleistung folgenden Kalendertages. Außerdem können die Tarifvertragsparteien bzw. bei einer Tariföffnungsklausel auch die Betriebsparteien bestimmte Gruppen von Arbeitnehmern generell von der Pflicht zur Aufzeichnung der Arbeitszeit ausnehmen. Dies soll für Arbeitnehmer möglich sein, bei denen die gesamte Arbeitszeit (Dauer und Lage) wegen der besonderen Merkmale der ausgeübten Tätigkeit nicht gemessen oder nicht im Voraus festgelegt wird oder von den Arbeitnehmern selbst festgelegt werden kann. Dies entspricht der Formulierung aus Art. 17 Abs. 1 der EU-Arbeitszeitrichtlinie, die insoweit Abweichungen ausdrücklich zulässt.

Beispielhaft nennt Art. 17 Abs. 1 der Richtlinie:

- Leitende Angestellte oder sonstige Personen mit selbstständiger Entscheidungsbefugnis.
- Arbeitskräfte, die Familienangehörige sind.
- Arbeitnehmer, die im liturgischen Bereich von Kirchen oder Religionsgemeinschaften beschäftigt sind.

In der Entwurfsbegründung wird hinsichtlich des für die Ausnahme in Betracht kommenden Personenkreises beispielhaft auf Führungskräfte, herausgehobene Experten oder Wissenschaftler hingewiesen, „die nicht verpflichtet sind, zu festgesetzten Zeiten am Arbeitsplatz anwesend zu sein, sondern über den Umfang und die Einteilung ihrer Arbeitszeit selbst entscheiden können". Leitende Angestellte i. S. v. § 5 Abs. 3 BetrVG bleiben nach § 18 ArbZG weiterhin aus dem Geltungsbereich des ArbZG und damit von der Erfassungspflicht ausgenommen.

7.4 Modalitäten der Arbeitszeiterfassung

Die elektronische Aufzeichnung kann durch den Arbeitnehmer oder einen Dritten erfolgen; der Arbeitgeber bleibt aber für die ordnungsgemäße Aufzeichnung verantwortlich. Nach der Entwurfsbegründung muss der Arbeitgeber die Arbeitnehmer zur ordnungsgemäßen Führung der Aufzeichnungen anleiten und Aufzeichnungen durch Stichproben regelmäßig kontrollieren.

Wenn die Aufzeichnung durch den Arbeitnehmer erfolgt und der Arbeitgeber auf die Kontrolle der vertraglich vereinbarten Arbeitszeit verzichtet (= **Vertrauensarbeitszeit**), hat der Arbeitgeber nach dem Gesetzentwurf durch geeignete Maßnahmen sicherzustellen, dass ihm Verstöße gegen die gesetzlichen Bestimmungen zu Dauer und Lage der Arbeits- und Ruhezeiten bekannt werden. Nach der Entwurfsbegründung könnte dies durch die entsprechende Meldung eines elektronischen Arbeitszeiterfassungssystems erfolgen.

7.5 Informationsanspruch und Aushändigungspflicht

Der Arbeitgeber ist verpflichtet, den Arbeitnehmer auf Verlangen über die aufgezeichnete Arbeitszeit zu informieren. Außerdem muss er ihm auf Verlangen eine Kopie der Aufzeichnungen zur Verfügung stellen.

Nach der Entwurfsbegründung soll damit der Forderung des EuGH nachgekommen werden, dass das System der Arbeitszeiterfassung für jeden Arbeitnehmer zugänglich sein muss. Es soll aber ausreichen, wenn die Arbeitnehmer die sie betreffenden elektronischen Aufzeichnungen selbst einsehen und Kopien fertigen können. Die vorgesehene Regelung zur Aushändigung einer Kopie entspricht der bisherigen Regelung in § 21a Abs. 7 ArbZG (Beschäftigung im Straßentransport).

Sowohl für Verstöße gegen die Aufzeichnungs- und Aufbewahrungspflicht als auch solche gegen die Auskunfts- und Herausgabepflicht ist ein Bußgeld i. H. v. bis zu 30.000 EUR vorgesehen.

8 Die Entgeltransparenzrichtlinie der EU

Christoph Tillmanns

Am 6.6.2023 ist die Entgelttransparenzrichtlinie (EU) 2023/970 (vollständig: Richtlinie zur Stärkung der Anwendung des Grundsatzes des gleichen Entgelts für Männer und Frauen bei gleicher oder gleichwertiger Arbeit durch Lohntransparenz und Durchsetzungsmechanismen, Amtsblatt der Europäischen Union v. 10.5.2023, L 132/21) in Kraft getreten. Die Umsetzungsfrist für den deutschen Gesetzgeber endet am 7.6.2026. In der Richtlinie selbst sind noch weitere Übergangsregelungen insbesondere für kleine und mittlere Unternehmen (KMU) enthalten.

Die Richtlinie bringt erhebliche Änderungen im Hinblick auf die Instrumente zur Durchsetzung der Entgeltgleichheit von Männern und Frauen, auf die Arbeitgeber vorbereitet sein müssen. Die Richtlinie wird zu einer erheblichen Verschärfung des seit 2017 geltenden Entgelttransparenzgesetzes (EntgTranspG) in dieser Hinsicht führen, denn sie lässt dem deutschen Gesetzgeber kaum Spielraum. Arbeitgeber tun gut daran, sich schon heute mit den Regelungen der Richtlinie vertraut zu machen und ihre Entgeltsysteme auf Geschlechtsneutralität zu überprüfen.

Eine Differenzierung im Hinblick auf das Entgelt wegen des Geschlechts ist schon seit vielen Jahren unzulässig (Art. 157 AEUV).

Grundlage hierfür ist, dass zunächst eine gleiche oder gleichwertige Arbeit ausgeübt wird. Der Begriff der gleichwertigen Arbeit in Art. 3 Abs. 1g RL ist sehr weit gefasst und richtet sich nach Art. 4 Abs. 4 RL: Die Kriterien umfassen Kompetenzen, Belastungen, Verantwortung und Arbeitsbedingungen und gegebenenfalls etwaige weitere Faktoren, die für den konkreten Arbeitsplatz oder die konkrete Position relevant sind. Sie werden auf objektive, geschlechtsneutrale Weise angewandt, wobei jede unmittelbare oder mittelbare Diskriminierung aufgrund des Geschlechts ausgeschlossen wird. Insbesondere dürfen relevante soziale Kompetenzen dabei nicht unterbewertet werden. Soweit entscheidungserheblich ist, ob eine gleichwertige Arbeit verrichtet wird, kann nach Art. 19 RL zur Bewertung von verschiedenen Tätigkeiten auch auf eine einheitliche Quelle, die Entgeltbedingungen festlegt, zurückgegriffen werden. Solche einheitlichen Quellen können Tarifverträge sein. Die Bewertung, ob sich Arbeitnehmer in Bezug auf ihre Tätigkeit in einer vergleichbaren Situation befinden, ist nicht auf Arbeitnehmer beschränkt, die im Betrieb des Arbeitgebers arbeiten. Es können auch Statistiken herangezogen werden.

Einführung von Informations- und Auskunftsansprüchen

Art. 5 RL gibt den Bewerbern einen Informationsanspruch gegen den Arbeitgeber über das Einstiegsgehalt für die betreffende Stelle oder dessen Spanne. Diese Informationen hat der Arbeitgeber von vornherein in geeigneter Weise bereitzustellen, beispielsweise in einer Stellenanzeige. Zweck ist, dass der Bewerber auf einer gesicherten Grundlage verhandeln kann. Weiterhin ist es Arbeitgebern zukünftig untersagt, die Stellenbewerber nach dem aktuellen Entgelt oder der bisherigen Entgeltentwicklung zu befragen.

Arbeitgeber stellen ihren Arbeitnehmern Informationen darüber, welche Kriterien für die Festlegung ihres Entgelts, ihrer Entgelthöhen und ihrer Entgeltentwicklung verwendet werden, in leicht zugänglicher Weise zur Verfügung. Diese Kriterien müssen objektiv und geschlechtsneutral sein (Art. 6).

Darüber hinaus sieht die Richtlinie in Art. 7 einen im Verhältnis zu §§ 10 ff. EntgTranspG deutlich weitergehenden **Auskunftsanspruch** der Mitarbeiter vor.

Danach haben alle Arbeitnehmer – unabhängig von der **Betriebsgröße** – das Recht, Auskünfte über ihre individuelle Entgelthöhe und über die durchschnittlichen Entgelthöhen zu verlangen und in schriftlicher Form zu erhalten, aufgeschlüsselt nach Geschlecht und für die Gruppen von Arbeitnehmern, die gleiche oder gleichwertige Arbeit wie sie verrichten. Das Entgelttransparenzgesetz sieht demgegenüber in §§ 10 ff. lediglich einen Auskunftsanspruch über den Median des Entgelts der Beschäftigten des jeweils anderen Geschlechts vor, vorausgesetzt, dass der Betrieb mindestens 200 Arbeitnehmer beschäftigt und die Vergleichsgruppe wenigstens 6 Arbeitnehmer umfasst.

Dieser Anspruch ist von erheblicher praktischer Bedeutung, denn wenn ein Arbeitnehmer darlegen kann, dass ein Mitarbeiter des anderen Geschlechts bei gleichwertiger Arbeit mehr verdient, spricht das zunächst für eine Benachteiligung beim Entgelt wegen des Geschlechts. Die Beweislast dafür, dass keine Benachteiligung vorliegt, trägt der Arbeitgeber.

Der Anspruch auf Auskunft kann über die Arbeitnehmervertretung abgewickelt werden. Arbeitgeber stellen die Auskünfte spätestens innerhalb von 2 Monaten ab dem Tag, an dem der Antrag gestellt wird, zur Verfügung.

Arbeitnehmer dürfen nicht daran gehindert werden, ihr Entgelt offenzulegen, um den Grundsatz des gleichen Entgelts durchzusetzen.

Verpflichtung der Arbeitgeber zur Berichterstattung und Entgeltbewertung

Des Weiteren sind Arbeitgeber nach Art. 9 ab einer Unternehmensgröße von 100 Mitarbeitern zur Berichterstattung über das Entgeltgefälle zwischen Arbeitnehmern durch Angabe zahlreicher statistischer Daten verpflichtet. Hierzu gibt es Übergangsfristen.

Nach Art. 10 haben die Arbeitgeber mit den Arbeitnehmervertretern eine gemeinsame Entgeltbewertung vorzunehmen, wenn sich aus der Berichterstattung über das Entgelt ein Unterschied bei der durchschnittlichen Entgelthöhe von Arbeitnehmern i. H. v. mindestens 5 % in einer Gruppe von Arbeitnehmern ergibt und der Arbeitgeber einen solchen Unterschied nicht auf der Grundlage objektiver, geschlechtsneutraler Kriterien rechtfertigen kann.

Schadensersatzansprüche und Beweislastumkehr

Nach Art. 16 besteht ein Anspruch auf Schadensersatz und Entschädigung wegen der erlittenen Benachteiligung, der sich allerdings schon heute im deutschen Recht in § 15 AGG findet. Eine solche Klage kann auch durch Verbände im Namen einzelner Arbeitnehmer geführt werden.

Von Bedeutung ist die in Art. 18 geregelte Verlagerung der Beweislast. Sie entspricht vom Grundsatz her § 22 AGG. Sie geht aber insoweit darüber hinaus, als bereits Verstöße des Arbeitgebers gegen die Richtlinie eine Vermutung begründen, dass eine Entgeltdiskriminierung vorliegt. Dies gilt insbesondere auch bei Verstößen in Bewerbungsverfahren, bei Verstößen gegen den Auskunftsanspruch der einzelnen Arbeitnehmer sowie gegen die Berichts- und Beratungspflicht mit der Arbeitnehmervertretung. Der Arbeitgeber muss dann nachweisen, dass ein Verstoß gegen diese Verpflichtungen unbeabsichtigt und geringfügig war.

Zudem sind die Mitgliedstaaten nach Art. 23 gehalten, wirksame, verhältnismäßige und abschreckende Sanktionen zu erlassen, die bei Verletzung der Rechte und Pflichten im Zusammenhang mit dem Grundsatz des gleichen Entgelts zu verhängen sind. Hierzu gehören insbesondere auch Geldbußen.

Da der betriebliche Anwendungsbereich im Verhältnis zum derzeitigen Entgelttransparenzgesetz erheblich ausgeweitet wird, sollten auch kleinere und mittlere Arbeitgeber ihre Entgeltstrukturen auf die Geschlechtsneutralität überprüfen. Insbesondere die in der Praxis teilweise immer noch anzuwendende vergütungsrechtliche Honorierung von Körperkraft im Gegensatz zu Fingerfertigkeit oder Konzentrationsfähigkeit dürfte sich nicht mehr rechtfertigen lassen. Aber auch Arbeitgeber, die an moderne Tarifverträge wie die ERA-Tarifverträge der Metallindustrie gebunden sind, sollten ihr Entgeltsystem im Hinblick auf Zulagen überprüfen.

9 Nachhaltigkeitsberichterstattung (Corporate Social Responsibility Directive)

Dr. Manuel Schütt

Nachhaltigkeit ist das bestimmende Thema des 21. Jahrhunderts. Unternehmen müssen ihr Handeln auch nach den ökologischen, sozialen und wirtschaftlichen Auswirkungen ausrichten. Um dies transparent zu machen, werden ihnen mittlerweile zahlreiche Berichtspflichten auferlegt, die zugleich Herausforderung und Chance für den deutschen Wirtschaftsstandort darstellen. Mit der Corporate Social Responsibility Directive (CSRD, Richtlinie 2022/2464 des Europäischen Parlaments und Rats) weitet die Europäische Union die unternehmensbezogenen Berichtspflichten weiter aus.

9.1 Betroffene Unternehmen

Die nachfolgenden Unternehmen müssen einen Nachhaltigkeitsbericht erstellen und veröffentlichen:

- Große Unternehmen von öffentlichem Interesse ab dem Geschäftsjahr 2024
- Sonstige große Unternehmen ab dem Geschäftsjahr 2025
- Sonstige Unternehmen von öffentlichem Interesse ab dem Geschäftsjahr 2026 (mit Opt-Out-Option)

Hinweis: Definitionen

Unternehmen von öffentlichem Interesse sind insbesondere kapitalmarktorientiere Unternehmen.

Als große Unternehmen werden Unternehmen angesehen, die zwei der drei folgenden Kriterien erfüllen:

1. Mehr als 250 Mitarbeiter
2. Mehr als 20 Mio. EUR Bilanzsumme
3. Mehr als 40 Mio. EUR Umsatz

Der Nachhaltigkeitsbericht wird voraussichtlich als Teil des Lageberichts eines Unternehmens zu erstellen und zu veröffentlichen sein. Auch wenn kleine Unternehmen – rein rechtlich betrachtet – noch nicht im Anwendungsbereich der CSRD sind, dürfte das Interesse der Öffentlichkeit auch in Bezug auf kleinere Unternehmen wachsen. Insofern kann es auch für diese Unternehmen ggf. sinnvoll sein, zumindest einen Teil der Standards zu erfüllen.

9.2 HR als Teil der Berichterstattung

Den HR-Bereich treffen diese Neuerungen in der Nachhaltigkeitsberichterstattung vor allem in zweierlei Hinsicht:

Erstens ist HR ein wichtiger Faktor im Unternehmen, um nachhaltige Ziele und die hierfür notwendigen Maßnahmen umzusetzen. In einen Nachhaltigkeitsbericht können nur die umgesetzten oder angestrebten Maßnahmen sowie die vorliegenden Daten aufgenommen werden. Gerade arbeitsrechtliche Implikationen bzgl. der identifizierten Maßnahmen (wie z. B. Überarbeitung der Dienstwagenregelungen oder Einführung der digitalen Personalakte) müssen frühzeitig erkannt und diese mit den relevanten Stakeholdern, wie beispielsweise Mitarbeitern oder dem Betriebsrat, besprochen werden.

Zweitens muss HR zukünftig wichtige Daten für den Nachhaltigkeitsbericht zur Verfügung stellen. Zur inhaltlichen Vereinheitlichung und Standardisierung der Nachhaltigkeitsberichterstattung hat die Europäische Kommission eine Reihe von Standards für die Nachhaltigkeitsberichterstattung (ESRS) erlassen. Die erlassenen

Standards enthalten nicht nur allgemeine Vorgaben über Gestaltung (ESRS 1) und Mindestinhalt (ESRS 2) der Nachhaltigkeitsberichte, sondern auch Vorgaben zu den Themen Umwelt (ESRS E), Soziales (ESRS S) und Governance (ESRS G). Die erforderlichen Angaben finden sich in erster Linie in den sogenannten themenbezogenen Standards ESRS S1 und ESRS S2. Insbesondere in den sozialen Standards finden sich sozial- und arbeitsrechtliche Elemente (Vgl. VO (EU) 5303/2023, Begründung, S. 9 f.):

- Gemäß den ESRS S1 müssen Angaben zur eigenen Belegschaft und
- gemäß den ESRS S2 Angaben über die Arbeitskräfte in der Wertschöpfungskette gemacht werden.

HR-Abteilungen sollten sich frühzeitig über den konkreten Inhalt der Berichtspflichten informieren und sicherstellen, dass die Daten für den jeweiligen Berichtszeitraum auch tatsächlich vorliegen.

10 Fachkräfteeinwanderung (Gesetz zur Weiterentwicklung der Fachkräfteeinwanderung)

Prof. Dr. jur. Tobias Huep

Einen weiteren Schritt in Richtung Attraktivität des Standorts Deutschland für ausländische Arbeitskräfte stellt das „Gesetz zur Weiterentwicklung der Fachkräfteeinwanderung“ (Gesetz v. 16.8.2023, BGBl I Nr. 217) dar. Die Regelungen treten ab November 2023 schrittweise in Kraft. Durch das Gesetz wird das Recht der Erwerbstätigkeit ausländischer Arbeitnehmer im Kern auf die 3 Säulen „Fachkräfte – Erfahrung – Potenzial“ gestützt werden.

Die nachfolgenden Ausführungen geben einen Überblick über die wichtigsten Neuerungen:

1. **Aufenthaltserlaubnisse für Fachkräfte** mit Berufsausbildung (§ 18a AufenthG) und Fachkräfte mit akademischer Ausbildung (§ 18b AufenthG) sind nicht mehr auf Beschäftigungen beschränkt, die in Verbindung mit dieser Ausbildung stehen. Ausnahmen gelten für reglementierte Berufe (z. B. Ärzte, Rechtsanwälte, Architekten, etc.).
2. **Absenkung der Gehaltsschwellen für die Blaue Karte EU**: Künftig gilt ein Mindestgehalt von 45,3 % der jährlichen Beitragsbemessungsgrenze in der Rentenversicherung (2024: 41.042 EUR) für Engpassberufe und für Berufsanfänger, sowie 50 % (2024: 45.300 EUR) für alle anderen Berufe. IT-Spezialisten mit

mindestens 3 Jahren vergleichbarer Berufserfahrung können die Blaue Karte EU auch ohne Hochschulabschluss erhalten. Für sie gilt ebenfalls die niedrigere Gehaltsschwelle für Engpassberufe. Die Liste der Engpassberufe für die Blaue Karte EU umfasst nun weitere Berufe und auch der Familiennachzug wird erleichtert.

3. **Erweiterung des Aufenthalts für Qualifizierungsmaßnahmen**: Die Aufenthaltserlaubnis zur Durchführung von Anpassungsmaßnahmen wird künftig für 24 (vorher 18) Monate ausgestellt. Eine Verlängerung auf bis zu 3 Jahre ist möglich. Nebenbeschäftigungen während der Qualifizierungsmaßnahme sind im Umfang von bis zu 20 Wochenstunden erlaubt. Für Qualifizierungsmaßnahmen sind zudem 2 neue Möglichkeiten zum Erwerb eines Aufenthaltstitels geschaffen worden:
   - Die **Anerkennungspartnerschaft**, die es ermöglicht, einen Aufenthaltstitel von bis zu 3 Jahren zur Ausübung einer qualifizierten Beschäftigung zu erhalten und ein erforderliches Anerkennungsverfahren erst nach der Einreise begleitend durchzuführen. Fachkraft und Arbeitgeber müssen nach der Einreise das Anerkennungsverfahren durchführen.
   - Bestimmten Anerkennungssuchenden, die für die Ermittlung der Gleichwertigkeit ihrer ausländischen Qualifikation eine **Qualifikationsanalyse** durchzuführen haben, kann ein Aufenthaltstitel von bis zu 6 Monaten erteilt werden.
4. **Einführung einer Chancenkarte für die Arbeitsplatzsuche** mit Gültigkeit für maximal ein Jahr: Die Chancenkarte bietet Möglichkeiten zur Probearbeit oder Nebenbeschäftigung im Umfang von 20 Wochenstunden. Um die Chancenkarte zu erhalten, müssen mindestens 6 Punkte aus einer Auswahl bestimmter Kriterien erreicht werden, wie etwa bei der Anerkennung von Qualifikationen oder bei Sprachkenntnissen, Berufserfahrung, Alter und Deutschlandbezug. Fachkräfte (§ 18 Abs. 3 AufenthG) erhalten die Chancenkarte ohne weitere Voraussetzungen. In anderen Fällen müssen ein Hochschulabschluss oder ein anerkannter Berufsabschluss sowie einfache Sprachkenntnisse in Deutsch oder Englisch vorliegen.
5. Weitere Erleichterungen gelten nunmehr für Berufskraftfahrer und Pflegekräfte.
6. Neu ist die **kurzzeitige kontingentierte Beschäftigung:** Auf Basis eines bedarfsorientierten Kontingents der Bundesagentur für Arbeit können tarifgebundene Arbeitgeber bei Vorliegen der Voraussetzungen Arbeitskräfte aus Drittstaaten unabhängig von ihrer Qualifikation beschäftigen.

11 Aktuelle Rechtsprechung

Christoph Tillmanns

11.1 Entgeltbenachteiligung wegen des Geschlechts

Der Fall

Die Arbeitgeberin stellte im Frühjahr 2017 nacheinander zwei neue Beschäftigte als „Mitarbeiter Vertrieb/Außendienst" ein, die die gleichen Verantwortlichkeiten und Befugnisse hatten und sich bei Urlaub und Krankheit gegenseitig vertraten. Die Klägerin ist im März 2017 als Außendienstmitarbeiterin eingestellt worden, ihr Kollege P bereits im Januar 2017.

Die Arbeitgeberin bot beiden Mitarbeitern bei ihrer Einstellung ein Grundgehalt von brutto 3.500 EUR/Monat sowie eine umsatzabhängige Provision nach 10 Monaten. Der männliche Bewerber P verlangte 4.500 EUR, auf die sich der Arbeitgeber dann auch einließ. Die Klägerin akzeptierte hingegen das Angebot von 3.500 EUR, wollte aber zusätzlich noch 20 Tage unbezahlte Freistellung.

2018 wurde ein Haustarifvertrag geschlossen mit einer entsprechenden Entgelttabelle. Mitarbeiter P erhielt ausgehend von seinem höher verhandelten ursprünglichen Gehalt und unter Anwendung einer im Tarifvertrag vorgesehenen Deckelung brutto 4.120 EUR gezahlt, während die Klägerin nur brutto 3.620 EUR/Monat erhielt.

Die Klägerin verlangte eine Gehaltsnachzahlung in Höhe der Differenz zum Gehalt des Arbeitnehmers P und Zahlung einer Entschädigung wegen geschlechtsbezogener Entgeltdiskriminierung.

Die Arbeitgeberin verteidigte die Ungleichbehandlung bei der Vergütung im Wesentlichen mit dem Grundsatz der Vertragsfreiheit. Außerdem sei Mitarbeiter P nur gegen Zahlung eines höheren Entgelts bereit gewesen, das Arbeitsverhältnis einzugehen.

Die Entscheidung (BAG, Urteil v. 16.2.2023, 8 AZR 450/21)

Anders als die Vorinstanzen (Sächsisches LAG) gab das BAG der Klägerin recht.

In der geringeren Vergütung der Klägerin gegenüber ihrem Kollegen P bei gleicher Arbeit sah das BAG die Vermutung einer Benachteiligung wegen des Geschlechts, die zu einer Gehaltsnachzahlung und einer von der Arbeitgeberin zu zahlenden Entschädigung führte.

Anspruchsgrundlage für die Zahlung des gleichen Entgelts bei gleicher oder gleichwertiger Arbeit ohne Diskriminierung wegen des Geschlechts sind Art. 157 AEUV, der zwingenden Charakter hat und von den Gerichten direkt anzuwenden ist, und §§ 3 Abs. 1, 7 EntgTranspG.

Bereits seit dem Urteil des BAG (BAG, Urteil v. 21.1.2021, 8 AZR 488/19) wird eine geschlechtsbezogene Entgeltdiskriminierung vermutet, wenn ein Mitarbeiter aufzeigen kann, dass Mitarbeiter des anderen Geschlechts bei gleicher oder gleichwertiger Arbeit mehr verdienen. Der Arbeitgeber muss dies dann im Wege des „Vollbeweises" widerlegen.

Da die Klägerin und der Mitarbeiter P gleiche oder gleichwertige Arbeit verrichten und die Klägerin für den Zeitraum ab 1.3.2017 ein um 1.000 EUR und ab 1.7.2018 ein um 500 EUR brutto geringeres monatliches Grundentgelt erhalten hat als der Kollege P, besteht in Bezug auf das Entgelt nach § 22 AGG die Vermutung einer Benachteiligung der Klägerin wegen des Geschlechts.

Der Arbeitgeber hat deshalb darzulegen und zu beweisen, dass das unterschiedliche Entgelt nichts mit dem Geschlecht der Klägerin zu tun hat.

Nach Ansicht des BAG konnte die Arbeitgeberin die Vermutung einer Entgeltbenachteiligung wegen des Geschlechts **nicht widerlegen**: Dass der Arbeitgeber dem höheren Gehaltsverlangen eines Beschäftigten des anderen Geschlechts nachgegeben hat, schließt gerade nicht aus, dass das Geschlecht hierfür nicht mitursächlich war.

Zunächst ist der Vergleich der Entgelthöhe auf das Grundgehalt zu beschränken. Andere Entgeltbestandteile sind nicht einzubeziehen. **Der Grundsatz der Entgeltgleichheit besteht hinsichtlich jedes einzelnen Bestandteils des Entgelts**. Nur auf diese Weise kann echte Transparenz und wirksame Kontrolle erreicht werden. Es erfolgt somit keine Gesamtbewertung der Entgeltbestandteile.

Andere Gründe für eine zulässige Unterscheidung beim Entgelt hatte die Arbeitgeberin nicht ausreichend vorgetragen: Dazu gehören beispielsweise die bessere Qualifikation eines Bewerbers (im Sinne einer fachspezifischen Ausbildung oder einschlägigen Berufserfahrung). Ebenso können unter Umständen Personalgewinnungsschwierigkeiten am Arbeitsmarkt bzw. die Personalsituation im Betrieb eine Ungleichbehandlung rechtfertigen. Diese Umstände sind aber zu belegen. Nur wenn der Arbeitgeber keinen anderen geeigneten Bewerber hatte, kann er sich darauf berufen.

Der Arbeitgeber muss in diesem Fall einen Vortrag leisten, der eine wirksame Kontrolle und Nachprüfung durch die Gerichte erlaubt (BAG, Urteil v. 21.1.2021, 8 AZR 488/19). Bloße allgemeine Behauptungen genügen zur Widerlegung hingegen nicht. Dies erfordert bereits bei Einstellung eine gründliche Dokumentation nebst Beweissicherung.

Aufgrund der geschlechtsbezogenen Entgeltdiskriminierung – auch durch die zu Unrecht angewandte Deckelung im Haustarifvertrag ab Juli 2018 – steht der Klägerin eine Entschädigung nach § 15 AGG wegen Verstoßes gegen das Benachteiligungsverbot aus § 7 AGG zu. Unter Berücksichtigung der Aspekte der Schadenkompensation einerseits und der Prävention andererseits sah das BAG (zusätzlich zu der Zahlung des Differenzgehalts) einen Betrag von 2.000 EUR als verhältnismäßig an.

11.2 Freiwilligkeitsvorbehalt für Sonderzahlungen im Arbeitsvertrag

Der Fall

Die Parteien stritten über Ansprüche auf Urlaubs- und Weihnachtsgeld für das Kalenderjahr 2020. Der zwischen den Parteien geschlossene Arbeitsvertrag enthielt unter anderem folgende Regelung:

3. Vergütung

…

e) die Zahlung von Sonderzuwendungen insbesondere von Weihnachts- und/oder Urlaubsgeld liegt im freien Ermessen des Arbeitgebers und begründet keinen Rechtsanspruch für die Zukunft, auch wenn die Zahlung mehrfach und ohne ausdrücklichen Vorbehalt der Freiwilligkeit erfolgt.

Die Arbeitgeberin zahlte in den Kalenderjahren 2015–2019 jeweils im Abrechnungsmonat Juni ein Urlaubsgeld i. H. v. zuletzt 1.522,50 EUR brutto und im Abrechnungsmonat November ein Weihnachtsgeld i. H. v. zuletzt 1.540 EUR brutto ohne weitere Erklärungen an den Kläger aus. Im Jahr 2020 stellte die Arbeitgeberin die Zahlung ein.

Der Arbeitnehmer machte geltend, ihm stehe auch für das Jahr 2020 ein Urlaubs- und Weihnachtsgeld zu. Der Anspruch ergebe sich aus einer entstandenen betrieblichen Übung. Die arbeitsvertragliche Freiwilligkeitsklausel sei unwirksam und könne daher das Entstehen eines Anspruchs auf die genannten Sonderleistungen aus betrieblicher Übung nicht verhindern.

Die Entscheidung (BAG, Urteil v. 25.1.2023, 10 AZR 109/22)

Das Bundesarbeitsgericht (BAG) entschied, dass unter Berücksichtigung der konkreten Einzelfallumstände die Voraussetzungen eines Anspruchs aus der betrieblichen Übung erfüllt sind.

Der Umstand, dass die jeweiligen Zahlungen nicht in gleichbleibender Höhe erfolgten, führte zu keiner abweichenden Beurteilung. Aus der nicht gleichförmigen Höhe der Sonderzahlung in den vergangenen Jahren mussten die Beschäftigten nicht den Schluss ziehen, die Arbeitgeberin habe sich nicht dem Grunde nach auf Dauer binden wollen. Vielmehr folgt daraus lediglich, dass die Arbeitgeberin keinen Leistungsanspruch in fester Höhe gewähren, sondern jedes Jahr neu nach billigem Ermessen (§ 315 BGB) über die Höhe der beiden Leistungen entscheiden will.

Der Freiwilligkeitsvorbehalt des Arbeitsvertrags stand nach Auffassung des BAG der Annahme einer betrieblichen Übung nicht entgegen. Dieser war unwirksam, weil die diesbezügliche Bestimmung im Arbeitsvertrag eine Allgemeine Geschäftsbedingung i. S. d. §§ 305 ff. BGB darstellt und den Kläger gemäß § 307 Abs. 1 Satz 1 BGB unangemessen benachteiligt. Zwar sei die Regelung nicht deshalb intransparent und unwirksam i. S. d. § 307 Abs. 1 Satz 2 BGB, weil sie sich auf (alle) Sonderzuwendungen und nur „insbesondere" auf Urlaubs- und Weihnachtsgeld beziehe. Durch den Begriff „Sonderzuwendungen" werde hinreichend deutlich, dass von dieser Klausel alle Zahlungen erfasst sein sollen, welche keine laufenden arbeitsvertraglich vereinbarten Leistungen sind. Laufende Leistungen dürfen nicht unter einen Freiwilligkeitsvorbehalt gestellt werden.

Die Klausel ist nach Ansicht des BAG jedoch unwirksam, weil sie nicht auf den Entstehungsgrund etwaiger Ansprüche auf Sonderzuwendungen abstellt. Sie lässt vielmehr die Auslegung zu, dass der Vorbehalt auch spätere Individualabreden über die Zahlung von Sonderzuwendungen erfasst. Nach § 305b BGB haben aber individuelle Vertragsabreden Vorrang vor Allgemeinen Geschäftsbedingungen. Dies muss somit auch in einer solchen Regelung zum Ausdruck kommen.

Die Klausel hätte also wie folgt formuliert werden müssen:

„Die Zahlung von Sonderzuwendungen, insbesondere von Weihnachts- und Urlaubsgeld liegt im freien Ermessen des Arbeitgebers und begründet keinen Rechtsanspruch für die Zukunft, auch wenn die Zahlung mehrfach und ohne ausdrücklichen Vorbehalt der Freiwilligkeit erfolgt. Dies gilt nicht für vom Arbeitgeber individuell zugesagte Leistungen."

11.3 Urlaubsrecht

11.3.1 Verfall des Urlaubs bei Langzeiterkrankung – Mitwirkungsobliegenheit

Der Fall

Der Arbeitnehmer war vom 18.1.2016 bis zur Beendigung des Arbeitsverhältnisses am 28.2.2019 durchgehend arbeitsunfähig erkrankt. Streitig war der Urlaubsanspruch aus 2016: Der Arbeitnehmer verlangte Abgeltung für 30 Tage Urlaub aus 2016 (20 Tage gesetzlicher Mindesturlaub und 10 Tage tarifvertraglicher Mehrurlaub). Der Arbeitgeber berief sich auf einen Verfall des Urlaubs, der Arbeitnehmer hielt ihm entgegen, dass er ihn nicht über den Verfall belehrt habe. Der Arbeitgeber wiederum wandte ein, das sei nicht möglich gewesen, weil der Arbeitnehmer schon ab dem 18.1.2016 dauerhaft erkrankt gewesen sei.

Die Entscheidung (BAG, Urteil v. 31.1.2023, 9 AZR 107/20)

Das Bundesarbeitsgericht (BAG) hat 25 Urlaubstage als verfallen angesehen, 5 Urlaubstage stehen dem Arbeitnehmer aber möglicherweise noch zu. Die Erfüllung der Pflicht des Arbeitgebers, den Arbeitnehmer transparent und tatsächlich zur Inanspruchnahme des Urlaubs aufzufordern (Mitwirkungsobliegenheit) ist grundsätzlich Voraussetzung dafür, dass der Urlaub bei Langzeitkrankheit 15 Monate nach Ende des Urlaubsjahres verfällt. Dies gilt aber nur, wenn der Arbeitgeber überhaupt die Zeit gehabt hat, seinen Obliegenheiten nachzukommen. Insoweit ist dem Arbeitgeber in Anlehnung an § 121 Abs. 1 Satz 1 BGB (unverzüglich) und § 3 BUrlG zumindest **1 Urlaubswoche** zu Beginn des Kalenderjahres für die Erfüllung seiner Hinweispflicht zuzugestehen. Außerdem gilt: Erkrankt der Arbeitnehmer am Anfang des Urlaubsjahres so früh, dass selbst bei ordnungsgemäßer Aufforderung eine vollständige Gewährung des gesamten Jahresurlaubs nicht möglich gewesen ist, bleibt dem Arbeitnehmer nach Ablauf der 15-Monatsfrist nur die Anzahl von Urlaubstagen erhalten, die er bei (rechtzeitiger) Erfüllung der arbeitgeberseitigen Mitwirkungsobliegenheit bis zur Erkrankung hätte nehmen können. Dies waren im streitgegenständlichen Fall 5 Urlaubstage: Die Arbeitgeberin hat bis Freitag, 8.1.2016, Zeit gehabt, ihrer Mitwirkungsobliegenheit zu genügen und der Kläger war noch vom 11.1.2016 (Montag) bis 16.1.2016 (Freitag) arbeitsfähig. Der Fall wurde zurückverwiesen, damit das Landesarbeitsgericht prüfen kann, ob der beklagten Arbeitgeberin die Erfüllung ihrer Mitwirkungsobliegenheit in der ersten Januarwoche möglich gewesen ist.

Grundsätzlich empfiehlt sich, die Belehrung des Arbeitnehmers über den Verfall des Urlaubs stets zu Jahresanfang und innerhalb der ersten Urlaubswoche vorzunehmen.

11.3.2 Anspruch auf Urlaubsabgeltung – Verjährung und Verfall

Der Fall

Der Arbeitnehmer war bei der Arbeitgeberin vom 9.6.2010 bis zum 19.10.2015 in einem Arbeitsverhältnis (und danach in einem freien Dienstverhältnis) tätig. Urlaub hatte er in der Zeit als Arbeitnehmer nicht erhalten. Im August 2019 hat er Klage erhoben und **Abgeltung** von Urlaub für die Jahre 2010–2015 geltend gemacht. Ein Hinweis auf den möglichen Verfall war nicht erfolgt. Die Beklagte hat sich auf die Verjährung berufen.

Die Entscheidung (BAG, Urteil v. 31.1.2023, 9 AZR 456/20)

Das Bundesarbeitsgericht (BAG) hat dem Kläger Urlaubsansprüche für die Jahre 2010–2014 zugestanden, nicht jedoch für 2015. Der Anspruch auf **Urlaubsabgeltung** ist ein reiner Geldanspruch und unterliegt der **Verjährung**. Die 3-jährige Verjährungsfrist beginnt regelmäßig mit dem Ende des Jahres, in dem der Arbeitnehmer aus dem Arbeitsverhältnis ausscheidet. Im Fall war dies das Jahresende 2015. Allerdings hat der europäische Gerichtshof (EuGH) im Jahr 2018, nämlich in der Entscheidung vom 6.11.2018 (EuGH, Urteil v. 6.11.2018, C-684/16 (Max Planck)), neue Regeln für den Verfall von Urlaub aufgestellt. Vor dem Ende des Jahres 2018 sei es dem Kläger deshalb mangels Erfolgsaussicht gar nicht zumutbar gewesen, Klage zu erheben, da er vor dieser Entscheidung davon habe ausgehen dürfen, dass Urlaubsabgeltungsansprüche nach der bis dahin geltenden Rechtsprechung grundsätzlich mit dem Ende des Urlaubsjahres bzw. des Übertragungszeitraums am 31. März des Folgejahres als verfallen behandelt würden. Erst Ende 2018 konnte mit der unionsrechtskonformen Umsetzung der EuGH-Entscheidung durch nationale Gerichte gerechnet werden.

Für den Beginn der Verjährung des Urlaubsabgeltungsanspruchs kommt es nicht darauf an, ob der Arbeitgeber seinen Mitwirkungsobliegenheiten nachgekommen ist und er den Arbeitnehmer tatsächlich in die Lage versetzt hat, den Urlaubsanspruch wahrzunehmen, da zwischen dem Urlaub und dem Urlaubsabgeltungsanspruch keine Zweckidentität besteht.

Urlaubs- und Urlaubsabgeltungsansprüche sind zu unterscheiden. Während Urlaubsansprüche, die mangels Erfüllung der Mitwirkungsobliegenheit nicht verfallen und auch nicht verjähren, können **Urlaubsabgeltungsansprüche** sehr wohl der Verjährung unterliegen. Die Verjährungsfrist beginnt dann immer am Ende des Jahres, in dem der Arbeitnehmer aus dem Arbeitsverhältnis ausgeschieden ist und beträgt 3 Jahre. Inzwischen ist die Rechtsprechungsänderung aus 2018 auch weitgehend bekannt und ohnehin sind seither mehr als 3 Jahre abgelaufen.

Dieselben Grundsätze gelten bei Urlaubsabgeltungsansprüchen auch im Hinblick auf bestehende, aber nicht eingehaltene Ausschlussfristen (BAG, Urteil v. 31.1.2023, 9 AZR 244/20).

In Bezug auf den Urlaubsabgeltungsanspruch für das Kalenderjahr 2015 ist das BAG von einer Verjährung zum 31.12.2018 ausgegangen, da dieser Anspruch zum Zeitpunkt der Beendigung des Arbeitsverhältnisses auch nach der bisherigen Rechtsprechung noch nicht verfallen war. Eine Geltendmachung wäre also bereits im Jahr 2015 möglich gewesen.

11.4 Berechnung Zuschuss zum Mutterschaftsgeld

Der Fall

Eine Flugbegleiterin verlangte von ihrer Arbeitgeberin einen höheren Mutterschutzlohn und höheren Zuschuss zum Mutterschaftsgeld. Nach dem auf das Arbeitsverhältnis anzuwendenden Tarifvertrag erhielt sie neben ihrer Grundvergütung variable Mehrflugstundenvergütungen und Bordverkaufsprovisionen. Saisonbedingt waren gerade diese variablen Vergütungen in den Wintermonaten wesentlich geringer als in den Sommermonaten.

Gemäß § 18 Satz 2 MuSchG wird als Mutterschutzlohn das durchschnittliche Arbeitsentgelt der letzten 3 abgerechneten Kalendermonate vor dem Eintritt der Schwangerschaft gezahlt. Der Arbeitgeber hatte auf dieser Basis für den Mutterschutzlohn die durchschnittliche variable Vergütung aus dem Referenzzeitraum Februar bis April 2019 zugrunde gelegt. Die Flugbegleiterin vertrat die Ansicht, dass bei der Berechnung des Mutterschutzlohnes und des Zuschusses zum Mutterschaftsgeld in ihrem Fall ein längerer als der gesetzlich vorgesehene 3-monatige Referenzzeitraum heranzuziehen sei, da ihre variable Vergütung über das Jahr saisonbedingt stark schwanke und sie im Ergebnis dadurch ansonsten über einen unzumutbar langen Zeitraum Mutterschutzlohn auf niedrigstem Gehaltsniveau erhalte.

Die Entscheidung (BAG, Urteil v. 31.5.2023, 5 AZR 305/22)

Das BAG gab der Argumentation der Arbeitnehmerin Recht und entschied, dass für die Berechnung des Mutterschutzlohns mit Blick auf das tarifliche Jahresarbeitszeitmodell mit saisonal ungewöhnlich stark schwankender variabler Vergütung im vorliegenden Fall auf einen Referenzzeitraum von 12 Monaten abzustellen sei. Denn bei einer Beschränkung auf den 3-Monatszeitraum vor der Schwangerschaft könne der Gesetzeszweck hier nicht verwirklicht werden. Da der 3-monatige Bezugszeitraum **in Fällen „außergewöhnlich schwankenden Arbeitsverdienstes"** diesen unzutreffend abbilde, sei die maßgebliche Periode ausnahmsweise auf einen 12-monatigen Referenzzeitraum anzupassen.

11.5 Dienstwagen zur Privatnutzung – Berechnung des unpfändbaren Arbeitsentgelts

Der Fall

Ein Arbeitnehmer erhielt von seinem Arbeitgeber ein Bruttomonatsgehalt von zuletzt 5.477,60 EUR. Es wurde ihm daneben ein Dienstwagen zur privaten Nutzung überlassen. Der geldwerte Vorteil dieser Nutzungsmöglichkeit wurde auf der Entgeltabrechnung unter Anwendung der sogenannten „1 %-Regelung" gemäß § 8 Abs. 2 Satz 2 i. V. m. § 6 Abs. 1 Nr. 4 Satz 2 EStG, mit einem Betrag i. H. v. monatlich 445 EUR brutto ausgewiesen. Hinzu kam der geldwerte Vorteil für die Fahrten zwischen Wohnung und erster Tätigkeitsstätte gemäß § 8 Abs. 2 Satz 3 EStG (sog. 0,03 %-Regelung) i. H. v. monatlich 747,60 EUR brutto.

Der Arbeitgeber berechnete über mehrere Jahre hinweg auf dieser Grundlage die Nettovergütung des Arbeitnehmers und zahlte sie an ihn aus. Der Arbeitnehmer machte nun geltend, der Arbeitgeber habe dabei § 107 Abs. 2 Satz 5 Gewerbeordnung (GewO) und §§ 850 ff. ZPO nicht beachtet und somit 29.639,14 EUR zu wenig Nettovergütung an ihn ausgezahlt. Er erhob insoweit Zahlungsklage vor dem Arbeitsgericht.

Der Arbeitnehmer argumentierte, dass nach § 107 Abs. 2 GewO in Verbindung mit den vollstreckungsrechtlichen Regelungen der Zivilprozessordnung seine Vergütung in Geld und der Sachbezug der Privatnutzung des Dienstwagens zusammengerechnet werden müssen. Der Wert dieses Sachbezugs setze sich aus dem geldwerten Vorteil nach der sogenannten 1 %-Regelung und dem geldwerten Vorteil, berechnet auf der Grundlage der steuerlichen Regelungen für die Nutzungsmöglichkeit für Fahrten zwischen Wohnung und erster Tätigkeitsstätte zusammen. Aus der sich hieraus ergebenden Summe sei der pfändbare Betrag des Arbeitseinkommens nach §§ 850 ff. ZPO zu berechnen. Er müsse den sich daraus ergebenden unpfändbaren Betrag in Geld erhalten. In seinem Fall habe er aber im Ergebnis den unpfändbaren Teil seines Arbeitseinkommens nicht in Geld, sondern zum Teil in Form der Privatnutzung des Dienstwagens erhalten, weswegen er noch einen entsprechenden Anspruch auf Auszahlung der Vergütung in Geld gegen seinen Arbeitgeber habe.

Die Entscheidung (BAG, Urteil v. 31.5.2023, 5 AZR 273/22)

Nach § 107 Abs. 2 GewO können Arbeitgeber und Arbeitnehmer Sachbezüge als Teil des Arbeitsentgelts vereinbaren, wenn dies dem Interesse des Arbeitnehmers oder der Eigenart des Arbeitsverhältnisses entspricht. Aber: **Der Wert der vereinbarten Sachbezüge oder die Anrechnung der überlassenen Waren auf das Arbeitsentgelt darf die Höhe des pfändbaren Teils des Arbeitsentgelts nicht übersteigen.**

Die vereinbarte Überlassung eines Dienstwagens zur privaten Nutzung ist regelmäßig eine Gegenleistung für die geschuldete Arbeitsleistung und damit ein Sachbezug i. S. v. § 107 Abs. 2 Satz 1 GewO. Der Wert dieses Sachbezugs beläuft sich grundsätzlich auf 1 % des Listenpreises des Pkw zzgl. Sonderausstattungen und USt. im Zeitpunkt der Erstzulassung (§ 8 Abs. 2 Satz 3 EStG).

Erhält der Arbeitnehmer nicht den vollen unpfändbaren Teil seines Arbeitsentgelts ausbezahlt, ist die Regelung über den Sachbezug, hier die Privatnutzung des Dienstwagens, unwirksam. Der Arbeitgeber braucht den Dienstwagen nicht mehr zur Privatnutzung überlassen, muss aber den Wert des Sachbezugs dem Arbeitnehmer in bar auszahlen.

Damit stellte sich in dem vorliegenden Fall die Frage, wie hoch das pfändungsfreie Entgelt des Arbeitnehmers ist. Das richtet sich nach den Pfändungsvorschriften der ZPO. Sachbezüge zum Arbeitsentgelt regelt § 850e Nr. 3 ZPO: „Erhält der Schuldner neben seinem in Geld zahlbaren Einkommen auch Naturalleistungen, so sind Geld- und Naturalleistungen zusammenzurechnen."

Das BAG hat in dieser Entscheidung klargestellt, dass für die Berechnung des pfändungsfreien Entgelts der steuerlich zu berücksichtigende geldwerte Vorteil für die Nutzung des Pkw auf dem Weg von der Wohnung zum Betrieb i. H. v. monatlich 0,03 % des Listenpreises für jeden Entfernungskilometer (sog. 0,03 %-Regelung) **nicht einbezogen** wird. Hierbei handele es sich nicht um einen Sachbezug i. S. v. § 107 Abs. 2 Satz 5 GewO, sondern um einen steuerrechtlich relevanten Korrekturposten für den pauschalen Werbungskostenabzug.

Für die Lohnabrechnung zur Abführung von Lohnsteuer und Sozialversicherung bleibt es aber bei der Berücksichtigung der Entfernungskilometer nach der 0,03 %-Regel als „Sachbezug". Nur zur Ermittlung des pfändbaren Teils des Arbeitsentgelts ist dieser Posten nicht zu berücksichtigen.

Die Berechnung des pfändbaren Betrags anhand der o. g. Beträge – im Vergleich mit und ohne Fahrten zwischen der Wohnung und der ersten Tätigkeitsstätte – führt zu erheblich unterschiedlichen Ergebnissen:

Bei Einbeziehung der Fahrten „Wohnung – Arbeitsstätte" ergibt sich bei den oben genannten Daten ein pfändbarer Betrag bei 3 unterhaltsberechtigten Personen von 795,62 EUR, ohne diesen Posten nur von 471,58 EUR. Andererseits verringert sich der Abzug von Nettolohn für die erhaltene Sachleistung erheblich, wenn man hier die Entfernungskilometer nach der 0,03 %-Regel nicht abzieht, sodass im vorliegenden Fall sogar ein pfändbarer Betrag von nur 26,58 EUR verbleibt. Dies zugrunde gelegt, hat der Arbeitgeber nicht gegen § 102 Abs. 2 Satz 5 GewO verstoßen.

Für Arbeitgeber ergeben sich daraus vor allem folgende wichtige Aspekte:

Grundsätzlich darf § 107 Abs. 2 Satz 5 GewO nicht übersehen werden, wenn Sachbezüge gewährt werden sollen. Dies gilt insbesondere dann, wenn der Sachbezug Teil eines Gesamtvergütungspakets ist und in Relation zum Geldeinkommen und zur Zahl der Unterhaltspflichten eher hoch ist. Der Arbeitgeber riskiert hier für einen Teil der Vergütung erneut zur Zahlung in Anspruch genommen zu werden, wenn der unpfändbare Teil der Vergütung nicht in Geld ausgezahlt, sondern teilweise von dem Sachbezug abgedeckt wurde.

Für die Behandlung von Berechnungen bei **Vorliegen von Lohnpfändungen** ist nach diesem Urteil der steuerlich anzusetzende geldwerte Vorteil für die Fahrten zwischen Wohnung und erster Tätigkeitsstätte nicht mehr in die Berechnung des pfändbaren Betrags der Vergütung mit einzubeziehen. Davon wird offensichtlich nun auch von den großen Anbietern von Entgeltabrechnungsprogrammen ausgegangen.

11.6 Datenschutzrechtliche Einwilligung und betriebliches Eingliederungsmanagement

Der Fall

Nach Zustimmung des Integrationsamts und Ausspruch einer krankheitsbedingten Kündigung der schwerbehinderten Klägerin stritten die Parteien im Kündigungsschutzprozess, ob die Beklagte ihrer Verpflichtung nach § 167 Abs. 2 Satz 1 SGB IX (Durchführung eines BEM) nachgekommen sei. Sie hatte die Durchführung davon abhängig gemacht, dass die Klägerin die Datenschutzerklärung über die Verarbeitung ihrer personenbezogenen sowie Gesundheitsdaten gegenzeichnet. Die Beklagte kündigte schließlich krankheitsbedingt ohne Durchführung des BEM.

Die Entscheidung (BAG, Urteil v. 15.12.2022, 2 AZR 162/22)

Der Beklagten wurde zum Vorwurf gemacht, dass sie mangels Durchführung des BEM nicht habe darlegen können, dass es mildere Maßnahmen zur Vermeidung einer Kündigung gegeben habe.

§ 167 Abs. 2 SGB IX sieht die schriftliche Zustimmung des Arbeitnehmers in die Verarbeitung seiner im Rahmen eines BEM erhobenen personenbezogenen und Gesundheitsdaten nicht als tatbestandliche Voraussetzung für die Durchführung eines BEM vor. Nach § 167 Abs. 2 Satz 4 SGB IX ist die betroffene Person oder ihr gesetzlicher Vertreter lediglich zuvor auf die Ziele des BEM sowie auf Art und Umfang der hierfür erhobenen und verwendeten Daten hinzuweisen. **Die vorherige Unterzeichnung einer Einwilligung in die Verarbeitung von personenbezogenen und Gesundheitsdaten sieht § 167 Abs. 2 SGB IX nicht vor.** Dessen Satz 4 regelt nur aus Transparenzgründen (vgl. Düwell in LPK-SGB IX, 6. Aufl., § 167, Rz. 104) eine Hinweispflicht über Art und Umfang der im konkreten BEM zu verarbeitenden Daten.

Die Zustimmung des Integrationsamts zu einer krankheitsbedingten Kündigung begründet nicht die Vermutung, dass ein BEM die Kündigung nicht hätte verhindern können. Auch die fehlende datenschutzrechtliche Einwilligung sei kein Grund, kein BEM durchzuführen. Es sei dem Arbeitgeber zumutbar und möglich gewesen, mit dem BEM zu beginnen und ihr in einem persönlichen Gespräch den weiteren Verfahrensablauf und insbesondere die Verarbeitung etwaiger Gesundheitsdaten im Detail zu erläutern und darüber Einvernehmen zu erzielen.

11.7 Darlegungslast bei Fortsetzungserkrankung

Der Fall

Der Kläger war im Jahr 2019 in der Zeit ab dem 24.8.2019 an 68 Kalendertagen arbeitsunfähig erkrankt und im Jahr 2020 an weiteren 42 Kalendertagen. Die Beklagte leistete bis zum 13.8.2020 Entgeltfortzahlung. Der Kläger klagte nun auf Entgeltfortzahlung für weitere 10 Arbeitstage für den 18.8.2020 bis zum 23.9.2020. Es habe keine Fortsetzungserkrankung vorgelegen.

Die Entscheidung (BAG, Urteil v. 18.1.2023, 5 AZR 93/22)

Die Klage hatte vor dem BAG keinen Erfolg.

Das BAG führte als Begründung aus, dass eine abgestufte Beweislast gelte, wenn Beschäftigte innerhalb der Zeiträume des § 3 Abs. 1 Satz 2 Nr. 1 und Nr. 2 EFZG länger als 6 Wochen an der Erbringung der Arbeitsleistung gehindert seien. Die Beschäftigten müssten dann, jedenfalls soweit sich aus der Arbeitsunfähigkeitsbescheinigung dazu keine Angaben entnehmen ließen, darlegen, dass keine Fortsetzungserkrankung bestehe, z. B. durch Vorlage einer ärztlichen Bescheinigung. Wenn dann jedoch der Arbeitgeber bestreite, dass eine neue Erkrankung vorliege, genüge die bloße Vorlage einer ärztlichen Bescheinigung nicht mehr. Stattdessen sind dann Tatsachen vorzutragen, die den Schluss erlauben, es habe keine Fortsetzungserkrankung bestanden. Es muss dann vom Arbeitnehmer bezogen auf den gesamten maßgeblichen Zeitraum geschildert werden, welche gesundheitlichen Beeinträchtigungen und Beschwerden mit welchen Auswirkungen auf die Arbeitsfähigkeit bestanden hätten und es müssen die behandelnden Ärzte von der Schweigepflicht entbunden werden. Die Folgen der Nichterweislichkeit einer Fortsetzungserkrankung trage dann wiederum der Arbeitgeber.

Die Mitteilung der Krankenkasse zum (Nicht-)Vorliegen von Fortsetzungserkrankungen ermöglicht keine dem Justizgewährungsanspruch genügende Kontrolle, da diese Mitteilung an den Arbeitgeber weder diesen noch die Arbeitsgerichtsbarkeit binde und auch keinerlei Beweiswert entfalte.

Das Urteil stellt für Arbeitgeber eine erhebliche Erleichterung dar, da das BAG ihnen im Rahmen des Beweises bzw. der Beweislastverteilung im Hinblick auf Fortsetzungserkrankungen umfassendere Rechte gewährt. Dies ist insoweit von Bedeutung, als in der Praxis der Arbeitgeber grundsätzlich nur die ärztliche Arbeitsunfähigkeitsbescheinigung erhält, welche grundsätzlich eine hohe Beweiskraft entfaltet, und er i. d. R. keine Angaben zu Krankheiten bzw. der Krankheitsursache hat.

Insoweit können Arbeitgeber im Einzelfall aufgrund vorangegangener Erkrankungen so lange eine Fortsetzungserkrankung vermuten und eine Entgeltfortzahlung über insgesamt 6 Wochen hinaus verweigern, bis der Arbeitnehmer einen so detaillierten Vortrag leistet, dass eine Fortsetzungserkrankung ausgeschlossen werden kann.

11.8 Mitbestimmungsrecht des Betriebsrats bei Vorlage der AUB ab 1. Tag

Der Fall

Der Arbeitgeber erteilte im Jahr 2018 insgesamt 17 von über 1.000 Arbeitnehmern die schriftliche Anordnung, jede Krankmeldung durch eine ärztliche Bescheinigung vom ersten Fehltag an vorzulegen.

Der Betriebsrat meinte, er habe ein Mitbestimmungsrecht, das nicht berücksichtigt worden sei. Er machte gegen den Arbeitgeber einen Unterlassungsanspruch geltend.

Die Entscheidung (BAG, Urteil v. 15.11.2022, 1 ABR 5/22)

Das BAG hat in seiner Entscheidung ein Mitbestimmungsrecht des Betriebsrats nach § 87 Abs. 1 Nr. 1 BetrVG verneint. Zwar handele es sich bei der von § 5 Abs. 1 Satz 3 EFZG gedeckten Anordnung um eine Verhaltensanweisung, sodass ein Mitbestimmungsrecht grundsätzlich bestehen kann. Das hatte das BAG in der Vergangenheit auch schon so entschieden.

Hier fehlte es jedoch am kollektiven Bezug der Maßnahme, die Voraussetzung für jedes Mitbestimmungsrecht ist. Nur wenn der Arbeitgeber allgemeine Regelungen für die Vorlage der Arbeitsunfähigkeitsbescheinigung ab dem 1. Tag aufstellt oder die Vorlage von einem erheblichen Teil der Belegschaft verlangt, besteht dieser kollektive Bezug. Hier hat der Arbeitgeber aber nur gegenüber „ausgesuchten" Mitarbeitern diese Weisung erteilt, für die er im Übrigen auch keinen sachlichen Grund benötigt.

Hinweis: Elektronische Arbeitsunfähigkeitsbescheinigung

Die Entscheidung ist auf die neuen Fassungen des § 5 EFZG (elektronische Arbeitsunfähigkeitsentscheidung) uneingeschränkt zu übertragen. Anstelle der Arbeitsunfähigkeitsbescheinigung tritt die Pflicht des Arbeitnehmers, die Arbeitsunfähigkeit ab dem 1. Tag ärztlich feststellen zu lassen.

11.9 Betriebsratsvorsitzender als Datenschutzbeauftragter?

Der Fall

Die Arbeitgeberin und der Kläger streiten über die Wirksamkeit der Berufung des Klägers zum Beauftragten für Datenschutz sowie über den Widerruf der Bestellung und die Abberufung des Klägers. Der Kläger ist gleichzeitig Vorsitzender des beim Arbeitgeber gebildeten Betriebsrats. Der Landesdatenschutzbeauftragte monierte die Bestellung des Klägers zum Datenschutzbeauftragten. Die Bestellung sei nicht wirksam, da der Kläger die erforderliche Zuverlässigkeit nicht aufweise, weil er sich als Betriebsratsvorsitzender in einer Interessenkollision befinde.

Die Entscheidung (BAG, Urteil v. 6.6.2023, 9 AZR 383/19)

Das Bundesarbeitsgericht (BAG) hat entschieden, dass der Kläger zwar zunächst wirksam zum Datenschutzbeauftragten der Beklagten bestellt worden sei. Die Beklagte sei jedoch berechtigt gewesen, die Bestellung zu widerrufen. Für die Wirksamkeit der Bestellung zum Datenschutzbeauftragten sei es gleichgültig, ob das mit dem Amt des Betriebsratsvorsitzenden zu vereinbaren sei. Auch wenn die Überschneidung von Interessensphären – einerseits als Betriebsratsvorsitzender, andererseits als Datenschutzbeauftragter – die Zuverlässigkeit beeinträchtigen könne, werde dadurch nicht die Bestellung zum Datenschutzbeauftragten unwirksam. Allerdings sei der Widerruf der Bestellung des Klägers wirksam, weil hierfür ein wichtiger Grund nach Art. 38 Abs. 2 i. V. m. 6 Abs. 4 Satz 1 DSGVO i. V. m. § 626 BGB vorgelegen hat. Die Überschneidung der Interessensphären von Datenschutzbeauftragtem und Betriebsrat stehe der geforderten Zuverlässigkeit, die sich mittlerweile aus Art. 37 Abs. 5 DSGVO ergibt, entgegen. Zwar rechtfertigt nicht jeder Interessenkonflikt den Widerruf der Bestellung des Datenschutzbeauftragten. Notwendig ist es, dass der Interessenkonflikt ein Ausmaß erreicht, der die Unabhängigkeit des Datenschutzbeauftragten infrage stellt. Nach Art. 38 Abs. 6 Satz 2 DSGVO darf der zum Datenschutzbeauftragten bestellte Arbeitnehmer innerhalb der verantwortlichen Stelle jedoch keine Position begleiten, die eine Festlegung von Zwecken und Mitteln der Verarbeitung personenbezogener Daten zum Gegenstand hat. Die Pflichten eines Datenschutzbeauftragten sind mit denen eines Betriebsratsvorsitzenden im Hinblick auf datenschutzrechtliche Bestimmungen nicht zu vereinbaren. In Erfüllung seiner betriebsverfassungsrechtlichen Aufgaben verarbeitet der Betriebsrat eine Vielzahl von personenbezogenen Daten. Demgegenüber ist der Datenschutzbeauftragte verpflichtet, die Datenschutzkonformität der auf Anforderung des Betriebsrats durch den Arbeitgeber vorgenommenen Übermittlung personenbezogener Daten zu überprüfen. Das begründet eine erhebliche Interessenkollision aufgrund derer dem Betriebsratsvorsitzenden die erforderliche „Zuverlässigkeit" fehlt. Ob das bereits für einfache Betriebsratsmitglieder gilt, hat das BAG offengelassen.

11.10 Diskriminierung wegen Schwerbehinderung – Darlegungslast Information des BR

Der Fall

Die Parteien streiten darüber, ob die Beklagte dem Kläger wegen der Benachteiligung aufgrund einer (Schwer-)Behinderung zur Zahlung einer Entschädigung nach § 15 Abs. 2 AGG verpflichtet ist.

Der Kläger bewarb sich mit Schreiben vom 14.8.2019 auf die von der Beklagten im Internet ausgeschriebene Stelle als „Scrum Master Energy (m/w/d)“. Im Bewerbungsschreiben wies er auf seine Schwerbehinderung hin. Nachdem die Beklagte dem Kläger mit E-Mail vom 22.8.2019 eine Absage erteilt hatte, machte dieser mit Schreiben vom 19.10.2019 gegenüber der Beklagten einen Entschädigungsanspruch nach § 15 Abs. 2 AGG geltend.

Die Beklagte wies diesen Anspruch mit Schreiben vom 18.11.2019 mit der Begründung zurück, den Kläger nicht berücksichtigt zu haben, weil er die Anforderungen der Stellenausschreibung nicht erfülle.

Der Kläger macht geltend, die Beklagte habe ihn entgegen der gesetzlichen Vorgaben wegen seiner Schwerbehinderung benachteiligt. Die Beklagte habe verschiedene Pflichten aus § 164 Abs. 1 SGB IX, u. a. ihre Pflicht aus § 164 Abs. 1 Satz 4 SGB IX verletzt, den bei ihr eingerichteten Betriebsrat über seine Bewerbung unmittelbar nach deren Eingang zu unterrichten. Ein solches Vorbringen sei nicht als Behauptung „ins Blaue hinein“ unbeachtlich. Die Beklagte habe die Vermutung einer Benachteiligung wegen der Schwerbehinderung nach § 22 AGG nicht widerlegt. Als angemessen sei eine Entschädigung i. H. v. mindestens zwei auf der ausgeschriebenen Stelle zu erwartenden Bruttomonatsvergütungen, d. h. i. H. v. 10.000 EUR, anzusehen.

Die Entscheidung (BAG, Urteil v. 14.6.2023, 8 AZR 136/22)

Der Kläger hat gegen die Beklagte einen Anspruch auf Zahlung einer Entschädigung nach § 15 Abs. 2 AGG.

Dieser setzt einen Verstoß gegen das in § 7 Abs. 1 AGG geregelte Benachteiligungsverbot voraus.

Der Kläger wurde dadurch unmittelbar i. S. v. § 3 Abs. 1 AGG benachteiligt, indem er von der Beklagten im Auswahl-/Stellenbesetzungsverfahren für die ausgeschriebene Stelle nicht berücksichtigt wurde.

Die Beklagte hat den bei ihr eingerichteten Betriebsrat entgegen den Vorgaben des § 164 Abs. 1 Satz 4 SGB IX über die Bewerbung des Klägers **nicht unmittelbar nach deren Eingang** unterrichtet. Da der Kläger keine Kenntnisse darüber haben kann, ob die Beklagte den Betriebsrat ordnungsgemäß informiert hat, reicht es aus, wenn der Kläger das pauschal bestreitet. Im Wege der abgestuften Darlegungslast ist es Sache der Beklagten, die Einhaltung der Voraussetzungen des § 164 Abs. 1 SGB IX darzulegen. Die Beklagte hat die Kausalitätsvermutung nicht widerlegt. Der Arbeitgeber muss Tatsachen vortragen und gegebenenfalls beweisen, aus denen sich ergibt, dass ausschließlich andere als die in § 1 AGG genannten Gründe – hier also die Schwerbehinderung – zu einer ungünstigeren Behandlung geführt haben.

Mit dieser Entscheidung setzt das Bundesarbeitsgericht seine Rechtsprechung fort, wonach ein Verstoß gegen Verfahrens- und/oder Formvorschriften des SGB IX eine mögliche Diskriminierung und damit einen Verstoß gegen das AGG vermuten lassen. Neu ist, dass zwar der Bewerber immer noch die Beweislast für einen Verstoß gegen die Regeln des § 164 Abs. 1 SGB IX hat, er einen solchen Verstoß aber „ins Blaue hinein" rügen darf und der Arbeitgeber dann zunächst darlegen muss, dass er die Pflichten eingehalten hat. Von daher ist es wichtig, dass Arbeitgeber gerade auch bei Bewerbungen von Schwerbehinderten/Gleichgestellten die formalen Anforderungen einhalten.

11.11 Befristung

11.11.1 Befristung auf die Vollendung des 65. Lebensjahres

Der Fall

Die Parteien stritten im Wesentlichen darüber, ob ihr Arbeitsverhältnis am 30.9.2019 geendet hat. Der Kläger ist freigestelltes Mitglied des Betriebsrats. Im Arbeitsvertrag vom 24.6./19.7.1993 wurde vereinbart:

„Das Arbeitsverhältnis endet spätestens mit Ablauf desjenigen Monats, in welchem Sie Altersruhegeld bewilligt erhalten oder Sie das 65. Lebensjahr vollendet haben."

Im September 2019 erreichte der Kläger die für seinen Anspruch auf Regelaltersrente maßgebliche Altersgrenze von 65 Jahren und 8 Monaten. Mit seiner Klage machte der Kläger geltend, die vertragliche Altersgrenzenregelung sei als allgemeine Geschäftsbedingung intransparent, denn Altersruhegeld sei kein gesetzlich definierter Begriff. Auch die zweite Alternative habe das Arbeitsverhältnis nicht beendet, denn die Unklarheiten könnten nicht im Sinne des „blue-pencil-Tests" ausgeräumt werden. Dies verstoße gegen das Gebot der geltungserhaltenden Reduktion.

Die Entscheidung (BAG, Urteil v. 21.12.2022, 7 AZR 489/21)

Das Bundesarbeitsgericht (BAG) wies den Befristungskontrollantrag zurück. Das Arbeitsverhältnis hat aufgrund der im Arbeitsvertrag vereinbarten Altersgrenzenregelung am 30.9.2019 geendet – die Befristung ist wirksam. Die arbeitsvertragliche Klausel ist bezüglich der zweiten Alternative nicht intransparent. Die Klausel ist dahingehend auszulegen, dass das Arbeitsverhältnis mit Erreichen der für den Kläger maßgeblichen Regelaltersgrenze in der gesetzlichen Rentenversicherung beendet ist.

Die der Entscheidung zugrunde liegende Formulierung bezüglich der Vollendung des 65. Lebensjahres ist als Beschreibung des Zeitpunkts zu verstehen, in dem der Arbeitnehmer nach seinem Lebensalter zum Bezug einer Altersrente berechtigt ist.

Das Regelrentenalter wurde von den in der gesetzlichen Rentenversicherung vericherten Beschäftigten seit dem 1.1.1916 mit der Vollendung des 65. Lebensjahres erreicht. Somit gab es bei Abfassung des Arbeitsvertrags im Jahr 1993 aus damaliger Sicht keine Veranlassung zu abweichenden Formulierungen, wenn an die in der Sozialversicherung geltende Altersgrenze von 65 Jahren angeknüpft werden sollte. Ein verständiger Arbeitnehmer musste daher die Formulierung „Vollendung des 65. Lebensjahres" als Anknüpfung an den Zeitpunkt des Erreichens der Regelaltersgrenze verstehen. Die Regelaltersgrenze hat sich erst aufgrund des RV-Altersgrenzenanpassungsgesetzes vom 20.4.2007 geändert.

Die Klausel ist auch nicht wegen einer etwaigen Unwirksamkeit der ersten Alternative in der arbeitsvertraglichen Regelung unwirksam: Bei einer teilbaren Formularklausel kann zulässiger Inhalt aufrechterhalten werden. Die Regelungen müssen sprachlich und auch inhaltlich trennbar sein. Die Teilbarkeit einer Klausel ist durch Streichung des unwirksamen Teils (sog. blue-pencil-Test) zu ermitteln. Die genannten Voraussetzungen sind vorliegend erfüllt. Die zweite Alternative bleibt aufrechterhalten.

11.11.2 Unbefristetes Arbeitsverhältnis: Fortsetzung durch Urlaubserteilung?

Der Fall

Der Kläger stand seit dem 1.7.1999 aufgrund einer Reihe befristeter Arbeitsverträge in einem Arbeitsverhältnis zum beklagten Arbeitgeber. Zuletzt schlossen die Parteien einen befristeten Arbeitsvertrag bis zum 30.9.2020. Mit E-Mail vom 30.9.2020 teilte ein Mitarbeiter im Bereich Personal/Service dem Kläger nähere Einzelheiten zur Änderung der Versteuerung des geldwerten Vorteils für die Nutzung des Firmenwagens ab dem 1.10.2020 mit. Unter dem Datum 30.9.2020 erhielt der Kläger auf seinen Wunsch hin ein Zwischenzeugnis. Am 9.9.2020 wurde dem Kläger über ein Personalportal Erholungsurlaub für die Zeit vom 1. bis zum 31.10.2020 (ausgenommen die Wochenenden) gewährt.

Der Kläger machte das Bestehen eines unbefristeten Arbeitsverhältnisses geltend. Das Arbeitsverhältnis sei mit Wissen des Beklagten über den 30.9.2020 hinaus fortgesetzt worden.

Die Entscheidung (BAG, Urteil v. 9.2.2023, 7 AZR 266/22)

Das BAG wies die Klage ab. Das Arbeitsverhältnis endete am 30.9.2020. Die Voraussetzungen der gesetzlichen Fiktion eines unbefristeten Arbeitsverhältnisses nach § 15 Abs. 6 TzBfG lagen nicht vor. Im Fall der Fortsetzung des Arbeitsverhältnisses nach Fristablauf kommt es entscheidend darauf an, ob dies „mit Wissen des Arbeitgebers" erfolgt. Nicht jeder Vorgesetzte ist Arbeitgeber i. S. d. § 15 Abs. 6 TzBfG. Dies ist nur der Arbeitgeber selbst, somit der gesetzliche Vertreter des Arbeitgebers. Seiner Kenntnis steht die Kenntnis der zum Abschluss von Arbeitsverträgen berechtigten Vertreter gleich.

Für den Eintritt der gesetzlichen Fiktion eines unbefristeten Arbeitsverhältnisses genügt es nicht, dass der Arbeitgeber einseitig Leistungspflichten erfüllt, wie z. B. Urlaub oder Freizeitausgleich für geleistete Mehrarbeit gewährt bzw. Entgeltfortzahlung über das vereinbarte Vertragsende hinaus leistet, ohne die Gegenleistung des Arbeitnehmers tatsächlich in Anspruch zu nehmen.

Der Eintritt der gesetzlichen Fiktion eines unbefristeten Arbeitsverhältnisses setzt nach der Gesetzesbegründung vielmehr voraus, dass der Arbeitnehmer seine Tätigkeit nach Auslaufen eines befristeten Arbeitsvertrags fortsetzt („Weiterarbeit"). Urlaub ist der Erbringung von „Arbeitsleistung" nicht gleichzusetzen.

11.12 Voraussetzung für immateriellen Schadensersatz nach Art. 82 DSGVO

Der Fall

Der Europäische Gerichtshof (EuGH) hatte zu entscheiden, unter welchen Voraussetzungen ein Anspruch auf Schadensersatz nach Art. 82 DSGVO besteht, insbesondere ob hierfür eine gewisse Erheblichkeit der Verletzungshandlung erforderlich ist.

Ausgangspunkt war ein Streit zwischen dem Kläger und der österreichischen Post, die auch im Adressenhandel tätig ist. Diese sammelte Informationen über die politischen Affinitäten der österreichischen Bevölkerung. Dabei verarbeitete sie Daten, aus denen sie im Wege einer statistischen Hochrechnung eine hohe Affinität des Klägers zu einer bestimmten österreichischen politischen Partei ableitete. Diese Informationen wurden nicht an Dritte übermittelt, weil der Kläger der Verarbeitung nicht zugestimmt hatte. Der Kläger fühlte sich jedoch dadurch beleidigt, dass ihm eine Affinität zu der fraglichen Partei zugeschrieben wurde. Die Speicherung von Daten zu seinen mutmaßlichen politischen Meinungen durch die österreichische Post habe bei ihm großes Ärgernis und ein Vertrauensverlust sowie ein Gefühl der

Bloßstellung ausgelöst. Ein darüber hinausgehender Schaden konnte nicht festgestellt werden. Der Kläger verlangte daher von der österreichischen Post Zahlung von 1.000 EUR als Ersatz für den ihm entstandenen immateriellen Schaden. Der oberste Gerichtshof Österreichs wollte nun vom EuGH wissen, ob der Zuspruch von Schadensersatz nach Art. 82 DSGVO neben einer Verletzung von Bestimmungen der DSGVO auch verlange, dass der Kläger einen Schaden erlitten hat – oder ob die bloße Verletzung von Vorschriften der DSGVO ausreicht. Darüber hinaus wollte er wissen, ob für den Zuspruch eines immateriellen Schadensersatzes Voraussetzung ist, dass eine Rechtsverletzung von zumindest einigem Gewicht vorliegt, die über den durch die Rechtsverletzung hervorgerufenen Ärger hinausgeht.

Die Entscheidung (EuGH, Urteil v. 4.5.2023, C-300/21)

Der EuGH hat in seiner Entscheidung zunächst betont, dass es für einen Anspruch auf einen (immateriellen) Schadensersatz nach Art. 82 Abs. 1 DSGVO nicht ausreicht, dass nur ein Verstoß gegen Bestimmungen der DSGVO vorgelegen hat, sondern durch die Verletzung muss auch tatsächlich ein Schaden entstanden sein.

Allerdings darf der Ersatz eines immateriellen Schadens im Sinne dieser Bestimmung nicht davon abhängig gemacht werden, dass der bei der betroffenen Person entstandene Schaden einen bestimmten Grad an Erheblichkeit erreicht hat.

Ob aber das bloße Ärgern über einen Verstoß gegen die DSGVO ausreicht, um bereits einen Schadensersatz zu begründen, hat der EuGH nicht endgültig geklärt. Übertragen auf das Arbeitsrecht lässt sich daraus der Schluss ziehen: Zumindest dann, wenn der Arbeitnehmer durch die Verletzungshandlung des Arbeitgebers ein Gefühl der Unsicherheit, der Überwachung oder aber einen erheblichen Ärger oder erheblichen Aufwand erlitten hat, wird man ihm einen Entschädigungsanspruch schwerlich verweigern können. Einmal mehr gilt: Die Vorschriften der DSGVO sind sorgfältig zu beachten. Insbesondere der Auskunftsanspruch nach Art. 15 DSGVO ist sorgfältig und fristgerecht zu erfüllen.

Lohnsteuer

Marcus Spahn

1 Änderung bei Tarif und Kindern

Mit dem bereits Ende 2022 beschlossenen, sog. Inflationsausgleichsgesetz (Gesetz zum Ausgleich der Inflation durch einen fairen Einkommensteuertarif sowie zur Anpassung weiterer steuerlicher Regelungen v. 8.12.2022, BGBl 2022 I S. 2230) sollen vor allem die Folgen der sog. kalten Progression bei der Lohn- und Einkommensteuer durch die Preisentwicklung ausgeglichen werden. Die zweite Stufe dieser Änderungen tritt ab 2024 in Kraft.

1.1 Entlastung beim Lohnsteuertarif

Beim Lohnsteuertarif (§ 32a EStG) werden 2024 erneut der **Grundfreibetrag** angehoben und die Tarifeckwerte verschoben. U. a. ist eine weitere Anhebung des Grundfreibetrags von 10.908 EUR auf 11.604 EUR vorgesehen. Der Spitzensteuersatz beginnt 2024 erst ab 66.761 EUR statt bisher bei 62.810 EUR (s. Freibeträge, Abschn. 2.1).

Zur Vermeidung zusätzlicher Belastungen durch den **Solidaritätszuschlag** wird die dortige Freigrenze 2024 ebenfalls angehoben und zwar auf 18.130 EUR (2023: 17.543 EUR) im Jahr. Bei Jahreslohnsteuern unterhalb dieser Grenzen fällt deshalb kein Solidaritätszuschlag mehr an. In Steuerklasse III gelten jeweils die doppelten Beträge.

Die Verbesserungen werden regelmäßig beim Lohnsteuerabzug ab Januar 2024 wirksam. Die vorstehenden Neuerungen sind in den ab Januar 2024 gültigen Lohnsteuerprogrammen enthalten. Die Verwaltung hat den geänderten Programmablaufplan für die maschinelle Berechnung der vom Arbeitslohn einzubehaltenden Lohnsteuer, des Solidaritätszuschlags und der Maßstabsteuer für die Kirchenlohnsteuer für 2024 bekannt gemacht (BMF, Schreiben v. 3.11.2023, IV C 5 – S 2361/19/10008 :010).

Achtung: Weitere Anhebung Grundfreibetrag?
Der Grundfreibetrag soll für das Jahr 2024 nochmals auf **11.784 EUR** angehoben werden. Diese Änderung ist aber bis zum Jahreswechsel 2023/2024 nicht in ein Gesetzgebungsverfahren eingebracht worden. Es bleibt abzuwarten, ob zu einem späteren Zeitpunkt eine rückwirkende Anhebung mit nachfolgender Korrektur des Lohnsteuerabzugs erfolgen wird.

1.2 Änderungen bei Kindern

Das Kindergeld war bereits mit Wirkung ab 2023 auf einheitlich 250 EUR pro Monat erhöht worden. Eine weitere Änderung ab 2024 ist nicht vorgesehen. Grundsätzlich wird das Kindergeld durch die Familienkassen und unabhängig vom Lohnsteuerabzug ausgezahlt. Ausnahmsweise sind Arbeitgeber in der öffentlichen Verwaltung verpflichtet, das staatliche Kindergeld an ihre Beschäftigten mit der Entgeltabrechnung auszuzahlen (§ 72 Abs. 1 EStG).

Der in der Steuererklärung alternativ zu gewährende **Kinderfreibetrag** (§ 32 Abs. 6 EStG) wird 2024 für jeden Elternteil angehoben, und zwar auf 3.192 EUR. Hinzu kommt jeweils ein unveränderter Freibetrag von 1.464 EUR für den Betreuungs- und Erziehungs- oder Ausbildungsbedarf des Kindes. Bei Ehegatten verdoppeln sich die Beträge. Der gesamte Freibetrag je Kind bei zusammen veranlagten Ehegatten beträgt damit im Jahr 2024 **9.312 EUR**.

Auswirkungen ergeben sich beim Lohnsteuerabzug nur beim Solidaritätszuschlag und ggf. bei der Kirchensteuer.

2 Zukunftsfinanzierungsgesetz

Das von Bundestag und Bundesrat beschlossene Gesetz zur Finanzierung von zukunftssichernden Investitionen – Zukunftsfinanzierungsgesetz (Drucksache 587/23; Beschluss) – enthält Regelungen aus dem Gesellschaftsrecht, dem Kapitalmarktrecht und dem Steuerrecht. Durch verbesserte steuerliche Rahmenbedingungen für die Mitarbeiterkapitalbeteiligung soll es Unternehmen erleichtert werden, Beschäftigte zu gewinnen.

2.1 Steuerfreie Mitarbeiterkapitalbeteiligung

Der Freibetrag für Mitarbeiterkapitalbeteiligungen (§ 3 Nr. 39 Satz 1 EStG i. d. F. des Zukunftsfinanzierungsgesetzes) wird von bisher 1.440 EUR **ab 2024 auf 2.000 EUR erhöht**. Ursprünglich war eine deutlich größere Anhebung geplant. Der Freibetrag gilt weiterhin nur unter den Voraussetzungen, dass es sich bei der Mitarbeiterbeteiligung

- um eine freiwillige Leistung des Arbeitgebers handelt, die grundsätzlich allen Mitarbeitern des Unternehmens offensteht, die ein Jahr oder länger ununterbrochen in einem gegenwärtigen Dienstverhältnis zum Arbeitgeber stehen und
- um eine Vermögensbeteiligung am Unternehmen des eigenen Arbeitgebers handelt, die den Arbeitnehmern in Form von Sachbezügen gewährt wird.

Steuerfreie Mitarbeiterkapitalbeteiligungen können weiterhin in vollem Umfang auch durch Entgeltumwandlung finanziert werden.

Praxis-Beispiel: Gewährung von Unternehmensaktien an Arbeitnehmer

Ein börsennotiertes Unternehmen bietet allen fest angestellten Arbeitnehmern zum Ende des Jahres 2024 Unternehmensaktien zum aktuellen Börsenkurs von bis zu 2.000 EUR an. Die Hälfte wird vom Unternehmen als zusätzliche Prämie gewährt. Die andere Hälfte kann von den Arbeitnehmern im Wege der Entgeltumwandlung beansprucht werden.

Ergebnis: Die Gewährung der Unternehmensaktien bleibt in vollem Umfang steuerfrei, weil der neue Höchstbetrag eingehalten wird. Die Steuerfreiheit gilt auch für die im Wege der Entgeltumwandlung erworbenen Aktien.

Sozialversicherungsfrei bleiben allerdings nur die zusätzlich gewährten Anteile.

2.2 Aufgeschobene Besteuerung für Beteiligungen

Der Steueraufschub in § 19a EstG (eingeführt ab 2021) enthält Regelungen, nach denen unter bestimmten Voraussetzungen die geldwerten Vorteile aus Vermögensbeteiligungen zunächst nicht besteuert werden (Steuerfreistellung im Zeitpunkt der Überlassung). Der Steueraufschub kommt vor allem in Fällen zur Anwendung, in denen die Vorteile über die vorherige Steuerbefreiung hinausgehen und/oder deren Voraussetzungen nicht erfüllt sind.

Die Besteuerung erfolgt erst zu einem späteren Zeitpunkt nämlich bei einer Verfügung (insbesondere beim Verkauf), der Beendigung des Dienstverhältnisses oder bisher spätestens nach 12 Jahren (aufgeschobene Besteuerung).

Die bisherigen Bedingungen für den Aufschub haben sich jedoch in der Praxis als zu eng erwiesen und werden deshalb angepasst. Probleme treten insbesondere auf, wenn die Übertragung einer Beteiligung zu steuerpflichtigem Arbeitslohn (Sachbezug) bei den Arbeitnehmern führt, ohne dass ihnen liquide Mittel zugeflossen sind.

Zur Abmilderung sind ab 2024 insbesondere folgende Maßnahmen beschlossen:

- Die Besteuerung des **geldwerten Vorteils** aus Vermögensbeteiligungen erfolgt erst **spätestens 15** statt bisher 12 Jahre nach der Übertragung der Vermögensbeteiligung (§ 19a Abs. 4 EStG). Die Verschiebung des Besteuerungszeitpunkts gilt auch für Vermögensbeteiligungen, die vor 2024 übertragen wurden.
- Im Fall des Rückerwerb der Anteile bei Verlassen des Unternehmens ist nur die tatsächlich an die Arbeitnehmer gezahlte Vergütung maßgeblich.
- Für die Fälle des Ablaufs der Nachversteuerungsfrist und der Beendigung des Dienstverhältnisses findet keine Besteuerung mehr statt, wenn der Arbeitgeber auf freiwilliger Basis unwiderruflich erklärt, dass er die Haftung für die einzubehaltende und abzuführende Lohnsteuer übernimmt (§ 19 Abs. 4a EStG). In diesen Fällen löst erst ein späterer Verkauf eine Besteuerung aus.

Im Übrigen sind im Hinblick auf die Anteile folgende Verbesserungen vorgesehen:

- In der Praxis werden die Gesellschaftsanteile oftmals nicht vom Arbeitgeber selbst, sondern den (Gründungs-)Gesellschaftern gewährt. Durch eine entsprechende Ergänzung von § 19a Abs. 1 Satz 1 EStG wird klargestellt, dass auch diese Fallgestaltung ein begünstigter Sachverhalt ist (§ 19a Abs. 1 Satz 1 EStG).
- Bei Start-ups werden nahezu ausschließlich vinkulierte Anteile als Mitarbeiterbeteiligung gewährt. Bei diesen liegt erst zum Zeitpunkt der Zustimmung der Gesellschaft in Bezug auf die Übertragung ein steuerlicher Lohnzufluss vor. Eine Sonderregelung stellt sicher, dass der Steueraufschub auch für vinkulierte Anteile anwendbar ist (§ 19a Abs. 1 Satz 3 EStG).

Künftig ist hinsichtlich der begünstigten Unternehmen auf großzügigere Grenzen abzustellen:

- Die Unternehmen müssen danach weniger als 1.000 Mitarbeiter beschäftigen und dürfen höchstens einen Jahresumsatz von 100 Mio. EUR oder eine Jahresbilanzsumme von höchstens 86 Mio. EUR erzielen (§ 19a EStG Abs. 3 EStG).

- Die Förderung kann gewährt werden, wenn die Schwellenwerte im Zeitpunkt der Übertragung der Vermögensbeteiligung oder in einem der 6 vorangegangenen Kalenderjahre nicht unterschritten wurden (§ 19a EStG Abs. 3 EStG).
- Der maßgebliche Gründungszeitraum des Unternehmens wird von 12 auf 20 Jahre vor dem Beteiligungszeitpunkt ausgeweitet (§ 19a EStG Abs. 3 EStG).

Arbeitnehmersparzulage

Ab 2024 wird zudem die Einkommensgrenze bei der Arbeitnehmersparzulage für die Anlage der **vermögenswirksamen Leistungen** in Vermögensbeteiligungen (u. a. Investmentfonds) und für die wohnungswirtschaftliche Verwendung der vermögenswirksamen Leistungen (u. a. Bausparen) auf **einheitlich 40.000 EUR** bzw. bei der **Zusammenveranlagung auf 80.000 EUR** angehoben (§ 13 Abs. 1 Satz 1 5. VermBG). Bisher betrugen diese 20.000/40.000 EUR für Vermögensbeteiligungen und 17.900/35.800 EUR bei wohnungswirtschaftlicher Verwendung.

Mit der höheren Einkommensgrenze sollen auch vermehrt Arbeitnehmer, deren Arbeitgeber üblicherweise keine Vermögensbeteiligungen mit steuerlicher Förderung anbieten (u. a. im öffentlichen Dienst, bei Kirchen, Verbänden etc.), einen Vermögensaufbau über Vermögensbeteiligungen betreiben. Die höchstmögliche Arbeitnehmersparzulage dafür beträgt unverändert 400 EUR × 20 % = 80 EUR jährlich. Für die Anlage in Bausparverträgen und bei wohnungswirtschaftlichen Verwendungen werden 9 % der Beiträge i. H. v. max. 470 EUR gefördert.

3 Kreditzweitmarktförderungsgesetz

Kurz vor dem Jahreswechsel hat der Gesetzgeber einige steuerliche Änderungen in das Kreditzweitmarktförderungsgesetz verschoben (Bundesrats-Drucksache 656/23 (Beschluss)), damit sie noch vor dem Jahreswechsel in Kraft treten können. Aus lohnsteuerlicher Sicht ist auf die folgenden Änderungen hinzuweisen:

3.1 Berücksichtigung der zutreffenden Pflegeversicherungsbeiträge

Der Mitte 2023 eingeführte Abschlag in der sozialen Pflegeversicherung ab dem 2. bis zum 5. Kind blieb bisher beim Lohnsteuerabzug noch unberücksichtigt. Nach der beschlossenen Änderung wird bereits bei der **Lohnsteuerberechnung** die Reduzierung des Beitragssatzes zur sozialen Pflegeversicherung aufgrund der Kinderzahl berücksichtigt (§ 39b Abs. 2 Satz 5 Nr. 3 Buchst. c EStG). Die Änderung ist erstmals anzuwenden auf laufenden Arbeitslohn, der für einen **nach dem 31.12.2023** endenden **Lohnzahlungszeitraum** gezahlt wird, und auf sonstige Bezüge, die nach dem

31.12.2023 zufließen. Der Beitragsabschlag für zu berücksichtigende Kinder kann damit bei der Aufstellung des (geänderten) Programmablaufplans (s. Abschn. 5.1) für die maschinelle Berechnung für 2024 berücksichtigt werden.

Hinweis: Pflegeversicherung: Digitales Verfahren für 2025 geplant

Für die Zukunft ist ein maschinelles Verfahren zur Kinderermittlung bei den Pflegekassen in Vorbereitung und die gesetzlichen Grundlagen vorgesehen. Bis 2025 soll ein digitales Verfahren zur Erhebung und zum Nachweis der Anzahl der berücksichtigungsfähigen Kinder entwickelt werden.

3.2 Berücksichtigung der Beiträge zur privaten Krankenversicherung

Bei der Berechnung der Lohnsteuer werden über die sog. Vorsorgepauschale auch Beiträge zur privaten Basiskranken- und Pflege-Pflichtversicherung als Ausgaben berücksichtigt (§ 39b Abs. 2 Satz 5 Nr. 3 Buchst. d EStG). Hierfür müssen die Beschäftigten dem Arbeitgeber die abziehbaren privaten Basiskranken- und Pflege-Pflichtversicherungsbeiträge mittels einer Beitragsbescheinigung des Versicherungsunternehmens mitteilen.

Eigentlich sollte ab 2024 ein umfassender elektronischer Datenaustausch zwischen den Unternehmen der privaten Kranken- und Pflegeversicherung, der Finanzverwaltung und den Arbeitgebern eingeführt werden. Die entsprechenden Regelungen wurden bereits vor Jahren beschlossen. Dieser Termin verschiebt sich aber um 2 Jahre auf den **1.1.2026**. Die Verschiebung ist im Rahmen des Kreditzweitmarktförderungsgesetzes über entsprechende Anwendungsregelungen gesetzlich flankiert worden (§ 52 Abs. 36 Sätze 3–4 EStG). Die bisher geltenden Regelungen sind damit bis zur Einführung des Datenaustauschs weiterhin anzuwenden.

4 Wachstumschancengesetz

Zahlreiche weitere Gesetzesänderungen – teils auch mit entlastender Wirkung – sind im Wachstumschancengesetz enthalten. Durch die Anhebung von Schwellenwerten und Pauschalen sollen vor allem kleine Betriebe von Bürokratie entlastet werden. Aktuell befindet sich das Gesetz im Vermittlungsausschuss, nachdem der Bundesrat seine Zustimmung verweigert (Drucksache 588/23, Beschluss) hat. Vor dem Jahreswechsel 2023/2024 konnte keine Einigung erzielt werden. Die weiteren Verhandlungen und deren Ergebnis bleiben deshalb abzuwarten.

Hinweis: Bisherige Werte bis auf Weiteres gültig
Das Gesetzgebungsverfahren, das eine Änderung der nachstehenden Werte vorsieht, ist noch nicht abgeschlossen. Ggf. wird eine Änderung im Laufe des Jahres 2024 folgen.

Aus lohnsteuerlicher Sicht ist vor allem auf folgende geplanten Änderungen hinzuweisen:

4.1 Berücksichtigung Verpflegungsmehraufwand

Arbeitnehmer können für tatsächlich entstandene Verpflegungsmehraufwendungen aufgrund einer beruflich veranlassten **Auswärtstätigkeit** nach der Abwesenheitszeit von Wohnung und erster Tätigkeitsstätte gestaffelte Verpflegungspauschalen als Werbungskosten ansetzen (§ 9 Abs. 4a EStG) oder in entsprechender Höhe einen steuerfreien Arbeitgeberersatz erhalten. Die Berücksichtigung der Pauschalen für die Verpflegungsmehraufwendungen ist im In- und Ausland auf die ersten 3 Monate einer beruflichen Tätigkeit an ein und derselben Tätigkeitsstätte beschränkt.

Die **inländischen Verpflegungspauschalen** sollen ab 2024 wie folgt angehoben werden (das Gesetzgebungsverfahren, das eine Änderung der beiden Werte vorsieht, ist noch nicht abgeschlossen; ggf. wird eine Änderung im Laufe des Jahres 2024 folgen):

- für jeden Kalendertag, an dem Arbeitnehmer **24 Stunden** von der Wohnung und der ersten Tätigkeitsstätte abwesend sind, von 28 EUR auf **32 EUR** (§ 9 Abs. 4a EStG);
- für den **An- oder Abreisetag**, wenn Arbeitnehmer an diesem, einem anschließenden oder vorhergehenden Tag außerhalb der Wohnung übernachten, von jeweils 14 EUR auf **16 EUR** (§ 9 Abs. 4a EStG.);
- für jeden Kalendertag, an dem Arbeitnehmer ohne Übernachtung außerhalb der Wohnung mehr als **8 Stunden** von der Wohnung und der ersten Tätigkeitsstätte abwesend sind, von 14 EUR auf **16 EUR** (§ 9 Abs. 4a EStG).

Wird Arbeitnehmern vom Arbeitgeber oder auf dessen Veranlassung von einem Dritten eine Mahlzeit zur Verfügung gestellt, werden die Pauschalen gekürzt, und zwar

- um 20 % für ein Frühstück und
- um jeweils 40 % für ein Mittag- und Abendessen.

der für die 24-stündige Abwesenheit geltenden höchsten Verpflegungspauschale.

Die Erhöhung der Verpflegungspauschale hätte zur Folge, dass sich die **Kürzungsbeträge für eine Mahlzeit** im Rahmen einer Auswärtstätigkeit ebenfalls erhöhen würden und zwar auf 6,40 EUR für ein Frühstück und auf 12,80 EUR für ein Mittag- oder Abendessen.

Steht Arbeitnehmern keine Verpflegungspauschale zu (z. B. weil die Tätigkeit weniger als 8 Stunden beträgt oder die sog. 3-Monatsfrist abgelaufen ist), so ist eine Versteuerung der Mahlzeit mit dem **Sachbezugswert** vorzunehmen. Dieser beträgt für 2024 für ein **Frühstück 2,17 EUR** und für ein **Mittag- oder Abendessen 4,13 EUR.**

Zusätzliche Pauschale bei Übernachtung im Fahrzeug

Als weitere gesetzliche Maßnahme aus dem Wachstumschancengesetz soll die gesetzliche Pauschale für Arbeitnehmer, die ihre berufliche Tätigkeit vorwiegend auf Kraftfahrzeugen ausüben und auch dort übernachten (z. B. Berufskraftfahrer), ab 2024 von 8 EUR auf **9 EUR** (das Gesetzgebungsverfahren, das eine Änderung des Werts vorsieht, ist noch nicht abgeschlossen; ggf. wird eine Änderung im Laufe des Jahres 2024 folgen; § 9 Abs. 4a EStG) je Kalendertag angehoben werden.

Auslandsreisepauschalen

Für **Auslandsreisen** gelten abweichende Pauschalen, die unabhängig von der gesetzlichen Neuregelung sind. Das BMF hat die für 2024 geltenden Pauschalen aktuell neu veröffentlicht (BMF, Schreiben v. 21.11.2023, IV C 5 – S 2353/19/10010 :005).

4.2 Listenpreisregelung bei Elektro- und Hybridfahrzeugen

Bei der 1-%-Regelung ist bei der privaten Nutzung eines betrieblichen Kraftfahrzeugs, das keine CO_2-Emissionen hat (reine Elektrofahrzeuge inkl. Brennstoffzellenfahrzeuge) nur 1/4 der Bemessungsgrundlage (Bruttolistenpreis) anzusetzen (§ 6 Abs. 1 Nr. 4 Satz 2 Nr. 3 EStG). Das gilt bislang jedoch nur, wenn der Bruttolistenpreis des Kraftfahrzeugs nicht mehr als 60.000 EUR beträgt. Zur Steigerung der Nachfrage und um die gestiegenen Anschaffungskosten abzubilden, soll der bestehende Höchstbetrag für nach dem 31.12.2023 angeschaffte Fahrzeuge auf **70.000 EUR** (das Gesetzgebungsverfahren, das eine Änderung des Werts vorsieht, ist noch nicht abgeschlossen; ggf. wird eine Änderung im Laufe des Jahres 2024 folgen) angehoben werden.

Der jeweilige Betrag gilt entsprechend bei der Überlassung eines betrieblichen Kraftfahrzeugs an Arbeitnehmer (§ 8 Abs. 2 Sätze 2–3 und 5 EStG).

Liegt der Bruttolistenpreis eines Elektrofahrzeugs über der Preisgrenze oder handelt es sich um ein extern aufladbares Elektro-Hybridfahrzeug kommt eine Halbierung der Bemessungsgrundlage in Betracht. Die Förderung von Hybridfahrzeugen erfolgt nur, wenn sie bestimmte Voraussetzungen erfüllen.

Hier hatte der Bundesrat weitere Verschärfungen angeregt, die der Bundestag im Gesetzesbeschluss aufgreift: Bei den Hybrid-Pkw soll die Alternativmöglichkeit in Form der bestehenden Kilometergrenze (Zulassung ab 1.1.2025: mindestens 80 Kilometer Reichweite) zur Erlangung der halben Bemessungsgrundlage aufgehoben werden. Sie kommt dann nur noch zur Anwendung, wenn das Kraftfahrzeug eine Kohlendioxidemission von höchstens 50 Gramm je gefahrenen Kilometer hat. Auswirkungen ergeben sich aber erst bei **Anschaffung ab 2025**. Bis dahin genügt auch eine elektrische Reichweite von 60 km für den halben Listenpreis.

	Anteil Listenpreis	Anschaffung	Listenpreis	Emissionen oder	Reichweite
Elektrofahrzeuge	0,25 %	ab 2019	≤ 60.000 EUR	keine Vorgaben	
		ab 2024	≤ 70.000 EUR		
Hybridfahrzeuge und Elektrofahrzeuge, die die Preisgrenze überschreiten	0,50 %	ab 2019	egal	max. 50 g CO_2/km	≥ 40 km
		ab 2022			≥ 60 km
		ab 2025			entfällt

4.3 Freibetrag für Betriebsveranstaltungen

Voraussichtlich sollen Zuwendungen des Arbeitsgebers an seine Arbeitnehmer und deren Begleitpersonen anlässlich von Betriebsveranstaltungen ab 2024 **steuerfrei** bleiben soweit sie den Betrag von **150 EUR** (das Gesetzgebungsverfahren, das eine Änderung des Werts vorsieht, ist noch nicht abgeschlossen; ggf. wird eine Änderung im Laufe des Jahres 2024 folgen; bisher 110 EUR) je Betriebsveranstaltung und Teilnehmer – unter den weiteren bisherigen Voraussetzungen – nicht übersteigen (§ 19 Abs. 1 Nr. 1a EStG).

Betriebsveranstaltungen sind Veranstaltungen auf **betrieblicher Ebene mit gesellschaftlichem Charakter**. Beispiele sind Betriebsausflüge, Weihnachtsfeiern und Jubiläumsfeiern. Voraussetzung für die Gewährung des Freibetrags ist, dass die Betriebsveranstaltung allen Angehörigen des Betriebs oder eines Betriebsteils offensteht.

Zuwendungen anlässlich einer Betriebsveranstaltung sind **alle Aufwendungen des Arbeitgebers einschließlich Umsatzsteuer** unabhängig davon, ob sie einzelnen Mitarbeitern individuell zurechenbar sind oder ob es sich um Kosten handelt, die der Arbeitgeber gegenüber Dritten für den äußeren Rahmen der Betriebsveranstaltung aufwendet. Zur Berechnung, ob sich die Zuwendungen des Arbeitgebers im Rahmen des Freibetrags bewegen oder darüber hinausgehen, sind die zu berücksichtigenden Aufwendungen des Arbeitgebers zunächst zu gleichen Teilen auf alle bei der Betriebsveranstaltung **anwesenden Teilnehmer** aufzuteilen. Auf die Anzahl der eingeladenen Personen kommt es demgegenüber nicht an.

Der jeweilige Freibetrag gilt für bis zu 2 Betriebsveranstaltungen jährlich. Nimmt der Mitarbeiter an mehr als 2 Betriebsveranstaltungen teil, können die beiden Veranstaltungen, für die der Freibetrag gelten soll, ausgewählt werden. Ist der **Steuerfreibetrag überschritten** oder werden mehr als 2 Veranstaltungen durchgeführt, liegt steuerpflichtiger Arbeitslohn vor. Arbeitslohn aus Anlass von Betriebsveranstaltungen kann mit **25 % pauschal besteuert** werden (§ 40 Abs. 2 Satz 1 Nr. 2 EstG; weitere Einzelheiten s. BMF, Schreiben v. 14.10.2015, IV C 5 – S 2332/15/10001, BStBl 2015 I S. 832).

4.4 Änderungen Rentenbesteuerung

Der vollständige steuerliche Abzug von Altersvorsorgeaufwendungen als **Sonderausgaben** ist bereits seit 2023 möglich. Daraus folgt auch die volle Berücksichtigung der Rentenversicherungsbeiträge im Rahmen der sog. **Vorsorgepauschale** im Lohnsteuerabzugsverfahren. Als weitere Maßnahme, um eine drohende Doppelbesteuerung von Renten zu verhindern, soll der Anstieg der steuerpflichtigen Rentenanteile verlangsamt werden. Bereits ab dem Jahr 2023 soll der Anstieg des Besteuerungsanteils für jeden neuen Renteneintrittsjahrgang auf einen **halben Prozentpunkt** (statt bisher jährlich ein Prozentpunkt) jährlich reduziert werden. In der Folge ergeben sich Änderungen bei Pensionären und Betriebsrentnern, die auch Auswirkungen auf den Lohnsteuerabzug haben (s. Abschn. 4.5).

4.5 Versorgungsfreibetrag

Von Versorgungsbezügen bei Pensionären und Betriebsrentnern bleibt ein nach einem Prozentsatz ermittelter und auf einen Höchstbetrag begrenzter Versorgungsfreibetrag sowie ein Zuschlag zum Versorgungsfreibetrag (Freibeträge für Versorgungsbezüge) steuerfrei (§ 19 Abs. 2 Satz 3 EStG). Dieser Betrag wird für jeden neuen Jahrgang abgeschmolzen.

Beginnend mit dem Jahr 2023 soll der anzuwendende Prozentwert zur Bemessung des Versorgungsfreibetrags aber nicht mehr wie bisher in jährlichen Schritten von 0,8 Prozentpunkten, sondern nur noch in **jährlichen Schritten von 0,4 Prozentpunkten** verringert werden. Der Höchstbetrag soll ab dem Jahr 2023 um jährlich 30 EUR und der Zuschlag zum Versorgungsfreibetrag um **jährlich 9 EUR** sinken (das Gesetzgebungsverfahren, das eine Änderung des Versorgungsfreibetrags vorsieht, ist noch nicht abgeschlossen; ggf. wird eine Änderung im Laufe des Jahres 2024 folgen).

Beginn der Versorgung	Bisher			Neu		
	Versorgungsfreibetrag		Zuschlag	Versorgungsfreibetrag		Zuschlag
	In %	Höchstbetrag		In %	Höchstbetrag	
2022	14,4	1.080 EUR	324 EUR	14,4	1.080 EUR	324 EUR
2023	13,6	1.020 EUR	306 EUR	14,0	1.050 EUR	315 EUR
2024	12,8	960 EUR	288 EUR	13,6	1.020 EUR	306 EUR
2040	0	0 EUR	0 EUR	7,2	540 EUR	162 EUR
2058				0	0 EUR	0 EUR

Hinweis: Rückwirkende Erhöhung über Einkommensteuerveranlagung

Um zusätzlichen Aufwand für die Arbeitgeber zu vermeiden, wird die (rückwirkende) Erhöhung des Versorgungsfreibetrags und des Zuschlags zum Versorgungsfreibetrag für das Jahr 2023 erst im Rahmen der Veranlagung zur Einkommensteuer gewährt werden. Für 2024 sind in den Lohnprogrammen bisher ebenfalls nur die bisherigen Freibeträge enthalten (s. Abschn. 5.1).

4.6 Altersentlastungsbetrag

Eine weitere Änderung betrifft eine Regelung für ältere, aber noch aktive Arbeitnehmer. Der Altersentlastungsbetrag ist ein Steuerfreibetrag, der bei Bezug bestimmter Einkünfte gewährt wird, wenn der oder die Betroffene vor dem Beginn des Kalenderjahres das 64. Lebensjahr vollendet hat (§ 24a EStG). Begünstigte Einkünfte sind u. a. aktive Einkünfte aus nichtselbstständiger Arbeit. Betroffen ist also der Arbeitslohn und damit auch der Lohnsteuerabzug. Auch der Altersentlastungsbetrag wird jährlich abgeschmolzen.

Der verlangsamte Anstieg des Besteuerungsanteils bei den Renten soll auch im Bereich des Altersentlastungsbetrags nachvollzogen werden. Mit der Anpassung soll ab dem Jahr 2023 der anzuwendende Prozentsatz nicht mehr in jährlichen Schritten von 0,8 Prozentpunkten, sondern von **0,4 Prozentpunkten** verringert werden. Der Höchstbetrag soll beginnend ab 2023 um **jährlich 19 EUR** anstatt bisher 38 EUR sinken (das Gesetzgebungsverfahren, das eine Änderung des Altersentlastungsbetrags vorsieht, ist noch nicht abgeschlossen; ggf. wird eine Änderung im Laufe des Jahres 2024 folgen).

Jahr nach Vollendung des 64. Lebensjahres	Bisher		Neu	
	Altersentlastungsbetrag		Altersentlastungsbetrag	
	In %	Höchstbetrag	In %	Höchstbetrag
2022	14,4	684 EUR	14,4	684 EUR
2023	13,6	646 EUR	14,0	665 EUR
2024	12,8	608 EUR	13,6	646 EUR
2040	0	0 EUR	7,2	342 EUR
2058			0	0 EUR

Hinweis: Rückwirkende Erhöhung über Einkommensteuerveranlagung

Um zusätzlichen Aufwand für die Arbeitgeber zu vermeiden, wird auch die (rückwirkende) Erhöhung des Altersentlastungsbetrags für das Jahr 2023 erst im Rahmen der Veranlagung zur Einkommensteuer gewährt werden. Für 2024 ist die Änderung aber ebenfalls nicht in den bisher vorliegenden Lohnsteuertabellen enthalten (s. Abschn. 5.1).

4.7 Fünftelregelung bei der Lohnsteuer

Abfindungen und Vergütungen für eine mehrjährige Tätigkeit, wie z. B. Jubiläumszuwendungen, können oftmals nach der sog. Fünftelregelung besteuert werden (§ 34 Abs. 1 EStG). Dadurch ergeben sich regelmäßig steuerliche (Progressions-) Vorteile. Außerordentliche Einkünfte (§ 34 Abs. 1–2 EStG) liegen aber nur dann vor, wenn die zu begünstigenden Einkünfte

- in einem Veranlagungszeitraum zu erfassen sind (= Zusammenballung in einem Kalenderjahr; 1. Prüfung) und
- durch die Zusammenballung von Einkünften erhöhte steuerliche Belastungen entstehen können (= Zusammenballung durch höhere Jahreseinkünfte; 2. Prüfung).

Abfindungen sind zudem nur dann ermäßigt zu besteuern, wenn die Voraussetzungen einer Entschädigung erfüllt sind. Eine Zahlung des Arbeitgebers, die bereits vorhandene Ansprüche abgilt, ist keine Entschädigung. Auch die Prüfung der Zusammenballung kann gerade bei Abfindungen komplex sein.

Derzeit kann die Fünftelregelung für Entschädigungen und Vergütungen für mehrjährige Tätigkeiten bereits bei der Berechnung der Lohnsteuer berücksichtigt werden. Da dieses Verfahren für Arbeitgeber kompliziert ist, soll es gestrichen werden (§ 39b Abs. 3 Sätze 9–10 EStG). Der Gesetzgeber verweist auf Stellungnahmen aus der Praxis, die gezeigt hätten, dass Arbeitgeber die Fünftelregelung wegen diverser Zweifelsfragen ohnehin vielfach nicht im Lohnsteuerverfahren anwenden, da sie die Voraussetzungen nicht prüfen könnten.

Die Tarifermäßigung sollen **Arbeitnehmer** aber weiterhin im **Veranlagungsverfahren** geltend machen können, sodass für die Beschäftigten letztlich nur Liquiditätsnachteile entstehen können. Für beschränkt steuerpflichtige Arbeitnehmer mit tarifermäßigt zu besteuerndem Arbeitslohn wird eine Antragsveranlagung ermöglicht (§ 50 Abs. 2 Satz 2 Nr. 4 Buchst. d EStG).

Wichtig: Fünftelregelung noch im Programm
Solange die Gesetzesänderung nicht endgültig beschlossen ist, bleibt die Anwendung im Lohnsteuerverfahren unter obigen Voraussetzungen grundsätzlich zulässig und ist auch in den Lohnabrechnungsprogrammen und Lohnsteuerbescheinigungen weiterhin vorgesehen.

4.8 Beiträge für eine Gruppenunfallversicherung

Beiträge zur gesetzlichen Unfallversicherung gehören zu den Aufwendungen des Arbeitgebers für die Zukunftssicherung der Arbeitnehmer und sind steuerfrei (§ 3 Nr. 62 Satz 1 EStG).

Bei freiwilliger Versicherung sind die Beitragszahlungen jedoch grundsätzlich nicht steuerfrei. Steht Arbeitnehmern ein eigener Anspruch gegen die Versicherungsgesellschaft zu, handelt es sich bei den Prämienzahlungen des Arbeitgebers für eine Unfallversicherung bereits im Zeitpunkt der Zahlung um Arbeitslohn. Soweit Beiträge zu Versicherungen jedoch auch das Unfallrisiko bei Auswärtstätigkeiten abdecken, sind diese als Reisenebenkosten steuerfrei. Bei Versicherungen gegen private und berufliche Unfälle sind das 20 % der Prämien (BMF, Schreiben v. 28.10.2009, IV C 5 – S 2332/09/10004, BStBl I S. 1275). Arbeitgeber können die steuerpflichtigen Beiträge für eine Gruppenunfallversicherung mit einem Pauschsteuersatz von 20 % erheben (§ 40b Abs. 3 EStG). Das gilt aber bisher nur, wenn der steuerliche Durchschnittsbetrag ohne Versicherungssteuer **100 EUR im Kalenderjahr** nicht übersteigt. Dieser **Grenzbetrag** soll **aufgehoben** werden. Eine Pauschalbesteuerung wäre damit für Gruppenunfallversicherungsbeiträge unbeschränkt möglich.

Praxis-Beispiel: Pauschalierung der Gruppenunfallversicherung

In einer Gruppenunfallversicherung sind zahlreiche Arbeitnehmer gegen alle Unfälle zum Jahresbeitrag von 200 EUR versichert.

Gesamtbeitrag	200 EUR
Davon steuerfrei für Dienstreisen 20 %	40 EUR
Steuerpflichtiger Beitrag	160 EUR

4.9 Sonstige geplante Änderungen

4.9.1 Steuerbefreiung Qualifizierungsgeld

Durch das Gesetz zur Stärkung der Aus- und Weiterbildungsförderung wird für die berufliche Weiterbildung ab dem 1.4.2024 das sog. Qualifizierungsgeld eingeführt (§ 82a SGB III). Damit sollen Arbeitgeber und Arbeitnehmer unterstützt werden, wenn der Verlust von Arbeitsplätzen durch den Strukturwandel droht, die Unternehmen ihre Mitarbeitenden aber durch die richtige **Weiterbildung** weiterbeschäftigen können. Im Rahmen des Wachstumschancengesetzes soll das Qualifizierungsgeld steuerlich flankiert werden. Entsprechend dem Kurzarbeitergeld soll das von der Agentur für Arbeit gewährte Qualifizierungsgeld steuerfrei sein (§ 3 Nr. 2 Buchst. a EStG), aber dem Progressionsvorbehalt unterliegen (§ 32b Abs. 1 Satz 1 Nr. 1 Buchst. a EStG). Die Weiterbildungskosten, die beim Qualifizierungsgeld vom Arbeitgeber zu tragen sind, sollen ebenfalls **steuerfrei** gestellt werden (§ 3 Nr. 19 Satz 1 Buchst. a EStG).

4.9.2 Nationales Besteuerungsrecht für Grenzgänger im ausländischen Homeoffice

Im Zusammenhang mit Tätigkeiten im Homeoffice bei sog. Grenzgängern soll die beschränkte Steuerpflicht ergänzt werden (§ 49 Abs. 1 Nr. 4 Buchst. a EStG). Die nichtselbstständige Arbeit soll für Einkünfte nach dem 31.12.2023 als im Inland ausgeübt oder verwertet gelten, soweit ein mit dem Ansässigkeitsstaat abgeschlossenes Doppelbesteuerungsabkommen (DBA) oder eine bilaterale Vereinbarung für diese Tätigkeit Deutschland ein Besteuerungsrecht zuweist.

Doppelbesteuerungsabkommen mit Luxemburg

Auswirkungen ergeben sich im Verhältnis mit Luxemburg. Dort gelten ab 2024 bei Grenzgängern bis zu 34 Homeoffice-Tage jährlich als unschädlich für die Zuordnung des Besteuerungsrechts (bisher 19 Tage). Wenn also der Arbeitgeber in Deutschland sitzt und der Beschäftigte bis zu 34 Tage im luxemburgischen Homeoffice arbeitet, könnte Deutschland das Besteuerungsrecht nach dem DBA in Kombination mit der geplanten Gesetzesregelung wahrnehmen.

Für die Zukunft ist zu erwarten, dass weitere DBA ähnliche Regelungen bekommen und die Bedeutung der beabsichtigten Gesetzesänderung zunimmt.

4.9.3 Geschenke

Aufwendungen für Geschenke an Personen, die nicht Arbeitnehmer des Steuerpflichtigen sind, dürfen den Gewinn nicht mindern, wenn die Anschaffungs- oder Herstellungskosten der dem Empfänger im Wirtschaftsjahr zugewendeten Gegenstände insgesamt bisher 35 EUR nicht übersteigen. Dieser Betrag soll für Wirtschaftsjahre mit Beginn nach dem 31.12.2023 auf **50 EUR** angehoben werden (§ 4 Abs. 5 Satz 1 Nr. 1 Satz 2 EstG).

Wichtig: Pauschalbesteuerung von Geschenken

Die geplante Änderung hat jedoch keine Auswirkung auf die Pauschalbesteuerung nach § 37b EStG. Hier bleiben nur sog. Streuwerbeartikel bis 10 EUR außer Betracht.

4.9.4 Geringwertige Wirtschaftsgüter

Bisher konnten die Anschaffungs- oder Herstellungskosten geringwertiger Wirtschaftsgüter (sog. GWG) sofort vollständig abgezogen werden, wenn sie nicht mehr als 800 EUR betragen. Dieser Wert soll auf **1.000 EUR** (netto) angehoben werden (§ 6 Abs. 2, Abs. 2a Sätze 1–2 EStG).

Bis zur **GWG-Grenze** können die Aufwendungen für Arbeitsmittel – unabhängig vom Vorhandensein eines häuslichen Arbeitszimmers oder der Inanspruchnahme der sog. Homeoffice-Pauschale – sofort vollumfänglich als Werbungskosten in der Steuererklärung abgezogen werden. Ein steuerfreier Arbeitgeberersatz für Arbeitsmittel ist jedoch regelmäßig ausgeschlossen.

Hinweis: Sofortabzug möglich

Bereits ab 2021 war die Annahme einer Nutzungsdauer für Computerhard- und -software von nur einem Jahr und damit faktisch ein wertunabhängiger Sofortabzug zugelassen worden (BMF, Schreiben v. 22.2.2022, IV C 3 – S 2190/21/10002 :025, BStBl 2022 I S. 187). Kosten für einen neuen Laptop oder ein neues Tablet jeder Preisklasse können also ohnehin im Jahr der Anschaffung voll geltend gemacht werden, wenn sie (fast) ausschließlich beruflich genutzt werden.

4.9.5 Identifikationsnummer für die Lohnsteuerbescheinigung vom Finanzamt

Bis einschließlich 2022 war die Übermittlung der Lohnsteuerbescheinigung auch unter Angabe der sog. **eTIN** zulässig, wenn dem Arbeitgeber die Identifikationsnummer des Arbeitnehmers nicht bekannt war. Ab dem Jahr 2023 soll ausschließlich die Identifikationsnummer als Ordnungsmerkmal anzugeben sein. Die Verwendung der eTIN ist nicht mehr zulässig. Das führt in der Praxis zu Problemen.

Geplant ist deshalb, dass die Finanzämter in Ausnahmefällen die **Identifikationsnummer auf Anfrage** an den Arbeitgeber übermitteln, wenn

- der Arbeitgeber für betroffene Beschäftigte bereits eine Lohnsteuerbescheinigung für das Jahr 2022 (mittels eTin) übermittelt hat,
- der Arbeitgeber zugleich versichert, dass das Dienstverhältnis über den 31.12.2022 hinaus fortbestanden hat und
- der Arbeitnehmer seiner Verpflichtung, dem Arbeitgeber die Identifikationsnummer mitzuteilen, trotz Aufforderung nicht nachgekommen ist (§ 39 Abs. 3 EStG).

5 Ausblick

5.1 Neue Lohnsteuertabellen 2024

Im Jahr 2023 ist es aufgrund von Gesetzesänderungen zu mehrfachen Änderungen der Lohnsteuertabellen gekommen. Auch für 2024 sind Änderungen zu erwarten. Berücksichtigt sind bisher nur die vorstehend dargestellten steuerlichen Änderungen (s. Abschn. 1).

Der bekannt gegebene Programmablaufplan für 2024 (BMF, Schreiben v. 3.11.2023, IV C 5 – S 2361/19/10008 :010) berücksichtigt ausdrücklich noch nicht die geplanten Änderungen durch das Wachstumschancengesetz und das Kreditzweitmarktförderungsgesetz. Auswirkungen auf den Lohnsteuerabzug hätten u. a. die Abschaffung der Fünftelregelung (s. Abschn. 4.7) und die Änderungen bei Versorgungsbezügen (s. Abschn. 4.5), sowie die Berücksichtigung der differenzierten Pflegeversicherungsbeiträge für Familien mit mehreren Kindern (s. Abschn. 3.1).

Das Bundesfinanzministerium hat bereits angekündigt, dass 2024 ein **geänderter Programmablaufplan** für die maschinelle Lohnsteuerberechnung mit weiteren Einzelheiten zur Korrektur des Lohnsteuerabzugs bekannt gemacht wird.

Hinweis: Korrektur des Lohnsteuerabzugs wird erforderlich

Der bis zur Anwendung der endgültigen Programmablaufpläne vorgenommene Lohnsteuerabzug für das Jahr 2024 ist regelmäßig vom Arbeitgeber nach Inkrafttreten neuer Tabellen zu korrigieren (§ 41c Abs. 1 Satz 1 Nr. 2 und Satz 2 EStG).

Für die manuelle Berechnung lag bis zum Redaktionsschluss noch kein Plan für die Erstellung von Lohnsteuertabellen 2024 vor. Bis zur Bekanntmachung eines Programmablaufplans für die Erstellung von Lohnsteuertabellen für 2024 zur manuellen Berechnung gilt eine Übergangsregelung (BMF, Schreiben v. 3.11.2023, IV C 5 – S 2361/19/10008 :010): Arbeitgeber, die die Lohnsteuer manuell über die Lohnsteuertabellen ermitteln, können für den Übergangszeitraum die Lohnsteuer auch auf Grundlage der Lohnsteuertabellen ab 1.7.2023 (BMF, Schreiben v. 19.6.2023, IV C 5 – S 2361/19/10008 :009, BStBl 2023 I S. 1014, Anlage 2; sog. „Juli-Tabellen 2023“) ermitteln, wenn der Arbeitnehmer nicht ausdrücklich widerspricht.

5.2 Jahressteuergesetz 2024

Bereits angekündigt für die erste Jahreshälfte hat der Gesetzgeber ein Jahressteuergesetz 2024, in dem voraussichtlich auch einige lohnsteuerliche Änderungen enthalten sein werden. Die weitere Entwicklung bleibt abzuwarten.

Sozialversicherung

Harald Janas

1 Bedeutung und Funktion der Sozialversicherungswerte

Die Sozialversicherungswerte sind maßgeblich für Fragen der Versicherungspflicht und Versicherungsfreiheit sowie für die Höhe der Sozialversicherungsbeiträge. Sie ändern sich i. d. R. von Jahr zu Jahr und werden deshalb zu Beginn des neuen Jahres festgelegt. Die Fortschreibung der Rechengrößen für das Jahr 2024 orientiert sich an der Veränderung der Bruttolöhne und -gehälter in den westdeutschen Ländern oder in Deutschland insgesamt im Jahr 2022. Bundesweit betrachtet betrug 2022 die Veränderung (Lohnzuwachsrate) 4,13 % und in den westdeutschen Ländern 3,93 %. Dementsprechend erhöhen sich die Rechengrößen für 2024 gegenüber dem Vorjahr.

1.1 Beitragsbemessungsgrenzen

Für die Berechnung der Beiträge wird das beitragspflichtige Einkommen (z. B. Arbeitsentgelt) max. bis zur Höhe der maßgebenden Beitragsbemessungsgrenze herangezogen. Die Beitragsbemessungsgrenzen in der **allgemeinen Renten- und Arbeitslosenversicherung** betragen im Jahr 2024 **monatlich 7.550 EUR/West** (+ 250 EUR) bzw. **7.450 EUR/Ost** (+ 350 EUR). Die Beitragsbemessungsgrenze Ost wird schrittweise dem West-Wert angenähert und diesem zum 1.1.2025 vollständig entsprechen.

In der **Kranken- und Pflegeversicherung** beträgt die Beitragsbemessungsgrenze bundeseinheitlich **5.175 EUR** (+ 187,50 EUR).

1.2 Jahresarbeitsentgeltgrenzen der Krankenversicherung

Die Jahresarbeitsentgeltgrenzen sind ausschließlich in der Krankenversicherung bei der Feststellung der Krankenversicherungspflicht des Arbeitnehmers zu berücksichtigen. Sie werden deshalb auch als Versicherungspflichtgrenzen bezeichnet. Krankenversicherungspflichtige Arbeitnehmer sind grundsätzlich gesetzlich krankenversichert. Überschreitet das regelmäßige Jahresarbeitsentgelt die Jahresarbeitsentgeltgrenze, tritt mit Ablauf des Kalenderjahres Krankenversicherungsfreiheit ein (§ 6 Abs. 4 SGB V).

Krankenversicherungsfreie Arbeitnehmer können wählen, ob sie die gesetzliche Krankenversicherung freiwillig fortsetzen oder zu einem privaten Krankenversicherungsunternehmen wechseln.

Es sind 2 unterschiedliche Jahresarbeitsentgeltgrenzen zu berücksichtigen: Eine allgemeine sowie eine besondere Jahresarbeitsentgeltgrenze. Grundsätzlich gilt die **allgemeine Jahresarbeitsentgeltgrenze**. Im Jahr 2024 beträgt sie **69.300 EUR** (+ 2.700 EUR).

Die **besondere Jahresarbeitsentgeltgrenze** gilt nur für Arbeitnehmer, die am 31.12.2002 wegen Überschreitens der Jahresarbeitsentgeltgrenze krankenversicherungsfrei und zum damaligen Zeitpunkt bei einer privaten Krankenversicherung in einer substitutiven Krankenversicherung versichert waren. Im Jahr 2024 beträgt sie **62.100 EUR** (+ 2.250 EUR).

1.3 Bezugsgröße

Die Bezugsgröße ist z. B. von Bedeutung für die Höhe der Entgeltgrenze in der Familienversicherung und für die Bemessung der Mindestbeiträge von freiwillig Versicherten (z. B. Selbstständigen). Im Jahr 2024 beträgt die **Bezugsgröße West 42.420 EUR** – monatlich 3.535 EUR (+ 140 EUR). Die **Bezugsgröße Ost** beträgt **41.580 EUR** – monatlich 3.465 EUR (+ 175 EUR).

Hinweis: Bezugsgröße West und Ost

Die Bezugsgröße Ost ist nur für die Renten- und Arbeitslosenversicherung relevant. Sie wird – wie die Beitragsbemessungsgrenze Ost – vom 1.1.2019 bis 1.1.2025 schrittweise auf den West-Wert angehoben. In der Kranken- und Pflegeversicherung gilt bundeseinheitlich bereits nur die Bezugsgröße West.

1.4 Sachbezüge

Der Sachbezug für freie Verpflegung wird zum 1.1.2024 auf **313 EUR** (+ 25 EUR) und der Sachbezug für freie Unterkunft auf **278 EUR** (+ 13 EUR) angehoben. Der monatliche Gesamtsachbezugswert beträgt demnach **591 EUR** (§ 2 Abs. 1 Satz 1 und Abs. 3 Satz 1 SvEV).

2 Beitragssätze und Umlagesätze in 2024

2.1 Krankenversicherung

Allgemeiner und ermäßigter Beitragssatz

Für alle Krankenkassen gelten einheitliche Beitragssätze:

- Der **allgemeine Beitragssatz** beträgt unverändert **14,6 %**. Er gilt für Beschäftigte, die bei Arbeitsunfähigkeit Anspruch auf Fortzahlung des Arbeitsentgelts für mindestens 6 Wochen haben.
- Der **ermäßigte Beitragssatz** beträgt unverändert **14,0 %**. Er gilt für Beschäftigte, die keinen Anspruch auf Krankengeld haben. Dies sind z. B. unständig Beschäftigte sowie Arbeitnehmer, deren Beschäftigungsverhältnis im Voraus auf weniger als 10 Wochen befristet ist, beschäftigte Erwerbsunfähigkeits- oder Altersrentner sowie Vorruhestandsgeldbezieher und Beschäftigte, die sich im Rahmen einer flexiblen Arbeitszeitregelung in einer Freistellungsphase befinden.

Kassenindividueller und durchschnittlicher Zusatzbeitragssatz

Die Höhe des kassenindividuellen Zusatzbeitragssatzes legt jede Krankenkasse in ihrer Satzung fest. Der daraus anfallende Beitrag ist durch das Mitglied und durch den Arbeitgeber je zur Hälfte zu tragen.

Für bestimmte Arbeitnehmer – z. B. Geringverdiener und Teilnehmer an Bundesfreiwilligendiensten – ist statt des kassenindividuellen Zusatzbeitragssatzes der **durchschnittliche Zusatzbeitragssatz** zugrunde zu legen (§ 242 Abs. 3 Satz 1 Nr. 6 SGB V). Er wird vom Bundesgesundheitsministerium jährlich festgelegt. Der durchschnittliche Zusatzbeitragssatz für das Jahr 2024 beträgt **1,7 %** (§ 242a Abs. 2 SGB V; BAnz AT v. 31.10.2023). Gegenüber dem Vorjahr wurde er damit um 0,1 Prozentpunkte angehoben.

Der aus dem durchschnittlichen Zusatzbeitragssatz anfallende Beitrag wird – wie der übrige Krankenversicherungsbeitrag – vom Arbeitgeber aufgebracht.

2.2 Pflegeversicherung

Der Beitragssatz zur Pflegeversicherung beträgt unverändert **3,4 %**. Die Beiträge werden von Arbeitgeber und Arbeitnehmer jeweils zur Hälfte aufgebracht, mit Ausnahme von Sachsen. Hier beträgt der Beitragsanteil des Arbeitgebers 1,2 % und der des Arbeitnehmers 2,2 %. Der allein vom Arbeitnehmer aufzubringende Beitragszuschlag für Kinderlose beträgt **0,6 %**. Für Eltern reduzieren sich die von ihnen zu tragenden Beiträge ab dem 2. bis zum 5. Kind um jeweils **0,25 Beitragssatzpunkte** (Beitragsabschlag seit 1.7.2023).

2.3 Arbeitslosenversicherung

Der Beitragssatz zur Arbeitslosenversicherung beträgt unverändert **2,6 %**. Die Beiträge werden von Arbeitgeber und Arbeitnehmer jeweils zur Hälfte aufgebracht.

2.4 Rentenversicherung

Der Beitragssatz zur allgemeinen Rentenversicherung beträgt unverändert **18,6 %** (Bekanntmachung v. 14.11.2023, BGBl 2023 I Nr. 312). Die Beiträge werden von Arbeitgeber und Arbeitnehmer jeweils zur Hälfte aufgebracht.

2.5 Insolvenzgeldumlage

Der Umlagesatz für das Jahr 2024 beträgt unverändert **0,06 %** (Insolvenzgeldumlagesatzverordnung 2024). Die Insolvenzgeldumlage wird nach einem Prozentsatz des rentenversicherungspflichtigen Arbeitsentgelts (Umlagesatz) erhoben. Die U3-Umlage wird allein von den Arbeitgebern aufgebracht. Hiervon ausgenommen sind die Arbeitgeber der öffentlichen Hand und private Haushalte. Zuständig für den Einzug ist die Krankenkasse des jeweiligen Arbeitnehmers sowie die Minijob-Zentrale für die geringfügig Beschäftigten. Für privat krankenversicherte Arbeitnehmer zieht die zuständige Einzugsstelle für die Beiträge zur Renten- und/oder zur Arbeitslosenversicherung die Umlage ein. Fehlt es auch an einer solchen Einzugsstelle, ist die Umlage an die Krankenkasse zu entrichten, die der Arbeitgeber gewählt hat.

2.6 Umlagen für Ausgleichsverfahren U1 und U2

Arbeitgeber, die in der Regel nicht mehr als 30 Arbeitnehmer beschäftigen, nehmen am Ausgleichsverfahren der Arbeitgeberaufwendungen bei Arbeitsunfähigkeit (U1-Verfahren) teil. Die Teilnahme an dem Ausgleichsverfahren der Arbeitgeberaufwendungen für Mutterschaftsleistungen (U2-Verfahren) erfolgt hingegen unabhängig von der Betriebsgröße.

Die zur Finanzierung der Aufwendungen erhobenen U1- und U2-Umlagesätze und die jeweiligen Erstattungssätze werden von jeder Krankenkasse und der Minijob-Zentrale selbst festgelegt. Insofern gibt es **keine einheitlichen Umlagesätze**. Die Arbeitnehmer werden an den Umlagen nicht beteiligt, da sie ausschließlich von den Arbeitgebern getragen werden. Bemessungsgrundlage für die Umlage ist das rentenversicherungspflichtige Arbeitsentgelt; einmalig gezahltes Arbeitsentgelt bleibt unberücksichtigt.

Umlagesätze der Minijob-Zentrale

Zum 1.1.2024 hat die Minijob-Zentrale ihre Umlagesätze nicht geändert. Der Umlagesatz zur U1 beträgt **1,1 %**. Der Umlagesatz zur U2 liegt bei **0,24 %**.

2.7 Fälligkeit der Beiträge und Umlagen

Drittletzter Bankarbeitstag

Der Gesamtsozialversicherungsbeitrag, die U1- und U2-Umlagen sowie die Insolvenzgeldumlage U3 sind spätestens am **drittletzten Bankarbeitstag des Monats der Arbeitsleistung fällig** (§ 23 Abs. 1 Satz 2 SGB IV).

Erfüllungsort ist der Sitz der Einzugsstelle (Krankenkasse und Minijob-Zentrale), weshalb für die tatsächliche Bestimmung des drittletzten Bankarbeitstags die Verhältnisse am Sitz der jeweiligen Einzugsstelle (Hauptverwaltung) maßgeblich sind. Dies gilt auch, wenn einer der 3 letzten Bankarbeitstage auf einen nicht bundeseinheitlichen Feiertag fällt. Ferner ist zu berücksichtigen, dass sowohl der 24. als auch der 31.12. eines Jahres nicht als bankübliche Arbeitstage gelten (das gilt auch nach der Einführung des EUR-Zahlungsverkehrsraums SEPA).

Einreichungsfrist für den Beitragsnachweis

Der Beitragsnachweis muss der Einzugsstelle spätestens zu Beginn des 2. Arbeitstags vor Fälligkeit der Beiträge (00:00 Uhr) vorliegen. Ansonsten kann die Einzugsstelle die abzuführenden Beiträge schätzen (§ 28f Abs. 3 SGB IV).

Termine 2024

Für das Jahr 2024 gelten somit für die Einreichung der Beitragsnachweise und die Zahlung der Beiträge und Umlagen folgende Termine:

Monat	Jan.	Feb.	März	April	Mai	Juni	Juli	Aug.	Sept.	Okt.	Nov.	Dez.
Einreichung Beitrags-nachweis (bis 0:00 Uhr)	25.	23.	22.	24.	26[1]/ 27.	24.	25.	26.	24.	24.[2]/ 25.	25.	19.
Fälligkeit	29.	27.	26.	26.	28.[1]/ 29.	26.	29.	28.	26.	28.[2]/ 29.	27.	23.

[1]In Bundesländern, in denen der 30.5.2024 (Fronleichnam) ein Feiertag ist.

[2]In Bundesländern, in denen der 31.10.2024 (Reformationstag) ein Feiertag ist.

Beiträge aus Versorgungsbezügen

Die von der Zahlstelle abzuführenden Beiträge zur Kranken- und Pflegeversicherung werden am 15. des Folgemonats der Auszahlung der Versorgungsbezüge fällig (§ 256 Abs. 1 Satz 2 SGB V, § 60 Abs. 1 Satz 2 SGB XI). Der Beitragsnachweis muss ebenfalls spätestens 2 Arbeitstage vor dem jeweiligen Fälligkeitstermin der Krankenkasse vorliegen.

3 Arbeitgeberzuschuss zum Kranken- und Pflegeversicherungsbeitrag

3.1 Gesetzlich krankenversicherte Arbeitnehmer

Arbeitnehmer, die wegen Überschreitens der Jahresarbeitsentgeltgrenze krankenversicherungsfrei und in der gesetzlichen Krankenversicherung (GKV) freiwillig versichert sind, erhalten von ihrem Arbeitgeber einen Zuschuss zu ihrem Krankenversicherungsbeitrag. Dieser ist in der Höhe zu zahlen, den der Arbeitgeber bei Versicherungspflicht des Beschäftigten zu tragen hätte. Für die Berechnung des Beitragszuschusses ist ein Beitragssatz i. H. v. **7,3 %** (mit Krankengeldanspruch) bzw. **7,0 %** (ohne Krankengeldanspruch) sowie der halbe Zusatzbeitragssatz der jeweiligen Krankenkasse zugrunde zu legen. Dabei ist der Zuschuss zum Zusatzbeitrag getrennt zu berechnen.

In der Pflegeversicherung erhalten die wegen Überschreitens der Jahresarbeitsentgeltgrenze krankenversicherungsfreien Arbeitnehmer einen Beitragszuschuss i. H. d. Betrags, den der Arbeitgeber bei versicherungspflichtigen Mitgliedern zu tragen hat (§ 61 Abs. 1 SGB XI). Der **Beitragszuschuss** beträgt in 2024 höchstens **87,98 EUR** (1,7 % aus 5.175 EUR) bzw. in **Sachsen 62,10 EUR** (1,2 % aus 5.175 EUR). Der Beitragszuschlag für Kinderlose wird nicht bezuschusst.

3.2 Privat krankenversicherte Arbeitnehmer

Privat krankenversicherte Arbeitnehmer, die wegen Überschreitens der Jahresarbeitsentgeltgrenze oder aufgrund des Ausschlusses von der Krankenversicherungspflicht für über 55-Jährige krankenversicherungsfrei oder von der Versicherungspflicht befreit sind, erhalten von ihrem Arbeitgeber einen Zuschuss zu ihrem Beitrag für die private Krankenversicherung (PKV). Allerdings muss die PKV dafür bestimmte Voraussetzungen erfüllen (§ 257 Abs. 2 bis 2a SGB V). Der Arbeitgeberzuschuss zum Krankenversicherungsbeitrag erstreckt sich auf die Hälfte des allgemeinen Beitragssatzes (7,3 %) zzgl. des halben durchschnittlichen Zusatzbeitragssatzes (0,85 %) (s. Abschn. 2.1). Der Zuschuss ist jedoch begrenzt auf die Hälfte des tatsächlich zu zahlenden Beitrags. Unter Berücksichtigung der Beitragsbemessungsgrenze für 2024 ergibt sich ein **monatlicher Höchstzuschuss** i. H. v. **421,76 EUR** (7,3 % + 0,85 % aus 5.175 EUR).

Zum Pflegeversicherungsbeitrag erhalten die privat krankenversicherten Arbeitnehmer ebenfalls einen Zuschuss des Arbeitgebers (§ 61 Abs. 2 SGB XI). Der Zuschuss ist begrenzt auf den Betrag, der bei Versicherungspflicht in der sozialen Pflegeversicherung als Arbeitgeber-Beitragsanteil zu zahlen wäre (1,7 % aus 5.175 EUR = **87,98 EUR** bzw. in Sachsen 1,2 % aus 5.175 EUR = **62,10 EUR**), höchstens jedoch die Hälfte des tatsächlich zu zahlenden Betrags.

4 Besondere Personengruppen

4.1 Künstler und Publizisten

Die nach dem Künstlersozialversicherungsgesetz abgabepflichtigen Unternehmen (z. B. Verlage, Galerien, Theater und Orchester) haben aus den Entgelten, die sie an selbstständige Künstler und Publizisten zahlen, eine Künstlersozialabgabe an die Künstlersozialkasse zu entrichten (§ 25 KSVG). Der **Abgabesatz zur Künstlersozialversicherung** beträgt unverändert **5,0 %** (Künstlersozialabgabe-Verordnung 2024, BGBl 2023 I Nr. 240). Die Erfüllung der Melde- und Abgabepflichten der Unternehmen wird im Rahmen der turnusmäßig stattfindenden Betriebsprüfungen durch die Rentenversicherungsträger überwacht (§ 28p Abs. 1a SGB IV).

4.2 Auszubildende und Praktikanten ohne Arbeitsentgelt

Auszubildende und Praktikanten ohne Arbeitsentgelt, die nicht familienversichert sind, haben Beiträge zur Kranken- und Pflegeversicherung an die Krankenkasse zu zahlen. Als beitragspflichtige Einnahme gelten monatlich 812 EUR (§ 236 Abs. 1 SGB V; § 57 Abs. 1 Satz 1 SGB XI; 27. BAföGÄndG v. 15.7.2022). Bei einem Beitragssatz von 10,22 % (allgemeiner Beitragssatz 14,6 %, davon 7/10) ergibt sich ein monatlicher Beitrag zur Krankenversicherung von **82,99 EUR zzgl. des Zusatzbeitrags der Krankenkasse**. Der Beitrag zur Pflegeversicherung beträgt **27,61 EUR** (812 EUR × 3,4 %) **bzw. 32,48 EUR** (812 EUR × 4,0 %) für kinderlose Versicherte nach Vollendung des 23. Lebensjahres; für Versicherte mit mehreren Kindern reduzieren sich die Beiträge ab dem 2. bis 5. Kind für jedes Kind um 0,25 Beitragssatzpunkte.

Die Kranken- und Pflegeversicherungsbeiträge sind von den Auszubildenden und Praktikanten ohne Arbeitsentgelt alleine zu tragen (§ 250 Abs. 1 Nr. 3 SGB V; § 59 Abs. 1 Satz 1 SGB XI). Die Ausbildungsstätten werden an der Aufbringung und Abführung dieser Beiträge nicht beteiligt.

In der Renten- und Arbeitslosenversicherung ist als beitragspflichtige Einnahme für die Bemessung der Beiträge aus der Beschäftigung mindestens 1 % der Bezugsgröße zugrunde zu legen. Für 2024 ist dies im Rechtskreis West ein Betrag von 35,35 EUR und im Rechtskreis Ost von 34,65 EUR. Die Renten- und Arbeitslosenversicherungsbeiträge trägt der Arbeitgeber allein (§ 20 Abs. 3 Satz 1 SGB IV) und führt sie an die zuständige Krankenkasse ab.

4.3 Familienversicherte

Ehegatten, Lebenspartner und Kinder von Mitgliedern sowie die Kinder von familienversicherten Kindern sind in der Kranken- und Pflegeversicherung beitragsfrei mitversichert (§ 10 SGB V, § 25 SGB X), wenn diese u. a. kein eigenes Gesamteinkommen haben, das regelmäßig im Monat 1/7 der monatlichen Bezugsgröße überschreitet. Im Jahr 2024 beträgt diese Einkommensgrenze monatlich **505 EUR** (2023: 485 EUR). Für Angehörige, die eine geringfügige Beschäftigung ausüben, gilt die höhere Einkommensgrenze i. H. v. monatlich **538 EUR** (bis 31.12.2023: 520 EUR) (s. Abschn. 5.1).

5 Weitere Änderungen in 2024

5.1 Minijobs: Geringfügigkeitsgrenze erhöht sich auf 538 EUR

Seit dem 1.10.2022 orientiert sich die Entgeltgrenze für geringfügig entlohnte Beschäftigungen (Minijobs) am gesetzlichen Mindestlohn. Ein Minijob soll bei einer Wochenarbeitszeit von bis zu 10 Stunden zum Mindestlohn möglich sein. Durch diese gesetzliche Koppelung steigt bei jeder Anhebung des Mindestlohns auch die Geringfügigkeitsgrenze an (§ 8 Abs. 1a SGB IV).

Der Mindestlohn wurde zum 1.1.2024 auf 12,41 EUR je Stunde festgesetzt. Bis zum 31.12.2023 betrug er 12,00 EUR (MiLoV4 v. 24.11.2023, BGBl. I Nr. 321 v. 29.11.2023). Dadurch erhöht sich ebenfalls zum **1.1.2024** die Geringfügigkeitsgrenze von 520 EUR auf **538 EUR** (Berechnung: 12,41 EUR × 130 : 3 = 537,77 EUR, aufgerundet: 538 EUR). Die Jahresverdienstgrenze erhöht sich entsprechend auf 6.456 EUR.

Wegfall der Bestandsschutzregelungen

Bei der Anhebung der Geringfügigkeitsgrenze zum 1.10.2022 von 450 EUR auf 520 EUR waren für Beschäftigungsverhältnisse mit einem regelmäßigen Arbeitsentgelt von **450,01 EUR bis 520 EUR** im Monat Bestandsschutzregelungen geschaffen worden, die den Fortbestand der Versicherungspflicht in der Kranken-, Pflege- und Arbeitslosenversicherung ermöglichten. In der Rentenversicherung war keine Bestandsschutzregelung nötig gewesen, da die Beschäftigten als Minijobber rentenversicherungspflichtig blieben.

Die **Bestandsschutzregelungen laufen am 31.12.2023 aus**, sodass die hiervon erfassten Beschäftigungsverhältnisse zum 1.1.2024 versicherungsrechtlich neu zu beurteilen sind. Bei einem regelmäßigen Arbeitsentgelt von bis zu 538 EUR monatlich gilt in der Kranken-, Pflege-, Renten- und Arbeitslosenversicherung das Beitrags- und Meldeverfahren für geringfügig Beschäftigte.

Aufgrund der Erhöhung der Geringfügigkeitsgrenze von 520 EUR auf 538 EUR sind **keine neuen Bestandsschutzregelungen** ab dem 1.1.2024 geschaffen worden. Der Gesetzgeber hatte schon bei den Änderungen zum 1.10.2022 angekündigt, künftig darauf zu verzichten (BR-Drucks. 82/22, S. 28, 31 f.).

In laufenden Beschäftigungen werden damit auch alle Arbeitnehmer mit einem regelmäßigen Arbeitsentgelt von 520,01 EUR bis 538 EUR im Monat vom 1.1.2024 an einen Minijob ausüben und sind bei der Minijob-Zentrale anzumelden.

5.2 Midijobs: Neue Entgeltgrenze und Formeln

Durch die höhere Geringfügigkeitsgrenze ergeben sich auch Auswirkungen auf die Beschäftigungen im Übergangsbereich (Midijobs), da sich deren untere Entgeltgrenze ändert. Vom 1.1.2024 an liegt ein Midijob vor, wenn das daraus erzielte Arbeitsentgelt regelmäßig **538,01 EUR bis 2.000,00 EUR** im Monat beträgt (§ 20 Abs. 2 SGB IV).

Die beitragspflichtige Einnahme (BE) für die Berechnung des **Gesamtsozialversicherungsbeitrags** ermittelt sich nach folgender Formel:

$$BE = F \times G + ([2.000 / (2.000 - G)] - [G / (2.000 - G)] \times F) \times (AE - G)$$

„AE“ steht für Arbeitsentgelt, „G“ für die Geringfügigkeitsgrenze (538 EUR) und „F“ für den Faktor F (0,6846) (BAnz AT v. 8.12.2023). Für die Zeit ab 1.1.2024 kann folgende **Kurzformel** verwendet werden:

BE = 1,1160637482 × AE – 232,12749658

Für den vom **Arbeitnehmer zu tragenden Anteil am Gesamtsozialversicherungsbeitrag** wird als beitragspflichtige Einnahme ein separat zu ermittelnder Betrag zugrunde gelegt, der sich nach folgender Formel berechnet:

BE = [2.000 / (2.000 – G)] × (AE – G)

Für die Zeit ab 1.1.2024 kann folgende **Kurzformel** verwendet werden:

BE = 1,367989056 × AE – 735,9781121751

Der Arbeitgeberbeitragsanteil ergibt sich durch Abzug des Arbeitnehmerbeitragsanteils vom Gesamtbeitrag.

5.3 DEÜV-Meldungen bei Elternzeit

Arbeitgeber haben vom **1.1.2024** an im Rahmen des allgemeinen elektronischen Meldeverfahrens den Beginn und das Ende der Elternzeit von **krankenversicherungspflichtigen und freiwillig versicherten Arbeitnehmern** der zuständigen Krankenkasse zu melden, damit diese das betreffende Versicherungsverhältnis prüfen und feststellen kann (§ 28a Abs. 1 Satz 1 Nr. 4, 4a SGB IV). Eine Meldepflicht besteht nur für **gesetzlich** krankenversicherte Arbeitnehmer. Die Elternzeit-Meldungen sind zudem nicht für geringfügig Beschäftigte abzugeben (§ 28a Abs. 9 SGB IV). Die Meldepflicht tritt nur ein, sofern die Beschäftigung durch Wegfall des Anspruchs auf Entgelt mindestens einen Kalendermonat unterbrochen wird. Diese Kalendermonatsfrist gilt jedoch nicht, sofern der Arbeitnehmer freiwilliges Mitglied einer Krankenkasse ist. In diesem Fall sind auch Zeiten einer Elternzeit von weniger als einem Kalendermonat zu melden. Die Elternzeit-Meldung ist mit der nächsten Entgeltabrechnung, spätestens innerhalb von 6 Wochen abzugeben (§ 12 Abs. 6 DEÜV).

Die Beginn-Meldung und die Ende-Meldung sind mit den **Abgabegründen „17" und „37"** zu erstatten. In der Beginn-Meldung ist das Datum des Beginns der Elternzeit anzugeben. Die Ende-Meldung enthält den Beginn aus der Beginn-Meldung und ein Ende-Datum (in der Regel das der Elternzeit).

Meldungen bei Krankenkassenwechsel oder Ende des Beschäftigungsverhältnisses

Bei einem Krankenkassenwechsel ist zum Zeitpunkt des Wechsels gegenüber der neuen Krankenkasse eine Beginn-Meldung abzugeben. Die Abgabe einer Ende-Meldung an die bisherige Krankenkasse ist nicht erforderlich.

Endet das sozialversicherungsrechtliche Beschäftigungsverhältnis während der Elternzeit, ist zusätzlich zur Abmeldung eine Ende-Meldung mit dem Datum des Beschäftigungsendes abzugeben.

Keine Bestandsmeldungen

Da die neue Meldepflicht erst bei Elternzeiten entsteht, die ab dem 1.1.2024 beginnen, sind bei Arbeitnehmern, die sich über den 31.12.2023 hinaus in Elternzeit befinden, zum Ende dieser Elternzeit keine Ende-Meldungen abzugeben. Diese Bestandsfälle sind bilateral zwischen den Beteiligten zu klären.

5.4 Erweiterter Kinderpflegekrankengeldanspruch

Bis zum 31.12.2023 besteht ein Anspruch auf Kinderpflegekrankengeld für 30 Arbeitstage je Elternteil bzw. für 60 Arbeitstage bei Alleinerziehenden. Diese Sonderregelung aufgrund der Corona-Pandemie läuft zum Jahresende aus. Vom **1.1.2024** an können gesetzlich krankenversicherte Mütter und Väter je gesetzlich krankenversichertem Kind unter 12 Jahren pro Jahr jeweils **bis zu 15 Arbeitstage** Kinderpflegekrankengeld beziehen; **Alleinerziehende bis zu 30 Arbeitstage**. Bei mehreren Kindern können im Jahr insgesamt 35 Arbeitstage je Elternteil bzw. 70 Arbeitstage für Alleinerziehende gewährt werden. Die Regelung gilt zunächst nur für die Jahre 2024 und 2025 (§ 45 Abs. 2 SGB V).

Kinderpflegekrankengeld bei stationären Aufenthalten

Darüber hinausgehend haben Eltern einen Anspruch auf Kinderpflegekrankengeld, wenn und solange die Mitaufnahme eines Elternteils bei stationärer Behandlung des versicherten Kindes aus medizinischen Gründen als Begleitperson notwendig ist, sofern das Kind das 12. Lebensjahr noch nicht vollendet hat oder behindert und auf Hilfe angewiesen ist. Das Vorliegen der medizinischen Gründe sowie die Dauer der Mitaufnahme sind von der stationären Einrichtung gegenüber der Begleitperson zu bescheinigen. Bis zur Vollendung des 9. Lebensjahres ist vom Vorliegen der medizinischen Gründe für die Mitaufnahme eines Elternteils auszugehen, sodass in diesen Fällen nur die Dauer der notwendigen Mitaufnahme zu bescheinigen ist (§ 45 Abs. 1a SGB V).

Bei stationärer Mitaufnahme besteht der Anspruch auf das Kinderpflegekrankengeld für die Dauer der medizinisch notwendigen Begleitung und ist insofern zeitlich nicht begrenzt.

5.5 Abruf der zuständigen Krankenkasse durch Arbeitgeber

Arbeitgeber haben ihre Arbeitnehmer bei Aufnahme eines Beschäftigungsverhältnisses bei einer Krankenkasse anzumelden. Vom **1.1.2024** an können Arbeitgeber die zuständige Krankenkasse beim GKV-Spitzenverband elektronisch abfragen, wenn ihnen die zuständige Krankenkasse zum Zeitpunkt der Abgabe der Meldung noch nicht bekannt ist. Gleiches gilt für Zahlstellen bei der Gewährung von Versorgungsbezügen sowie für die Bundesagentur für Arbeit und die kommunalen Träger nach § 6a SGB II (sog. Optionskommunen) bei Gewährung von Arbeitslosengeld oder Bürgergeld. Voraussetzung dieser Abfragemöglichkeit ist eine **vorherige erfolglose Aufforderung** des Beschäftigten, die entsprechenden Angaben zu machen (§ 28a Abs. 3c, 3d SGB IV). Auf Grundlage der eingegangenen Abfrage prüft der GKV-Spitzenverband bei den Krankenkassen, ob eine Mitgliedschaft zum Zeitpunkt des Abrufs besteht und sendet innerhalb von 24 Stunden eine Rückmeldung an die anfragende Stelle.

5.6 Qualifizierungsgeld

Zum **1.4.2024** wird eine neue Entgeltersatzleistung, das „Qualifizierungsgeld" eingeführt (§ 82a SGB III). Das Qualifizierungsgeld wird von den Arbeitsagenturen geleistet und richtet sich an Beschäftigte, denen durch den Strukturwandel der Verlust ihrer Arbeitsplätze droht. Ihnen soll durch Weiterbildungen eine zukunftssichere Beschäftigung im gleichen Unternehmen ermöglicht werden. Während die Beschäftigten zur Teilnahme an einer Weiterbildung von der Arbeit freigestellt sind, erhalten sie Qualifizierungsgeld, das in Anlehnung an die Regelungen zum Kurzarbeitergeld 60 % bzw. 67 % des ausgefallenen Nettoentgelts beträgt. Eine Aufstockung durch den Arbeitgeber ist möglich (§§ 82b und 82c SGB III). Wie bei dem Kurzarbeitergeld ist das Qualifizierungsgeld vom Arbeitgeber zu beantragen, zu berechnen und auftragsweise auszuzahlen.

Fortbestand des Versicherungsverhältnisses

Auch die versicherungs- und beitragsrechtliche Behandlung des Qualifizierungsgelds entspricht der des Kurzarbeitergeldes. Während des Bezugs von Qualifizierungsgeld besteht für die Beschäftigten das Versicherungsverhältnis in der Kranken-, Pflege-, Renten- und Arbeitslosenversicherung fort. Die Beiträge zur Kranken-, Pflege- und Rentenversicherung werden aus einem fiktiven Arbeitsentgelt i. H. v. 80 % des Unterschiedsbetrags zwischen dem Sollentgelt und dem Istentgelt gezahlt und sind vom Arbeitgeber aufzubringen. Zur Arbeitslosenversicherung fallen keine Beiträge an.

5.7 Unbedenklichkeitsbescheinigungen: Elektronische Beantragung und Ausstellung

Mit dem Ausstellen einer Unbedenklichkeitsbescheinigung dokumentiert die Einzugsstelle (Krankenkasse oder Minijob-Zentrale) insbesondere, dass der Arbeitgeber seiner Pflicht zur Beitragsabführung ordnungsgemäß nachkommt. Dazu sind die Verhältnisse zum Zeitpunkt der Ausstellung der Bescheinigung und für einen Zeitraum von in der Regel 6 Monaten zuvor maßgebend.

Bislang wurde die Unbedenklichkeitsbescheinigung in einem zumeist papiergestützten Verfahren ausgestellt, das zum **1.1.2024** durch ein **in die Entgeltabrechnung integriertes elektronisches Verfahren** ersetzt wird (§ 108b SGB IV).

Danach hat der Arbeitgeber die Unbedenklichkeitsbescheinigung gegenüber der Krankenkasse elektronisch zu beantragen, an die der Gesamtsozialversicherungsbeitrag für den jeweiligen Arbeitnehmer zu zahlen ist. Der Arbeitgeber kann wählen, ob die Unbedenklichkeitsbescheinigung einmalig oder in einem sog. Abonnentenmodell (monatlich, viertel- oder halbjährlich) ausgestellt werden soll. Die Einzugsstelle stellt dem Arbeitgeber die Bescheinigung in elektronischer Form aus.

5.8 Beitrittsmöglichkeit für ausländische Fachkräfte

Vom **1.3.2024** an können Ausländer mit einer Aufenthaltserlaubnis zum Zwecke der Forschung nach § 18d Abs. 1 AufenthG innerhalb von 3 Monaten nach Aufenthaltnahme im Inland der gesetzlichen Krankenversicherung (GKV) als freiwilliges Mitglied beitreten (§ 9 Abs. 1 Satz 1 Nr. 6 SGB V). Diese Regelung richtet sich an Forschende und Wissenschaftler aus Drittstaaten mit einer entsprechenden Aufenthaltserlaubnis. Bislang konnten sich diese Personen nach ihrem Zuzug nach Deutschland in aller Regel nur bei einem privaten Krankenversicherungsunternehmen (PKV) absichern, wenn sie als Arbeitnehmer aufgrund der Höhe ihres Entgelts krankenversicherungsfrei waren. Künftig können sie sich bei einer gesetzlichen Krankenkasse freiwillig versichern. Voraussetzung ist, dass sie ihren Beitritt zur GKV innerhalb einer Frist von 3 Monaten nach Aufenthaltnahme im Inland erklären.

5.9 Erhöhung der Hinzuverdienstgrenzen bei Erwerbsminderungsrenten

Während es seit dem 1.1.2023 bereits keine Hinzuverdienstgrenze mehr für Frührentner gibt, sind bei Erwerbsminderungsrentnern weiterhin Hinzuverdienstgrenzen zu beachten. Diese werden für das Jahr 2024 erneut erhöht. Bei Bezug einer

Rente wegen teilweiser Erwerbsminderung beträgt die jährliche Hinzuverdienstgrenze ab dem 1.1.2024 37.117,50 EUR. Bei Renten wegen voller Erwerbsminderung beträgt sie 18.558,75 EUR (§ 96a Abs. 1c Nr. 1, 2 SGB VI).

Daten, Checklisten und Übersichten zur Personalarbeit

Arbeitnehmergruppen (schutzbedürftige)

In der folgenden Übersicht sind die wesentlichen arbeitsrechtlichen Besonderheiten zusammengestellt, die bei der Beschäftigung bestimmter, vom Gesetzgeber als besonders schutzwürdig anerkannter Arbeitnehmergruppen zu beachten sind.

Arbeitnehmergruppe	Urlaub	Kündigung	Arbeitszeit	Beschäftigungsverbot
Jugendliche zwischen 15 und 17 Jahren, die nicht mehr der Vollzeitschulpflicht unterliegen[1]	bis 16 Jahre: 30 Werktage bis 17 Jahre: 27 Werktage bis 18 Jahre: 25 Werktage	Außerhalb von § 113 BGB nur gegenüber gesetzlichem Vertreter möglich[2]	Grundsatz: 8 Stunden/Tag bzw. 40 Stunden/Woche (§ 8 JArbSchG) Ausnahmen vor allem in der Landwirtschaft[3]	§§ 22 ff. JArbSchG: bestimmte gefährliche Arbeiten Akkordarbeit, tempoabhängige Arbeit, Arbeit unter Tage
schwangere Arbeitnehmerinnen	kein erhöhter Mindesturlaub	während der Schwangerschaft und 4 Monate nach der Entbindung bzw. nach einer Fehlgeburt nach der 12. Schwangerschaftswoche grundsätzlich nicht möglich (§ 17 MuSchG)[4]	verboten ist: a) Mehrarbeit[5] b) Nachtarbeit[6] c) Sonn- und Feiertagsarbeit[7]	a) generelles Verbot: 6 Wochen vor und 8[8] Wochen nach der Entbindung (§ 3 MuSchG) b) bestimmte Beschäftigungsarten (vgl. § 11 MuSchG) wie: – schwere körperliche Arbeiten – Arbeiten, bei denen die Frau gesundheitsschädlichen Einflüssen ausgesetzt ist c) Verbot in Einzelfällen: bei Gefahren für Mutter und/oder Kind nach ärztlichem Zeugnis (§ 16 MuSchG)

Arbeitnehmer-gruppe	Urlaub	Kündigung	Arbeitszeit	Beschäftigungsverbot
Schwerbehinderte	Zusatzurlaub von 5 (Arbeits-) Tagen	nur möglich nach vorheriger Zustimmung des Integrationsamtes	Schwerbehinderte sind auf ihr Verlangen von Mehrarbeit freizustellen	für Schwerbehinderte bestehen keine Beschäftigungsverbote

[1] In der Regel unterliegen Jugendliche in diesem Alter nicht mehr der Vollzeitschulpflicht.

[2] § 113 BGB bestimmt, dass in den Fällen, in denen der gesetzliche Vertreter den Jugendlichen ermächtigt, in ein Dienst- oder Arbeitsverhältnis zu treten, der Minderjährige für solche Geschäfte unbeschränkt geschäftsfähig ist, die die Eingehung oder Aufhebung eines Dienst- oder Arbeitsverhältnisses der gestatteten Art betreffen. Daher kann ein Minderjähriger auch die Kündigungserklärung durch den Arbeitgeber entgegennehmen.

[3] In der Erntezeit verlängert sich für Jugendliche über 16 Jahren die zulässige Arbeitszeit auf 9 Stunden täglich und 85 Stunden in der Doppelwoche, § 8 Abs. 3 JArbSchG.

[4] Nach § 17 Abs. 2 MuSchG kann die zuständige oberste Landesbehörde in besonderen Fällen eine Kündigung ausnahmsweise für zulässig erklären.

[5] Unter Mehrarbeit in diesem Sinne versteht man jede Arbeit über 8,5 Stunden täglich oder 90 Stunden in der Doppelwoche (bei Frauen unter 18 Jahren: 8 Stunden täglich/80 Stunden in der Doppelwoche), § 4 Abs. 1 MuSchG.

[6] Die Nachtzeit ist die Zeit zwischen 20 und 6 Uhr, § 5 Abs. 1 MuSchG. Nachtarbeit bis 22 Uhr ist zulässig, wenn die Voraussetzungen des § 28 MuSchG erfüllt sind. Voraussetzung ist danach die Genehmigung der Nachtarbeit zwischen 20 und 22 Uhr durch die Aufsichtsbehörde nach einem entsprechenden Antrag des Arbeitgebers. Des Weiteren muss sich die Frau zu der Nachtarbeit zwischen 20 und 22 Uhr ausdrücklich bereit erklären, nach ärztlichem Zeugnis darf nichts gegen die Beschäftigung sprechen und eine unverantwortbare Gefährdung für die Frau oder ihr Kind durch Alleinarbeit muss ausgeschlossen sein.

[7] Schwangere und stillende Frauen dürfen grundsätzlich nicht an Sonn- oder Feiertagen beschäftigt werden, § 6 Abs. 1 Satz 1 MuSchG. Eine Sonn- und Feiertagsarbeit ist zulässig, wenn sich die Frau dazu ausdrücklich bereit erklärt, eine Ausnahme vom allgemeinen Verbot der Arbeit an Sonn- und Feiertagen nach § 10 ArbZG zugelassen ist, der Frau in jeder Woche im Anschluss an eine ununterbrochene Nachtruhezeit von mindestens 11 Stunden ein Ersatzruhetag gewährt wird und eine unverantwortbare Gefährdung für die schwangere Frau oder ihr Kind durch Alleinarbeit ausgeschlossen ist.

[8] Bei Früh- und/oder Mehrlingsgeburten und wenn beim Kind innerhalb von 8 Wochen nach der Entbindung eine Behinderung festgestellt wird (und die Mutter eine Verlängerung der Schutzfrist beantragt): 12 Wochen nach der Entbindung. Bei vorzeitiger Entbindung verlängern sich die Schutzfristen nach der Entbindung um den Zeitraum der Verkürzung der Schutzfrist vor der Entbindung, vgl. § 3 MuSchG.

Arbeitnehmerüberlassung: To Do's für Entleiher

Christina Kamppeter

Diese Checkliste zeigt auf, was ein Entleiher beachten muss, wenn er einen Leiharbeitnehmer in seinem Unternehmen einsetzen möchte. Dies zum einen bei Abschluss des Arbeitnehmerüberlassungsvertrags mit dem Verleiher als auch zum anderen beim Einsatz des Leiharbeitnehmers in seinem Betrieb.

Abschluss des Arbeitnehmerüberlassungsvertrags

[ ] Wurde das Verleihunternehmen hinsichtlich des Bestehens einer gültigen **Erlaubnis zur Arbeitnehmerüberlassung überprüft**?[1]

[ ] Wurde ein **schriftlicher** (beidseitig unterzeichneter) **Vertrag** mit dem Verleiher abgeschlossen?[2]

[ ] Wird die **Arbeitnehmerüberlassung im Vertrag** ausdrücklich **als solche bezeichnet**?[3]

[ ] Enthält der Arbeitnehmerüberlassungsvertrag die **Erklärung des Verleihers**, dass er die zur Überlassung von Leiharbeitnehmern **notwendige Erlaubnis besitzt**?

Beinhaltet der **Vertrag** mit dem Verleiher folgende **Inhalte**:

[ ] Angaben, welche besonderen Merkmale die für den Leiharbeitnehmer vorgesehene Tätigkeit hat und welche berufliche Qualifikation dafür erforderlich ist?

[ ] Hinweis auf Erlaubnis des Verleihers zur Arbeitnehmerüberlassung? Evtl. Absicherung des Entleiherrisikos hinsichtlich der Sozialversicherungsbeitragshaftung nach § 28e SGB IV durch den Verleiher (z. B. Bankbürgschaft)?

---

1 Arbeitgeber, die als Verleiher Dritten (Entleihern) Arbeitnehmer (Leiharbeitnehmer) im Rahmen ihrer wirtschaftlichen Tätigkeit zur Arbeitsleistung überlassen (Arbeitnehmerüberlassung) wollen, bedürfen der Erlaubnis, vgl. § 1 Abs. 1 Satz 1 AÜG.

2 Der Gesetzgeber hat für den Abschluss des Vertrags die Schriftform vorgeschrieben (§ 12 Abs. 1 Satz 1 AÜG). Diese ist gewahrt, wenn der Vertrag von beiden Parteien im Original unterzeichnet ist (§ 126 Abs. 1 BGB). Zudem kann auch die **elektronische Form gem. § 126a BGB** genutzt werden, was erfordert, dass eine sog. qualifizierte elektronische Signatur verwendet wird. Eine einfache elektronische Signatur bzw. E-Mail genügt diesen Anforderungen nicht. Dieser Vertrag muss **vor dem Beginn der Überlassung** von Leiharbeitnehmern formwirksam geschlossen sein.

3 Verleiher und Entleiher müssen die Überlassung von Leiharbeitnehmern in ihrem Vertrag ausdrücklich als Arbeitnehmerüberlassung bezeichnen (§ 1 Abs. 1 Satz 5 AÜG).

[ ] Beinhaltet der Vertrag mit dem Verleiher die im Betrieb für vergleichbare Arbeitnehmer geltenden **wesentlichen Arbeitsbedingungen**, einschließlich des Arbeitsentgelts?[4]

Vor und während des Einsatzes des Leiharbeitnehmers

[ ] Wurde die **Person** des Leiharbeitnehmers vor der Überlassung **konkretisiert, d. h. konkret benannt**?[5]

[ ] Wurde der **Betriebsrat** gemäß § 99 BetrVG hinsichtlich des Einsatzes des Leiharbeitnehmers **ordnungsgemäß beteiligt**?[6]

---

[4] Nach § 12 Abs. 1 Satz 4 AÜG ist der Entleiher verpflichtet im Arbeitnehmerüberlassungsvertrag anzugeben, welche wesentlichen Arbeitsbedingungen (einschließlich des Arbeitsentgelts) im Betrieb des Entleihers für einen vergleichbaren Arbeitnehmer gelten. Dem Verleiher steht ein entsprechender Auskunftsanspruch gegenüber dem Entleiher zu. Aus Beweisgründen sollte der Entleiher die Auskunft schriftlich erteilen. Werden im Betrieb keine „vergleichbaren Arbeitnehmer" beschäftigt, muss der Leiharbeitnehmer fiktiv in die Vergütungsstrukturen des Entleihers eingeordnet werden. Darf nach § 8 AÜG vom equal-pay und equal-treatment Grundsatz aufgrund eines entsprechenden Tarifvertrags abgewichen werden, muss keine Nennung der wesentlichen Arbeitsbedingungen einschließlich des Arbeitsentgelts im Arbeitnehmerüberlassungsvertrag erfolgen. Die Gleichstellung hinsichtlich des Arbeitsentgelts („equal-pay") muss spätestens aber nach 9 Monaten erfolgen (§ 8 Abs. 4 Satz 1 AÜG). Eine Ausnahme ist nur vorgesehen, wenn ein (Branchen-)Zuschlagstarifvertrag gilt, der nach einer Einarbeitungszeit von längstens 6 Wochen eine stufenweise Heranführung des Arbeitsentgelts an das vergleichbare tarifvertragliche Arbeitsentgelt in der Einsatzbranche vorsieht. Auch in diesem Fall muss aber spätestens nach den ersten 15 Monaten einer Überlassung eine Gleichstellung erfolgen (§ 8 Abs. 4 Satz 2 AÜG).

[5] Verleiher und Entleiher müssen die Person des Leiharbeitnehmers vor der Überlassung unter Bezugnahme auf den Überlassungsvertrag konkretisieren (§ 1 Abs. 1 S. 6 AÜG). Dies bedeutet, dass der Leiharbeitnehmer vor seinem Einsatz mit Name und Vorname (bei verbleibenden Unklarheiten ggf. zusätzlich mit Geburtsdatum oder Adresse) konkret benannt worden sein muss. Diese Konkretisierung des Leiharbeitnehmers kann direkt im Arbeitnehmerüberlassungsvertrag erfolgen. Sie kann aber auch später erfolgen. Ein Schriftformerfordernis besteht insofern nicht, so dass auch eine mündliche Konkretisierung grds. ausreichend wäre. Für den Fall einer behördlichen Überprüfung sollte aus Gründen der Beweisbarkeit aber auch die Konkretisierung des Leiharbeitnehmers in Textform (z. B. per E-Mail) erfolgen und zu den Geschäftsunterlagen genommen werden. Wird der Leiharbeitnehmer durch einen anderen Leiharbeitnehmer ersetzt, hat auch für die Ersatzkraft eine Konkretisierung im vorbenannten Sinne vor dessen Einsatz zu erfolgen. Korrespondierend zu dieser Verpflichtung hat der Verleiher den Leiharbeitnehmer vor jeder Überlassung zudem auch darüber zu informieren, dass er als Leiharbeitnehmer tätig wird.

[6] § 14 Abs. 3 AÜG. Die Beschäftigung eines Leiharbeitnehmers stellt immer eine mitbestimmungspflichtige Einstellung gemäß § 99 Abs. 1 BetrVG dar. Das Mitbestimmungsrecht des Betriebsrats ist nicht davon abhängig, dass der Leiharbeitnehmer über einen längeren Zeitraum im Betrieb beschäftigt werden soll. Verweigert der Betriebsrat seine Zustimmung zur Einstellung des Leiharbeitnehmers, kann der Einsatz des Leiharbeitnehmers vom Entleiher ggf. als vorläufige personelle Maßnahme im Sinne des § 100 BetrVG durchgesetzt werden. Die Mitbestimmung des Betriebsrats kann z. B. bei Anwendung von Tarifverträgen der Zeitarbeit modifiziert sein, was zu prüfen ist.

[ ] Wurde dem Betriebsrat die Erklärung des Verleihers, dass er die notwendige Arbeitnehmerüberlassungserlaubnis besitzt, vorgelegt?

[ ] Wird der **Betriebsrat** über den zeitlichen Umfang des Einsatzes, den Einsatzort und die Arbeitsaufgaben des Leiharbeitnehmers **informiert**?[7]

[ ] Wird die **Höchstüberlassungsdauer** gewahrt?

[ ] War der Arbeitnehmer innerhalb der letzten 3 Monate schon an den Verleiher entliehen oder greift eine tarifvertragliche Ausnahmeregelung insofern?[8]

Ist der **Leiharbeitnehmer** über die folgenden Punkte **unterrichtet**, falls relevant?

- [ ] Über die Notwendigkeit besonderer Qualifikationen oder beruflicher Fähigkeiten?
- [ ] Über eine besondere ärztliche Überwachung?
- [ ] Über erhöhte besondere Gefahren des Arbeitsplatzes?

[ ] Werden die **Arbeitsschutz- und Gesundheitsvorschriften** gegenüber dem Leiharbeitnehmer eingehalten?

[ ] Werden die Vorschriften des Allgemeinen Gleichbehandlungsgesetzes (**AGG**) gegenüber dem Leiharbeitnehmer eingehalten?[9]

[ ] Werden die Leiharbeitnehmer über **freie Arbeitsplätze** des Entleihers informiert?[10]

[ ] Wird dem Leiharbeitnehmer **Zugang zu den Gemeinschaftseinrichtungen und -diensten** gewährt wie vergleichbaren Arbeitnehmern?[11]

[ ] Im Falle der Geltendmachung durch den Leiharbeitnehmer: Wird der **Auskunftsanspruch** des Leiharbeitnehmers über die wesentlichen Arbeitsbedingungen beim Entleiher erfüllt?

---

[7] Der Betriebsrat hat ein Unterrichtungsrecht nach § 80 Abs. 2 BetrVG.

[8] Nach § 1 Abs. 1 Satz 4, Abs. 1b AÜG darf die Überlassung von Leiharbeitnehmern für maximal 18 aufeinander folgende Monate erfolgen, wobei der Zeitraum einer vorherigen Beschäftigung des Leiharbeitnehmers beim Verleiher vollständig anzurechnen ist, wenn zwischen den Einsätzen weniger als drei Monate liegen; durch Tarifvertrag können hiervon Abweichungen zulässig sein.

[9] Der Leiharbeitnehmer ist Beschäftigter i.S.d. § 6 Abs. 1 AGG.

[10] Der Entleiher ist nach § 13a Satz 1 AÜG verpflichtet, die Leiharbeitnehmer über offene Stellen des Entleihers zu informieren. Es ist unerheblich, ob die Leiharbeitnehmer für diese Stellen geeignet sind.

[11] Eine unterschiedliche Behandlung kann aus sachlichen Gründen gerechtfertigt sein (§13b AÜG).

Im Falle von **Betriebsratswahlen**:

- [ ] Wird die **Wahlberechtigung** des Leiharbeitnehmers bei Betriebsratswahlen ab 3 Monaten geplanter Überlassungsdauer berücksichtigt?[12]
- [ ] Wird die **fehlende Wählbarkeit** bei Betriebsratswahlen im Entleiherbetrieb berücksichtigt?

[ ] Wird der Leiharbeitnehmer bei der **Berechnung der betriebsverfassungsrechtlichen Schwellenwerte** mitberücksichtigt?[13]

[12] Der Leiharbeitnehmer bleibt auch für die Dauer der Überlassung dem Betrieb des Verleihers zugeordnet und hat dort das aktive und passive Wahlrecht zum Betriebsrat. Der Leiharbeitnehmer erwirbt auch im Betrieb des Entleihers das Wahlrecht, wenn er länger als 3 Monate eingesetzt wird, vgl. § 81 BetrVG.

[13] Leiharbeitnehmer sind nach § 9 BetrVG bei der für die Größe des Betriebsrats maßgeblichen Anzahl der Arbeitnehmer im Entleiherbetrieb zu berücksichtigen, wenn sie regelmäßig beim Entleiher beschäftigt werden (vgl. BAG, Beschluss vom 13. 3. 2013, 7 ABR 69/11). Zudem sind Leiharbeitnehmer bei der Berechnung der betriebsverfassungsrechtlichen Schwellenwerte grundsätzlich zu berücksichtigen, vgl. § 14 Abs. 2 Sätze 4 und 5 AÜG.

Arbeitnehmerzahl: Arbeitsrechtliche Konsequenzen

Prof. Dr. Peter Pulte

Einige rechtliche Konsequenzen ergeben sich erst ab einer bestimmten Arbeitnehmerzahl im Betrieb bzw. Unternehmen. Arbeitgeber sollten die wichtigsten, im Folgenden dargestellten Schwellen kennen. Bei Unter- bzw. Überschreiten dieser Grenzwerte durch entsprechenden Personalabbau oder -aufbau können sich erhebliche wirtschaftliche Folgen ergeben.

Im Einzelfall ist zu prüfen, welche Arbeitnehmer zu berücksichtigen sind (Leiharbeitnehmer, Auszubildende etc.), ob Teilzeitbeschäftigte anteilig in die Berechnung einfließen und welcher jeweilige Zeitpunkt (Zeitraum) zur zahlenmäßigen Feststellung vorgesehen ist.

Anzahl Beschäftigte	Rechtliche Konsequenzen
ab 1 Arbeitnehmer	Betriebsärztliche und sicherheitstechnische Betreuung (§§ 2, 5 ASiG)
	Aushang des Arbeitszeitgesetzes (§ 16 ArbZG)
	Auslage des für den Betrieb maßgebenden Tarifvertrages (§ 8 TVG; § 9 DVO TVG)
	Gewährung von Kurzarbeitergeld (§§ 95, 96 SGB III)
	Bestellung eines Datenschutzbeauftragten bei geschäftsmäßiger Verarbeitung personenbezogener Daten zum Zweck der Übermittlung oder für die Markt- und Meinungsforschung oder wenn eine Datenschutz-Folgeabschätzung nach Art. 35 DSGVO erforderlich ist.
ab 1 schwerbehinderter Mensch	Anspruch auf Teilzeitarbeit, wenn die kürzere Arbeitszeit wegen der Schwere der Behinderung notwendig ist (§ 164 Abs. 5 Satz 3 SGB IX)
ab 1 Jugendlicher	Aushang des Jugendarbeitsschutzgesetzes (§ 47 JArbSchG)
ab 1 Versicherten	Meldung eines Arbeitsunfalls oder einer Berufskrankheit (§ 193 SGB VII)
bis 2 Arbeitnehmer oder Heimarbeiter	Hausgewerbetreibende können den Heimarbeitern gleichgestellt werden (§ 1 i. V. m. § 2 HAG)
3 wahlberechtigte Arbeitnehmer	Recht zur Einladung zu einer Betriebsversammlung und Vorschlagsrecht für Wahlvorstände (§ 17 Abs. 3 BetrVG)
3 wahlberechtigte schwerbehinderte Menschen	Einladung zu einer Versammlung zur Bestellung des Wahlvorstandes (§ 1 Abs. 2 SchwbWO)
ab 3 leitende Angestellte	Recht zur Einladung zur Wahl eines Wahlvorstands (§ 7 Abs. 2 SprAuG) und Einreichung von Wahlvorschlägen (§ 6 Abs. 4 SprAuG)

Anzahl Beschäftigte	Rechtliche Konsequenzen
3 Jugendliche	Aushang über Arbeitszeit und Pausen (§ 48 JArbSchG)
mehr als 3 beschäftigte Frauen	Aushang des Mutterschutzgesetzes (§ 26 Abs. 1 MuSchG)
ab 5 Arbeitnehmer	Wahl eines Betriebsrats, wenn 3 von ihnen wählbar sind (§ 1 Abs. 1 BetrVG)
	Mitbestimmung des Betriebsrats in sozialen Angelegenheiten (§ 87 BetrVG) und Mitwirkung bei Kündigungen (§ 102 BetrVG)
	Mitwirkung des Betriebsrats bei der Berufsbildung (§§ 96 ff. BetrVG)
	Zustimmungserfordernis bei Versetzung und u. a. Kündigung von Mitgliedern des Betriebsrats der Jugendvertretung des Wahlvorstandes sowie von Wahlbewerbern (§ 103 BetrVG)
ab 5 wahlberechtigte Beschäftigte	Wahl eines Personalrats, wenn 3 von ihnen wählbar sind (§ 13 BPersVG)
ab 5 Jugendliche/ Auszubildende	Errichtung einer Jugend- und Auszubildendenvertretung (§ 60 Abs. 1 BetrVG)
5 Auszubildende	Errichtung einer besonderen Interessenvertretung in einer sonstigen Berufsbildungseinrichtung (§ 51 Abs. 1 BBiG)
5 schwerbehinderte Menschen	Wahl einer Schwerbehindertenvertretung (Vertrauensperson; § 177 Abs. 1 SGB IX; § 52 Abs. 1 MAVO; § 50 Abs. 1 MVG)
mehr als 5 Alt-Arbeitnehmer[1] bis zu 10 Arbeitnehmer	Kündigungsschutzgesetz gilt für Alt-Arbeitnehmer, deren Arbeitsverhältnis vor 2004 begonnen hat (§ 23 Abs. 1 Satz 2 KSchG)
5 – 20 wahlberechtigte Arbeitnehmer	Der Betriebsrat besteht aus einer Person (§ 9 Abs. 1 BetrVG; § 115 BetrVG)
5 – 20 Beschäftigte	Der Personalrat besteht aus einer Person (§ 16 Abs. 1 BPersVG)
5 – 20 Jugendliche/ Auszubildende	Ein Jugend- und Auszubildendenvertreter (§ 62 Abs. 1 BetrVG; § 59 Abs. 1 BPersVG)

[1] Für sog. Alt-Arbeitnehmer, deren Arbeitsverhältnis schon vor dem 1.1.2004 begonnen hat, gilt gem. § 23 Abs. 1 Satz 2 KSchG der Schwellenwert 5,25 für das sachliche Eingreifen des KSchG. Alt-Arbeitnehmer genießen auch in Betrieben mit nur 10 oder weniger Arbeitnehmern solange Kündigungsschutz, wie ihre Anzahl nicht auf 5 oder weniger fällt.

Anzahl Beschäftigte	Rechtliche Konsequenzen
5 – 100 wahlberechtigte Arbeitnehmer	Es findet ein vereinfachtes Wahlverfahren statt (§ 14a Abs. 1 BetrVG)
	Die Fristen für die Bildung eines Wahlvorstandes sind verkürzt (§ 17a BetrVG)
	In besonderen Fällen kann der Betriebsrat auf nur einer Wahlversammlung gewählt werden (§ 17a BetrVG)
5 – 100 Jugendliche/ Auszubildende	Die JAV wird in einem vereinfachten Wahlverfahren gewählt (§ 63 Abs. 4 i. V. m. § 14a BetrVG)
mehr als 5 Arbeitnehmer	Anzeigepflicht bei Entlassungen bei Betriebsgröße von mehr als 20 und weniger als 60 Arbeitnehmern (§ 17 Abs. 1 KSchG)
mehr als 5 leitende Angestellte	Auf die leitenden Angestellten entfällt mindestens ein Delegierter (§ 11 Abs. 3 MibestG)
weniger als 10 leitende Angestellte	Angestellte werden dem räumlich nächst gelegenen Betrieb zugerechnet (§ 1 Abs. 2 SprAuG)
ab 10 leitende Angestellte	Es kann ein Sprecherausschuss gebildet werden (§§ 1, 4 Abs. 1 SprAuG)
	Wahl eines Unternehmens- statt eines Betriebssprecherausschusses (§ 20 Abs. 1 SprAuG)
mehr als 10 Arbeitnehmer	Kündigungsschutzgesetz gilt für alle Arbeitnehmer, die länger als 6 Monate im Betrieb arbeiten (§ 23 Abs. 1 Satz 3 KSchG)
mehr als 10 Beschäftigte	Errichtung eines Pausenraums (ASR A4.2)
10 – 20 leitende Angestellte	Der Sprecherausschuss besteht aus einer Person (§ 4 SprAuG)
mehr als 15 Arbeitnehmer	Allgemeiner Anspruch auf Teilzeitarbeit (§ 8 Abs. 7 TzBfG)
	Anspruch auf Teilzeitarbeit während der Elternzeit (§ 15 Abs. 7 BEEG)
bis 20 Arbeitnehmer	Einzelvertraglich kann eine kürzere Kündigungsfrist vereinbart werden (§ 622 Abs. 5 BGB)
bis 20 wahlberechtigte Arbeitnehmer	Keine Unterzeichnung von Wahlvorschlägen (§ 14 Abs. 4 BetrVG)
ab 20 Personen	Bestellung eines Datenschutzbeauftragten, wenn automatisierte personenbezogene Daten erhoben, verarbeitet oder genutzt werden (§§ 37 ff. DSGVO, 38 BDSG)

Anzahl Beschäftigte	Rechtliche Konsequenzen
ab 20 Arbeitsplätzen	Beginn der Pflicht zur Beschäftigung schwerbehinderter Menschen (§ 154 Abs. 1 SGB IX); ersatzweise Ausgleichspflicht[2]
20 – weniger als 40 Arbeitsplätze	Es muss ein schwerbehinderter Mensch beschäftigt werden; wenn dieser Pflichtplatz nicht besetzt wird, ist eine Ausgleichsabgabe zu zahlen (§§ 154 Abs. 1, 160 Abs. 2 SGB IX)
mehr als 20 Beschäftigte	Arbeitsschutz: Bestellung von Sicherheitsbeauftragten (§ 22 SGB VII)
	Bildung eines Arbeitsschutzausschusses (§ 11 ASiG)
mehr als 20 wahlberechtigte Arbeitnehmer	Mitbestimmung des Betriebsrats bei personellen Einzelmaßnahmen (§ 99 BetrVG) und Betriebsänderungen (§§ 111, 112 BetrVG)
mehr als 20 und weniger als 60 Arbeitnehmer	Anzeigepflicht bei mehr als 5 Entlassungen innerhalb von 30 Kalendertagen (§ 17 KSchG)
mehr als 20 wahlberechtigte – 1.000 Arbeitnehmer	Unterrichtung der Arbeitnehmer über die wirtschaftliche Lage und Entwicklung des Unternehmens mindestens einmal vierteljährlich (§ 110 Abs. 2 BetrVG)
21 – 50 wahlberechtigte Arbeitnehmer	3 Betriebsratsmitglieder (§ 9 Abs. 1 BetrVG)
21 – 50 Jugendliche/ Auszubildende	3 Jugend- und Auszubildendenvertreter (§ 62 BetrVG; § 59 Abs. 1 BPersVG)
21 wahlberechtigte – 50 Beschäftigte	3 Personalratsmitglieder (§ 16 BPersVG)
21 – 50 nicht ständig Beschäftigte	Die nicht ständig Beschäftigten wählen eine eigene Vertretung mit einem Vertreter (§ 65 Abs. 1 BPersVG)
21 – 59 Arbeitnehmer	Entlassung von mehr als 5 Arbeitnehmern innerhalb von 30 Kalendertagen muss angezeigt werden (§ 17 Abs. 1 KSchG)
21 – 100 leitende Angestellte	Sprecherausschuss besteht aus 3 Personen (§ 4 SprAuG)
21 – 100 wahlberechtigte Arbeitnehmer	Mindestens 2 wahlberechtigte Arbeitnehmer müssen einen Wahlvorschlag unterzeichnen (§ 14 Abs. 4 BetrVG)
mehr als 25 Arbeitnehmer	Anzeigepflicht bei Entlassungen bei Betriebsgröße von 60–499 Arbeitnehmern (§ 17 Abs. 1 KSchG)

[2] Arbeitgeber, die mindestens 20 Mitarbeiter beschäftigen, sind verpflichtet, mindestens 5 % ihrer Arbeitsplätze mit schwerbehinderten Menschen zu besetzen (§ 154 Abs. 1 SGB IX), darunter in angemessenem Umfang auch besonders schwer Betroffene (§ 155 SGB IX).

Anzahl Beschäftigte	Rechtliche Konsequenzen
bis 30 Arbeitnehmer	Ausgleich der Arbeitgeberaufwendungen für Entgeltfortzahlung, Mutterschaftsgeld und Entgelt während der Beschäftigungsverbote (§§ 1, 3 AAG)
mindestens 30 Arbeitnehmer	Anzeigepflicht bei Entlassungen bei Betriebsgröße ab 500 Arbeitnehmern (§ 17 Abs. 1 KSchG)
mehr als 45 Arbeitnehmer	Es gilt eine Zumutbarkeitsgrenze, wonach ein Anspruch auf Brückenteilzeit nur pro angefangene 50 Arbeitnehmer besteht (§ 9a Abs. 2 TzBfG)
46 – 60 Arbeitnehmer	Der Anspruch auf Brückenteilzeit kann abgelehnt werden, wenn bereits 4 Arbeitnehmer ihre Arbeitszeit nach § 9a Abs. 2 TzBfG verringert haben
weniger als 50 wahlberechtigte schwerbehinderte Menschen	Es findet ein vereinfachtes Wahlverfahren statt (§ 177 Abs. 6 Satz 3 SGB IX)
ab 50 Beschäftigte	Pflicht der Beschäftigungsgeber zur Einrichtung interner Meldestellen (§ 12 HinSchG)
50 Arbeitnehmer	Ein Betriebsrat ist zu wählen, wenn mit Ablauf von 24 Monaten, vom Tage der Wahl gerechnet, die Zahl der regelmäßig beschäftigten Arbeitnehmer um die Hälfte, mindestens aber um 50, gestiegen oder gesunken ist (§ 13 Abs. 2 BetrVG)
50 wahlberechtigte Arbeitnehmer	In jedem Fall ist die Unterzeichnung von Wahlvorschlägen ausreichend (§ 14 Abs. 4 BetrVG)
50 Beschäftigte	Ein Personalrat ist zu wählen, wenn mit Ablauf von 24 Monaten, vom Tage der Wahl gerechnet, die Zahl der regelmäßig beschäftigten Arbeitnehmer um die Hälfte, mindestens aber um 50, gestiegen oder gesunken ist (§ 27 Abs. 2 BPersVG)
50 – 249 Beschäftigte	Pflicht der Beschäftigungsgeber zur Einrichtung interner Meldestellen bis zum 17.12.2023 (§ 42 Abs. 1 HinSchG)
weniger als 51 Gruppenangehörige	Im Personalrat ist jede Gruppe mindestens mit einem Beschäftigten vertreten (§ 17 Abs. 3 BPersVG)
51 wahlberechtigte Arbeitnehmer – 100 Arbeitnehmer	Die Zahl der Betriebsratsmitglieder beträgt 5 Mitglieder (§ 9 Abs. 1 BetrVG)
51 – 100 wahlberechtigte Mitarbeiter	5 Mitarbeitervertreter (§ 6 Abs. 2 MAVO)
51 – 150 Jugendliche/ Auszubildende	5 Jugend- und Auszubildendenvertreter (§ 62 Abs. 1 BetrVG)
51 – 150 Beschäftigte	5 Personalratsmitglieder (§ 16 Abs. 1 BPersVG)

Anzahl Beschäftigte	Rechtliche Konsequenzen
51 – 200 Gruppenangehörige	Im Personalrat ist jede Gruppe mindestens mit 2 Beschäftigten vertreten (§ 17 Abs. 3 BPersVG)
51 – 200 Jugendliche/ Auszubildende	5 Jugend- und Auszubildendenvertreter (§ 59 Abs. 1 BPersVG)
weniger als 60 Arbeitnehmer	Sozialplan erzwingbar, wenn 20 %, mindestens 6 Arbeitnehmer entlassen werden (§ 112a BetrVG)
weniger als 60 Arbeitsplätze	Es müssen 2 schwerbehinderte Menschen beschäftigt werden; wenn diese Pflichtplätze nicht besetzt werden, ist eine Ausgleichsabgabe zu zahlen (§§ 154 Abs. 1, 160 Abs. 2 SGB IX)
60 – 249 Arbeitnehmer	Sozialplan erzwingbar, wenn 20 %, mindestens 37 Arbeitnehmer entlassen werden (§ 112a BetrVG)
mehr als 60 und weniger als 500 Arbeitnehmer	Arbeitgeber muss Entlassungen von 10 % der Belegschaft oder mehr als 25 Arbeitnehmern bei der Arbeitsagentur anzeigen (§ 17 KSchG)
61 – 75 Arbeitnehmer	Der Anspruch auf Brückenteilzeit kann abgelehnt werden, wenn bereits 5 Arbeitnehmer ihre Arbeitszeit nach § 9a Abs. 2 TzBfG verringert haben
76 – 90 Arbeitnehmer	Der Anspruch auf Brückenteilzeit kann abgelehnt werden, wenn bereits 6 Arbeitnehmer ihre Arbeitszeit nach § 9a Abs. 2 TzBfG verringert haben
je 90 wahlberechtigte Arbeitnehmer	Ein Delegierter (§ 9 MitbestErgG; § 11 MitbestG)
91 – 105 Arbeitnehmer	Der Anspruch auf Brückenteilzeit kann abgelehnt werden, wenn bereits 7 Arbeitnehmer ihre Arbeitszeit nach § 9a Abs. 2 TzBfG verringert haben
100 Arbeitnehmer aus verschiedenen Mitgliedstaaten	Antrag auf Bildung des besonderen Verhandlungsgremiums (§ 9 Abs. 2 EBRG)
ab 100 schwerbehinderten Menschen	Die Vertrauensperson ist auf Wunsch von der Arbeit freizustellen (§ 179 Abs. 4 SGB IX)
mehr als 100 Arbeitnehmer	Bildung eines Wirtschaftsausschusses (§ 106 Abs. 1 BetrVG)
	Betriebsrat kann Ausschüsse bilden (§ 28 Abs. 1 BetrVG)
	Betriebsrat kann bestimmte Aufgaben auf Arbeitsgruppen übertragen (§ 28a Abs. 1 BetrVG)
	Vorschläge des Betriebsrats zur Sicherung und Förderung müssen vom Arbeitgeber schriftlich und begründet abgelehnt werden (§ 92a Abs. 2 BetrVG)

Anzahl Beschäftigte	Rechtliche Konsequenzen
mehr als 100 wahlberechtigte Arbeitnehmer	Wahlvorschläge müssen von mindestens einem Zwanzigstel der wahlberechtigten Arbeitnehmer unterzeichnet sein (§ 14 Abs. 4 BetrVG)
mehr als 100 nicht ständig Beschäftigte	Die nicht ständig Beschäftigten wählen eine eigene Vertretung mit 3 Vertretern (§ 65 Abs. 1 BPersVG)
mehr als 100 Jugendliche/ Auszubildende	Die Jugend- und Auszubildendenvertretung kann eigene Ausschüsse bilden (§ 65 i. V. m. § 28 BetrVG)
mehr als 100 schwerbehinderte Menschen	Das mit der höchsten Stimmenzahl gewählte stellvertretende Mitglied kann zu bestimmten Aufgaben herangezogen werden (§ 178 Abs. 1 Satz 4 SGB IX)
ab jeweils 100 weiteren schwerbehinderten Menschen	Es kann jeweils auch das mit der nächst höheren Stimmenzahl gewählte stellvertretende Mitglied herangezogen werden (§ 178 Abs. 1 Satz 5 SGB IX)
101 – 200 wahlberechtigte Arbeitnehmer	Der Wahlvorstand und der Arbeitgeber können die Anwendung des vereinfachten Wahlverfahrens vereinbaren (§ 14a Abs. 5 BetrVG)
101 – 200 Jugendliche/ Auszubildende	Der Wahlvorstand und der Arbeitgeber können die Anwendung des vereinfachten Wahlverfahrens vereinbaren (§ 63 Abs. 5, § 14a Abs. 5 BetrVG)
101 – 200 Arbeitnehmer	7 Betriebsratsmitglieder (§ 9 BetrVG)
101 – 300 leitende Angestellte	Sprecherausschuss besteht aus 5 Mitgliedern (§ 4 SprAuG)
106 – 120 Arbeitnehmer	Der Anspruch auf Brückenteilzeit kann abgelehnt werden, wenn bereits 8 Arbeitnehmer ihre Arbeitszeit nach § 9a Abs. 2 TzBfG verringert haben
121 – 135 Arbeitnehmer	Der Anspruch auf Brückenteilzeit kann abgelehnt werden, wenn bereits 9 Arbeitnehmer ihre Arbeitszeit nach § 9a Abs. 2 TzBfG verringert haben
136 – 150 Arbeitnehmer	Der Anspruch auf Brückenteilzeit kann abgelehnt werden, wenn bereits 10 Arbeitnehmer ihre Arbeitszeit nach § 9a Abs. 2 TzBfG verringert haben
151 – 300 Jugendliche/ Auszubildende	7 Jugend- und Auszubildendenvertreter (§ 62 Abs. 1 BetrVG)
151 – 300 Mitarbeiter	7 Personalratsmitglieder (§ 16 Abs. 1 BPersVG)
151 – 165 Arbeitnehmer	Der Anspruch auf Brückenteilzeit kann abgelehnt werden, wenn bereits 11 Arbeitnehmer ihre Arbeitszeit nach § 9a Abs. 2 TzBfG verringert haben
166 – 180 Arbeitnehmer	Der Anspruch auf Brückenteilzeit kann abgelehnt werden, wenn bereits 12 Arbeitnehmer ihre Arbeitszeit nach § 9a Abs. 2 TzBfG verringert haben

Anzahl Beschäftigte	Rechtliche Konsequenzen
181 – 195 Arbeitnehmer	Der Anspruch auf Brückenteilzeit kann abgelehnt werden, wenn bereits 13 Arbeitnehmer ihre Arbeitszeit nach § 9a Abs. 2 TzBfG verringert haben
196 – 200 Arbeitnehmer	Der Anspruch auf Brückenteilzeit kann abgelehnt werden, wenn bereits 14 Arbeitnehmer ihre Arbeitszeit nach § 9a Abs. 2 TzBfG verringert haben
200 – 500 Arbeitnehmer	1 freigestelltes Betriebsratsmitglied (§ 38 Abs. 1 BetrVG)
mehr als 200 Beschäftigte	Es kann ein Auskunftsanspruch geltend gemacht werden (§ 12 EntgTranspG)
	Der individuelle Auskunftsanspruch gilt auch für Beschäftigte gegenüber den Dienststellen (§ 16 EntgTranspG)
ab 201 Arbeitnehmer	Die laufenden Geschäfte können auf den Vorsitzenden oder andere Betriebsratsmitglieder übertragen werden (§ 27 BetrVG)
201 – 300 Jugendliche/ Auszubildende	7 Jugend- und Auszubildendenvertreter (§ 59 Abs. 1 BPersVG)
201 – 400 Arbeitnehmer	9 Betriebsratsmitglieder (§ 9 Abs. 1 BetrVG)
201 – 600 Gruppenangehörige	Im Personalrat ist jede Gruppe mindestens mit 3 Beschäftigten vertreten (§ 17 Abs. 3 BPersVG)
201 – 1.500 Arbeitnehmer	5 Mitglieder Betriebsausschuss (§§ 27 Abs. 1, 9 BetrVG)
ab 250 Beschäftigte	Pflicht der Beschäftigungsgeber zur Errichtung interner Meldestellen ab 2.7.2023 (§ 12 Abs. 1 HinSchG)
250 – 499 Arbeitnehmer	Sozialplan erzwingbar, wenn 15 %, mindestens 60 Arbeitnehmer entlassen werden (§ 112a BetrVG)
300 – 600 Beschäftigte	Ein Personalratsmitglied wird freigestellt (§ 46 Abs. 4 BPersVG)
mehr als 300 – 600 wahlberechtigte Mitarbeiter	2 Mitarbeitervertreter werden hälftig freigestellt (§ 15 Abs. 3 MAVO)
mehr als 300 Arbeitnehmer	Betriebsrat kann zu seiner Unterstützung einen Berater hinzuziehen (§ 111 BetrVG)
ab 301 leitende Angestellte	Sprecherausschuss besteht aus 7 Mitgliedern (§ 4 SprAuG)
301 – 500 Jugendliche/ Auszubildende	9 Jugend- und Auszubildendenvertreter (§ 62 Abs. 1 BetrVG)
301 – 600 Beschäftigte	9 Personalratsmitglieder (§ 16 Abs. 1 BPersVG)

Anzahl Beschäftigte	Rechtliche Konsequenzen
301 – 1.000 Jugendliche/ Auszubildende	11 Jugend- und Auszubildendenvertreter (§ 59 Abs. 1 BPersVG)
401 – 700 Arbeitnehmer	11 Betriebsratsmitglieder (§ 9 Abs. 1 BetrVG)
weniger als 500 Arbeitnehmer	Unternehmensmitbestimmung nach dem Mitbestimmungsgesetz entfällt (§ 325 UmwG; § 2 MitbestBeiG)
ab 500 Arbeitnehmer	Sozialplan erzwingbar, wenn 10 %, mindestens 60 Arbeitnehmer entlassen werden (§ 112a BetrVG)
	Arbeitgeber muss Entlassungen von 30 oder mehr Arbeitnehmern bei der Arbeitsagentur anzeigen (§ 17 Abs. 1 KSchG)
mehr als 500 Arbeitnehmer	Betriebsrat kann Aufstellung von Auswahlrichtlinien verlangen (§ 95 BetrVG)
	Mitbestimmung nach dem Drittelbeteiligungsgesetz (§ 1 Abs. 1 DrittelbG)
	Ein gemäß § 21 KSchG bei der Bundesagentur für Arbeit zu bildender Ausschuss trifft die Entscheidungen (§ 21 KSchG)
mehr als 500 Beschäftigte	Arbeitgeber sind verpflichtet, in ihren Lageberichten über den Stand der Gleichstellung zu informieren (§ 21 EntgTranspG)
	Durchführung eines betrieblichen Prüfungsverfahrens (freiwillig) (§ 17 Abs. 1 EntgTranspG)
	Ein betriebliches Prüfverfahren ist unter Beteiligung der betrieblichen Interessenvertretung durchzuführen (§§ 17 Abs. 2, 20 EntgTranspG)
501 – 700 Jugendliche/ Auszubildende	11 Jugend- und Auszubildendenvertreter (§ 62 Abs. 1 BetrVG)
501 – 900 Arbeitnehmer	2 freigestellte Betriebsratsmitglieder (§ 38 Abs. 1 BetrVG)
601 – 1.000 Beschäftigte	11 Personalratsmitglieder (§ 16 Abs. 1 BPersVG)[3]
	2 Personalratsmitglieder werden freigestellt (§ 46 Abs. 4 BPersVG)
601 – 1.000 Gruppenangehörige	Im Personalrat ist jede Gruppe mindestens mit 4 Beschäftigten vertreten (§ 17 Abs. 3 BPersVG)
701 – 1.000 Arbeitnehmer	13 Betriebsratsmitglieder (§ 9 Abs. 1 BetrVG)

[3] Die Zahl der Mitglieder der Personalvertretung erhöht sich in Dienststellen mit 1.001 bis 5.000 Beschäftigten um je 2 für je weitere angefangene 1.000, mit 5.001 und mehr Beschäftigten um je 2 für je weitere angefangene 2.000. Die Höchstzahl der Mitglieder beträgt 31.

Anzahl Beschäftigte	Rechtliche Konsequenzen
701 – 1.000 Jugendliche/ Auszubildende	13 Jugend- und Auszubildendenvertreter (§ 62 Abs. 1 BetrVG)
901 – 1.500 Arbeitnehmer	3 freigestellte Betriebsratsmitglieder (§ 38 Abs. 1 BetrVG)
mehr als 1.000 Jugendliche/ Auszubildende	15 Jugend- und Auszubildendenvertreter (§ 62 Abs. 1 BetrVG; § 59 Abs. 1 BPersVG)
mehr als 1.000 Arbeitnehmer	Belegschaft muss einmal im Kalendervierteljahr schriftlich über die wirtschaftliche Lage des Unternehmens unterrichtet werden (§ 110 Abs. 1 BetrVG)
1.001 – 1.500 Arbeitnehmer	15 Betriebsratsmitglieder (§ 9 Abs. 1 BetrVG)
1.001 – 1.500 wahlberechtigte Mitarbeiter	13 Mitarbeitervertreter (§ 8 Abs. 1 MVG)
1.001 – 2.000 Beschäftigte	3 Personalratsmitglieder werden freigestellt (§ 46 Abs. 4 BPersVG)
1.001 – 3.000 Gruppenangehörige	Im Personalrat ist jede Gruppe mit mindestens 5 Beschäftigten vertreten (§ 17 Abs. 3 BPersVG)
1.501 – 2.000 Arbeitnehmer	17 Betriebsratsmitglieder (§ 9 Abs. 1 BetrVG)
	4 Betriebsratsmitglieder werden freigestellt (§ 38 Abs. 1 BetrVG)
1.501 – 3.500 Arbeitnehmer	7 Mitglieder Betriebsausschuss (§§ 27 Abs. 1, 9 BetrVG)
mehr als 2.000 Arbeitnehmer	Geltungsbereich des Mitbestimmungsgesetzes (§ 1 MitbestG)
mehr als 2.000 – 8.000 Arbeitnehmer	Wahl der Aufsichtsratsmitglieder in unmittelbarer Wahl (§§ 9, 10–17 MitbestG; § 7 MontanMitbestG)
2.001 – 2.500 Arbeitnehmer	19 Betriebsratsmitglieder (§ 9 Abs. 1 BetrVG)
2.001 – 3.000 Arbeitnehmer	5 freigestellte Betriebsratsmitglieder (§ 38 Abs. 1 BetrVG)
2.001 – 3.000 Beschäftigte	4 freigestellte Personalratsmitglieder (§ 46 Abs. 4 BPersVG)
2.001 – 10.000 Arbeitnehmer	6 Aufsichtsratsmitglieder der Arbeitnehmer (§ 7 Abs. 1 MitbestG)
mehr als 2.250 Arbeitnehmer	Die Zahl der zu wählenden Delegierten vermindert sich auf ein Viertel (§ 9 MitbestErgG; § 11 MitbestG; § 52 – 1. WOMitbestG; § 56 – 2. + 3. WOMitbestG)
2.501 – 3.000 Arbeitnehmer	21 Betriebsratsmitglieder (§ 9 Abs. 1 BetrVG)
3.001 und mehr Gruppenangehörige	Im Personalrat ist jede Gruppe mindestens mit 6 Beschäftigten vertreten (§ 17 Abs. 3 BPersVG)

Anzahl Beschäftigte	Rechtliche Konsequenzen
3.001 – 3.000 Arbeitnehmer	23 Betriebsratsmitglieder (§ 9 Abs. 1 BetrVG)
3.001 – 4.000 Beschäftigte	5 freigestellte Personalratsmitglieder (§ 46 Abs. 4 BPersVG)
3.501 – 4.000 Arbeitnehmer	25 Betriebsratsmitglieder (§ 9 Abs. 1 BetrVG)
	6 freigestellte Betriebsratsmitglieder (§ 38 Abs. 1 BetrVG)
3.501 – 9.000 Arbeitnehmer	Betriebsausschuss: 9 Mitglieder (§§ 27 Abs. 1, 9 BetrVG)
4.001 – 4.500 Arbeitnehmer	27 Betriebsratsmitglieder (§ 9 Abs. 1 BetrVG)
4.001 – 5.000 Beschäftigte	6 freigestellte Personalratsmitglieder (§ 46 Abs. 4 BPersVG)
4.001 – 5.000 Arbeitnehmer	7 freigestellte Betriebsratsmitglieder (§ 38 Abs. 1 BetrVG)
mehr als 4.500 Arbeitnehmer	Die Zahl der zu wählenden Delegierten vermindert sich auf ein Viertel (§ 9 MitbestErgG; § 11 MitbestG; § 52 – 1. WOMitbestG; § 56 – 2. + 3. WOMitbestG)
4.501 – 5.000 Arbeitnehmer	29 Betriebsratsmitglieder (§ 9 Abs. 1 BetrVG)
ab 5.000 versicherungspflichtige Arbeitnehmer	Es kann eine Betriebskrankenkasse errichtet werden (§ 149 Abs. 1 SGB V)
5.001 – 6.000 Arbeitnehmer	31 Betriebsratsmitglieder (§ 9 Abs. 1 BetrVG)
	8 freigestellte Betriebsratsmitglieder (§ 38 Abs. 1 BetrVG)
5.001 – 6.000 Beschäftigte	7 freigestellte Personalratsmitglieder (§ 46 Abs. 4 BPersVG)
mehr als 5.400 wahlberechtigte Arbeitnehmer	Die Zahl der zu wählenden Delegierten vermindert sich auf ein Viertel (§ 9 MitbestErgG; § 11 MitbestG; § 52 – 1. WOMitbestG; § 56 – 2. + 3. WOMitbestG)
6.001 – 7.000 Arbeitnehmer	33 Betriebsratsmitglieder (§ 9 Abs. 1 BetrVG)
	9 freigestellte Betriebsratsmitglieder (§ 38 Abs. 1 BetrVG)
6.001 – 7.000 Beschäftigte	8 freigestellte Personalratsmitglieder (§ 46 Abs. 4 BPersVG)
mehr als 6.750 Arbeitnehmer	Die Zahl der zu wählenden Delegierten vermindert sich auf ein Viertel (§ 9 MitbestErgG; § 11 MitbestG; § 52 – 1. WOMitbestG; § 56 – 2. + 3. WOMitbestG)
7.001 – 8.000 Arbeitnehmer	10 freigestellte Betriebsratsmitglieder (§ 38 Abs. 1 BetrVG)
7.001 – 8.000 Beschäftigte	9 freigestellte Personalratsmitglieder (§ 46 Abs. 4 BPersVG)

Anzahl Beschäftigte	Rechtliche Konsequenzen
7.001 – 9.000 Arbeitnehmer	35 Betriebsratsmitglieder (§ 9 Abs. 1 BetrVG)[4]
bis 8.000 Arbeitnehmer	Die Wahl der Aufsichtsratsmitglieder erfolgt in unmittelbarer Wahl (§ 9 Abs. 1 MitbestG; § 7 Abs. 2 MitbestErgG)
ab 8.001 Arbeitnehmer	Die Zahl der zu wählenden Delegierten vermindert sich auf ein Viertel (§ 9 MitbestErgG; § 11 MitbestG; § 52 – 1. WOMitbestG; § 56 – 2. + 3. WOMitbestG)
8.001 – 9.000 Arbeitnehmer	11 freigestellte Betriebsratsmitglieder (§ 38 Abs. 1 BetrVG)
8.001 – 9.000 Beschäftigte	10 freigestellte Personalratsmitglieder (§ 46 Abs. 4 BPersVG)
mehr als 9.000 Arbeitnehmer	Die Zahl der zu wählenden Delegierten vermindert sich auf ein Viertel (§ 9 MitbestErgG; § 11 MitbestG; § 52 – 1. WOMitbestG; § 56 – 2. + 3. WOMitbestG)
ab 9.001 Arbeitnehmer	Betriebsausschuss 11 Mitglieder (§§ 27 Abs. 1, 9 BetrVG)
9.001 – 10.000 Arbeitnehmer	12 freigestellte Betriebsratsmitglieder (§ 38 Abs. 1 BetrVG)[5]
9.001 – 10.000 Beschäftigte	11 freigestellte Personalratsmitglieder (§ 46 Abs. 4 BPersVG)[6]
bis 10.000 Arbeitnehmer	6 Aufsichtsratsmitglieder der Arbeitnehmer (§ 7 Abs. 1 MitbestG)
10.001 – 20.000 Arbeitnehmer	8 Aufsichtsratsmitglieder der Arbeitnehmer (§ 7 Abs. 1 MitbestG)
mehr als 11.250 Arbeitnehmer	Die Zahl der zu wählenden Delegierten vermindert sich auf ein Viertel (§ 9 MitbestErgG; § 11 MitbestG; § 52 – 1. WOMitbestG; § 56 – 2. + 3. WOMitbestG)
bis 20.000 Arbeitnehmer	8 Aufsichtsratsmitglieder der Arbeitnehmer (§ 7 Abs. 1 MitbestG)
mehr als 20.000 Arbeitnehmer	10 Aufsichtsratsmitglieder der Arbeitnehmer (§ 7 Abs. 1 MitbestG)

4 In Betrieben mit mehr als 9.000 Arbeitnehmern erhöht sich die Zahl der Mitglieder des Betriebsrats für je angefangene weitere 3.000 Arbeitnehmer um 2 Mitglieder (§ 9 BetrVG).

5 In Betrieben mit über 10.000 Arbeitnehmern ist für je angefangene weitere 2.000 Arbeitnehmer ein weiteres Betriebsratsmitglied freizustellen (§ 38 Abs. 1 BetrVG).

6 In Dienststellen mit mehr als 10.000 Beschäftigten ist für je angefangene weitere 2.000 Beschäftigte ein weiteres Mitglied freizustellen (§ 46 Abs. 4 BPersVG).

bAV: Steuer- und Sozialversicherungspflicht aller Durchführungswege

Gudrun Leichtle/Michael Schulz

Die verschiedenen Durchführungswege innerhalb der betrieblichen Altersversorgung (bAV) wirken sich steuer- und sozialversicherungsrechtlich unterschiedlich aus. In tabellarischer Form werden alle Durchführungswege und die jeweiligen Konsequenzen in Anspar- und Leistungsphasen für das aktuelle Kalenderjahr dargestellt.

Steuer- und sozialversicherungsrechtliche Bewertung in Anspar- und Leistungsphase

Führt der Arbeitgeber betriebliche Altersversorgung für den Arbeitnehmer durch, ist eine Vielzahl von Besonderheiten zu beachten. Die Steuer- und Beitragspflicht hängt entscheidend davon ab, welcher Versorgungsweg zum Aufbau der betrieblichen Altersversorgung verwendet wird.

Direktversicherung		
Ansparphase	**Leistungsphase**	
	Lebenslange Rentenzahlungen, Berufsunfähigkeits-/Erwerbsminderungs- und Hinterbliebenenrenten	**Kapitalzahlungen**
Steuerbefreiung nach § 3 Nr. 63 EStG		
Steuerliche Beurteilung: Steuerbefreiung bis zu 8 % der BBG-RV/West (**2024: 7.248 EUR jährlich/604 EUR mtl.**) **Achtung:** Minderung des steuerfreien Volumens soweit im gleichen Kalenderjahr irgendein Beitrag an kapitalgedeckte Pensionskassen oder für Direktversicherungen pauschaliert wurde (§ 40b EStG a. F.).[1]	**Steuerliche Beurteilung:** Sonstige Einkünfte nach § 22 Nr. 5 Satz 1 EStG: Besteuerung in vollem Umfang.	**Steuerliche Beurteilung:** Sonstige Einkünfte nach § 22 Nr. 5 Satz 1 EStG: Besteuerung in vollem Umfang.

[1] § 52 Abs. 4 Satz 23 EStG.

Direktversicherung		
Ansparphase	**Leistungsphase**	
	Lebenslange Rentenzahlungen, Berufsunfähigkeits-/Erwerbsminderungs- und Hinterbliebenenrenten	**Kapitalzahlungen**
Sozialversicherung: Bei Steuerfreiheit kein beitragspflichtiges Arbeitsentgelt bis zu 4 % der BBG-RV/West (**2024: 3.624 EUR jährlich/302 EUR mtl.**).[2] **Hinweis:** Keine Minderung des Freibetrags um beitragsfreie Bezüge, die nach § 40b EStG a. F. pauschaliert werden.	**Sozialversicherung:** – Versorgungsbezüge nach § 229 Abs. 1 Nr. 5 SGB V. Pflichtmitglieder der GKV: Betrag **über 176,75 EUR** beitragspflichtig. PV: Gesamtbetrag beitragspflichtig, wenn Versorgungsbezüge über 176,75 EUR liegen. – Freiwillige Mitglieder zur KV und PV: Volle Beitragspflicht, unabhängig davon, ob die Mindestgrenze überschritten wird. – Alleinige Beitragstragung. – Für KV-Beiträge wird allgemeiner Beitragssatz + kassenindividueller Zusatzbeitragssatz zugrunde gelegt. – PKV: Kein Beitrag **Hinweis:** Mindesteinnahmegrenze gilt für alle Versorgungsbezüge und Arbeitseinkommen insgesamt.	**Sozialversicherung:** – Beitragspflicht als Versorgungsbezug zur KV und PV in Höhe von 1/120 des Zahlbetrags für längstens 10 Jahre. Pflichtmitglieder der GKV: Betrag von 1/120 **über 176,75 EUR** (Gesamtbetrag Kapitalzahlung: 21.210 EUR) beitragspflichtig. PV: Gesamtbetrag von 1/120 beitragspflichtig, wenn Versorgungsbezüge über 176,75 EUR (Gesamtbetrag Kapitalzahlung: 21.210 EUR) liegen. – Freiwillige Mitglieder zur KV und PV: 1/120 der Kapitalleistung sind immer beitragspflichtig, unabhängig von der Höhe des Auszahlungsbetrags. – PKV: Kein Beitrag – Alleinige Beitragstragung. Für KV-Beiträge wird allgemeiner Beitragssatz + kassenindividueller Zusatzbeitragssatz zugrunde gelegt. **Hinweis:** Mindesteinnahmegrenze gilt für alle Versorgungsbezüge und Arbeitseinkommen insgesamt.

[2] § 1 Abs. 1 Satz 1 Nr. 9 SvEV.

Direktversicherung		
Ansparphase	**Leistungsphase**	
	Lebenslange Rentenzahlungen, Berufsunfähigkeits-/Erwerbsminderungs- und Hinterbliebenenrenten	**Kapitalzahlungen**
Steuerbefreiung nach § 100 Abs. 6 EStG bei Begünstigung durch BAV-Förderbetrag		
Steuerliche Beurteilung: Steuerbefreiung für Beiträge **zwischen 240 EUR und 960 EUR** bei Arbeitnehmern mit geringem Einkommen (= laufender Arbeitslohn bis 2.575 EUR monatlich).	**Steuerliche Beurteilung:** Sonstige Einkünfte nach § 22 Nr. 5 Satz 1 EStG: Besteuerung in vollem Umfang.	**Steuerliche Beurteilung:** Sonstige Einkünfte nach § 22 Nr. 5 Satz 1 EStG: Besteuerung in vollem Umfang.
Sozialversicherung: Kein beitragspflichtiges Arbeitsentgelt. Anrechnung auf Freigrenze in Höhe von 4 % der BBG-RV/West (**2024: 3.624 EUR jährlich/ 302 EUR mtl.**).	**Sozialversicherung:** – Versorgungsbezüge nach § 229 Abs. 1 Nr. 5 SGB V. Pflichtmitglieder der GKV: Betrag **über 176,75 EUR** beitragspflichtig. PV: Gesamtbetrag beitragspflichtig, wenn Versorgungsbezüge über 176,75 EUR liegen. – Freiwillige Mitglieder zur KV und PV: Volle Beitragspflicht, unabhängig davon, ob die Mindestgrenze überschritten wird. – Alleinige Beitragstragung. – Für KV-Beiträge wird allgemeiner Beitragssatz + kassenindividueller Zusatzbeitragssatz zugrunde gelegt. **Hinweis:** Mindesteinnahmegrenze gilt für alle Versorgungsbezüge und Arbeitseinkommen insgesamt.	**Sozialversicherung:** – Beitragspflicht als Versorgungsbezug zur KV und PV in Höhe von 1/120 des Zahlbetrags für längstens 10 Jahre. Pflichtmitglieder der GKV: Betrag von 1/120 **über 176,75 EUR** (Gesamtbetrag Kapitalzahlung: 21.210 EUR) beitragspflichtig. PV: Gesamtbetrag von 1/120 beitragspflichtig, wenn Versorgungsbezüge über 176,75 EUR (Gesamtbetrag Kapitalzahlung: 21.210 EUR) liegen. – Freiwillige Mitglieder zur KV und PV: 1/120 der Kapitalleistung sind immer beitragspflichtig, unabhängig von der Höhe des Auszahlungsbetrags. – PKV: Kein Beitrag – Alleinige Beitragstragung. Für KV-Beiträge wird allgemeiner Beitragssatz + kassenindividueller Zusatzbeitragssatz zugrunde gelegt. **Hinweis:** Mindesteinnahmegrenze gilt für alle Versorgungs-

Direktversicherung		
Ansparphase	**Leistungsphase**	
	Lebenslange Rentenzahlungen, Berufsunfähigkeits-/ Erwerbsminderungs- und Hinterbliebenenrenten	**Kapitalzahlungen**
		bezüge und Arbeitseinkommen insgesamt.
Pauschalierung nach § 40b EStG a. F.		
Steuerliche Beurteilung: Pauschalierung **bis zu 1.752 EUR** mit 20 %[3] möglich, wenn mindestens ein Beitrag an kapitalgedeckte Pensionskassen oder für Direktversicherungen bereits vor dem 1.1.2018 nach § 40b EStG in einer vor dem 1.1.2005 geltenden Fassung pauschaliert wurde.	**Steuerliche Beurteilung:** Sonstige Einkünfte nach § 22 Nr. 1 Satz 3 Buchst. a Doppelbuchst. bb EStG: Besteuerung i. H. d. Ertragsanteils (z. B. 18 % bei Rentenbeginn mit 65 Jahren).	**Steuerliche Beurteilung:** Sonstige Einkünfte nach § 22 Nr. 5 Satz 2 EStG i. V. m. § 20 Abs. 1 Nr. 6 EStG: – Kapitalzahlung bei Vertragsabschluss bis 2004 und bei 12-jähriger Laufzeit regelmäßig steuerfrei.[4] – Bei Vertragsabschluss ab 2005 = Einkünfte i. H. d. Unterschiedsbetrags zwischen Versicherungsleistung und Summe der Versicherungsbeiträge (bei Auszahlung nach 12 Jahren seit Vertragsabschluss und vollendetem 62. Lebensjahr[5] nur 50 % des Unterschiedsbetrags) im Erlebensfall oder bei Rückkauf des Vertrags.
Sozialversicherung: Kein beitragspflichtiges Arbeitsentgelt bei Pauschalierung nach § 40b EStG a. F. – bei zusätzlicher Leistung des Arbeitgebers oder	**Sozialversicherung:** – Versorgungsbezüge nach § 229 Abs. 1 Nr. 5 SGB V. Pflichtmitglieder der GKV: Betrag **über 176,75 EUR** beitragspflichtig.	**Sozialversicherung:** – Beitragspflicht als Versorgungsbezug zur KV und PV in Höhe von 1/120 des Zahlbetrags für längstens 10 Jahre.

3 § 52 Abs. 40 EStG.

4 § 52 Abs. 28 Satz 5 EStG.

5 Für vor dem 1.1.2012 abgeschlossene Verträge gilt das 60. Lebensjahr.

Direktversicherung		
Ansparphase	**Leistungsphase**	
	Lebenslange Rentenzahlungen, Berufsunfähigkeits-/ Erwerbsminderungs- und Hinterbliebenenrenten	**Kapitalzahlungen**
– bei Finanzierung aus Einmalzahlungen.[6]	PV: Gesamtbetrag beitragspflichtig, wenn Versorgungsbezüge über 176,75 EUR liegen. – Freiwillige Mitglieder zur KV und PV: Volle Beitragspflicht, unabhängig davon, ob die Mindestgrenze überschritten wird. – Alleinige Beitragstragung. – Für KV-Beiträge wird allgemeiner Beitragssatz + kassenindividueller Zusatzbeitragssatz zugrunde gelegt. – PKV: Kein Beitrag **Hinweis:** Mindesteinnahmegrenze gilt für alle Versorgungsbezüge und Arbeitseinkommen insgesamt.	Pflichtmitglieder der GKV: Betrag von 1/120 **über 176,75 EUR** (Gesamtbetrag Kapitalzahlung: 21.210 EUR) beitragspflichtig. PV: Gesamtbetrag von 1/120 beitragspflichtig, wenn Versorgungsbezüge über 176,75 EUR (Gesamtbetrag Kapitalzahlung: 21.210 EUR) liegen. – Freiwillige Mitglieder zur KV und PV: 1/120 der Kapitalleistung sind immer beitragspflichtig, unabhängig von der Höhe des Auszahlungsbetrags. – PKV: Kein Beitrag – Alleinige Beitragstragung. Für KV-Beiträge wird allgemeiner Beitragssatz + kassenindividueller Zusatzbeitragssatz zugrunde gelegt. **Hinweis:** Mindesteinnahmegrenze gilt für alle Versorgungsbezüge und Arbeitseinkommen insgesamt.

6 § 1 Abs. 1 Satz 1 Nr. 4 SvEV.

Direktversicherung		
Ansparphase	**Leistungsphase**	
	Lebenslange Rentenzahlungen, Berufsunfähigkeits-/Erwerbsminderungs- und Hinterbliebenenrenten	**Kapitalzahlungen**
Lohnsteuerabzug nach ELStAM und „Riester-Förderung“		
Steuerliche Beurteilung: Altersvorsorgezulage (§§ 79 bis 99 EStG) bzw. zusätzlicher Sonderausgabenabzug (§ 10a EStG) bei Lohnsteuerabzug nach den ELStAM.	**Steuerliche Beurteilung:** Sonstige Einkünfte nach § 22 Nr. 5 Satz 1 EStG: Besteuerung in vollem Umfang.	**Steuerliche Beurteilung:** Kapitalauszahlung (100 %) = schädliche Verwendung: – Rückforderung von Altersvorsorgezulage/zusätzlicher Steuerermäßigung. Sonstige Einkünfte nach § 22 Nr. 5 Satz 2 EStG i. V. m. § 20 Abs. 1 Nr. 6 EStG: – Kapitalzahlung bei Vertragsabschluss bis 2004 und bei 12-jähriger Laufzeit regelmäßig steuerfrei[4] – Bei Vertragsabschluss ab 2005 = Einkünfte i. H. d. Unterschiedsbetrags zwischen Versicherungsleistung und Summe der Versicherungsbeiträge (bei Auszahlung nach 12 Jahren seit Vertragsabschluss und vollendetem 62. Lebensjahr[5] nur 50 % des Unterschiedsbetrags) im Erlebensfall oder bei Rückkauf des Vertrags.
Sozialversicherung: Finanzierung erfolgt aus verbeitragtem Arbeitsentgelt.	**Sozialversicherung:** Beitragspflichtig zur KV und PV nur bei freiwillig gesetzlich Versicherten. Keine Beitragspflicht bei pflichtversicherten Mitgliedern.[7]	**Sozialversicherung:** Beitragspflichtig zur KV und PV nur bei freiwillig gesetzlich Versicherten. Keine Beitragspflicht bei pflichtversicherten Mitgliedern.[7]

[7] § 229 Abs. 1 Satz 1 Nr. 5 SGB V.

Direktversicherung		
Ansparphase	**Leistungsphase**	
	Lebenslange Rentenzahlungen, Berufsunfähigkeits-/Erwerbsminderungs- und Hinterbliebenenrenten	**Kapitalzahlungen**
Lohnsteuerabzug nach den ELStAM und Basisversorgung („Rürup-Verträge")		
Steuerliche Beurteilung: Sonderausgabenabzug als Basisversorgung (§ 10 Abs. 1 Nr. 2b EStG; „Rürup-Verträge") bei Lohnsteuerabzug nach den ELStAM.	**Steuerliche Beurteilung:** Sonstige Einkünfte nach § 22 Nr. 1 Satz 3 Buchst. a Doppelbuchst. aa EStG: Stufenweise Anhebung des Besteuerungsanteils von 50 % (bei Rentenbeginn in 2005) auf 100 % (bei Rentenbeginn in 2040[8]) = Kohortenprinzip.	
Lohnsteuerabzug nach den ELStAM, keine „Riester-Förderung", keine Basisversorgung („Rürup-Verträge")		
Steuerliche Beurteilung: Lohnsteuerabzug nach den ELStAM	**Steuerliche Beurteilung:** Sonstige Einkünfte nach § 22 Nr. 1 Satz 3 Buchst. a Doppelbuchst. bb EStG: Besteuerung i. H. d. Ertragsanteils (z. B. 18 % bei Rentenbeginn mit 65 Jahren).	**Steuerliche Beurteilung:** Sonstige Einkünfte nach § 22 Nr. 5 Satz 2 EStG i. V. m. § 20 Abs. 1 Nr. 6 EStG: – Kapitalzahlung bei Vertragsabschluss bis 2004 und bei 12-jähriger Laufzeit regelmäßig steuerfrei.[4] – Bei Vertragsabschluss ab 2005 = Einkünfte i. H. d. Unterschiedsbetrags zwischen Versicherungsleistung und Summe der Versicherungsbeiträge (bei Auszahlung nach 12 Jahren seit Vertragsabschluss und vollendetem 62. Lebensjahr[5] nur 50 % des Unterschiedsbetrags) im Erlebensfall oder bei Rückkauf des Vertrags.

[8] Das Wachstumschancengesetz sah eine Streckung bis 2058 vor. Das Gesetzgebungsverfahren ist jedoch noch nicht abgeschlossen. Ggf. wird eine Änderung im Laufe des Jahres 2024 folgen.

Direktversicherung		
Ansparphase	**Leistungsphase**	
	Lebenslange Rentenzahlungen, Berufsunfähigkeits-/ Erwerbsminderungs- und Hinterbliebenenrenten	**Kapitalzahlungen**
Sozialversicherung: Finanzierung erfolgt aus verbeitragtem Arbeitsentgelt.	**Sozialversicherung:** – Versorgungsbezüge nach § 229 Abs. 1 Nr. 5 SGB V. Pflichtmitglieder der GKV: Betrag **über 176,75 EUR** beitragspflichtig. PV: Gesamtbetrag beitragspflichtig, wenn Versorgungsbezüge über 176,75 EUR liegen. – Freiwillige Mitglieder zur KV und PV: Volle Beitragspflicht, unabhängig davon, ob die Mindestgrenze überschritten wird.[9] – Alleinige Beitragstragung. – Für KV-Beiträge wird allgemeiner Beitragssatz + kassenindividueller Zusatzbeitragssatz zugrunde gelegt. **Hinweis:** Mindesteinnahmegrenze gilt für alle Versorgungsbezüge und Arbeitseinkommen insgesamt.	**Sozialversicherung:** – Beitragspflicht als Versorgungsbezug zur KV und PV in Höhe von 1/120 des Zahlbetrags für längstens 10 Jahre.[9] Pflichtmitglieder der GKV: Betrag von 1/120 **über 176,75 EUR** (Gesamtbetrag Kapitalzahlung: 21.210 EUR) beitragspflichtig. PV: Gesamtbetrag von 1/120 beitragspflichtig, wenn Versorgungsbezüge über 176,75 EUR (Gesamtbetrag Kapitalzahlung: 21.210 EUR) liegen. – Freiwillige Mitglieder zur KV und PV: 1/120 der Kapitalleistung sind immer beitragspflichtig, unabhängig von der Höhe des Auszahlungsbetrags. – PKV: Kein Beitrag – Alleinige Beitragstragung. Für KV-Beiträge wird allgemeiner Beitragssatz + kassenindividueller Zusatzbeitragssatz zugrunde gelegt. **Hinweis:** Mindesteinnahmegrenze gilt für alle Versorgungsbezüge und Arbeitseinkommen insgesamt.

[9] Bei privat abgeschlossenen Altersvorsorgeverträgen entfällt die Verbeitragung bei Pflichtversicherten.

Pensionsfonds		
Ansparphase	**Leistungsphase**	
	Lebenslange Rentenzahlungen, Berufsunfähigkeits-/ Erwerbsminderungs- und Hinterbliebenenrenten	**Kapitalzahlungen**
Steuerbefreiung nach § 3 Nr. 63 EStG		
Steuerliche Beurteilung: Steuerbefreiung bis zu 8 % der BBG-RV/West (**2024: 7.248 EUR jährlich/ 604 EUR mtl.**). **Achtung:** Minderung des steuerfreien Volumens soweit im gleichen Kalenderjahr irgendein Beitrag an kapitalgedeckte Pensionskassen oder für Direktversicherungen pauschaliert wurde (§ 40b EStG a. F.).[1]	**Steuerliche Beurteilung:** Sonstige Einkünfte nach § 22 Nr. 5 Satz 1 EStG: Besteuerung in vollem Umfang.	**Steuerliche Beurteilung:** Sonstige Einkünfte nach § 22 Nr. 5 Satz 1 EStG: Besteuerung in vollem Umfang.
Sozialversicherung: Bei Steuerfreiheit kein beitragspflichtiges Arbeitsentgelt bis zu 4 % der BBG-RV/West (**2024: 3.624 EUR jährlich/302 EUR mtl.**).[2]	**Sozialversicherung:** – Versorgungsbezüge nach § 229 Abs. 1 Nr. 5 SGB V. Pflichtmitglieder der GKV: Betrag **über 176,75 EUR** beitragspflichtig. PV: Gesamtbetrag beitragspflichtig, wenn Versorgungsbezüge über 176,75 EUR liegen. – Freiwillige Mitglieder zur KV und PV: Volle Beitragspflicht, unabhängig davon, ob die Mindestgrenze überschritten wird.[9] – Alleinige Beitragstragung. – Für KV-Beiträge wird allgemeiner Beitragssatz + kassenindividueller Zusatzbeitragssatz zugrunde gelegt.	**Sozialversicherung:** – Beitragspflicht als Versorgungsbezug zur KV und PV in Höhe von 1/120 des Zahlbetrags für längstens 10 Jahre.[9] Pflichtmitglieder der GKV: Betrag von 1/120 **über 176,75 EUR** (Gesamtbetrag Kapitalzahlung: 21.210 EUR) beitragspflichtig. PV: Gesamtbetrag von 1/120 beitragspflichtig, wenn Versorgungsbezüge über 176,75 EUR (Gesamtbetrag Kapitalzahlung: 21.210 EUR) liegen. – Freiwillige Mitglieder zur KV und PV: 1/120 der Kapitalleistung sind immer beitragspflichtig, unabhängig von der Höhe des Auszahlungsbetrags.

Pensionsfonds		
Ansparphase	**Leistungsphase**	
	Lebenslange Rentenzahlungen, Berufsunfähigkeits-/ Erwerbsminderungs- und Hinterbliebenenrenten	**Kapitalzahlungen**
	Hinweis: Mindesteinnahmegrenze gilt für alle Versorgungsbezüge und Arbeitseinkommen insgesamt.	– PKV: Kein Beitrag – Alleinige Beitragstragung. Für KV-Beiträge wird allgemeiner Beitragssatz + kassenindividueller Zusatzbeitragssatz zugrunde gelegt. **Hinweis:** Mindesteinnahmegrenze gilt für alle Versorgungsbezüge und Arbeitseinkommen insgesamt.
Steuerbefreiung nach § 100 Abs. 6 EStG bei Begünstigung durch BAV-Förderbetrag		
Steuerliche Beurteilung: Steuerbefreiung für Beiträge **zwischen 240 EUR und 960 EUR** bei Arbeitnehmern mit geringem Einkommen (= laufender Arbeitslohn bis 2.575 EUR monatlich).	**Steuerliche Beurteilung:** Sonstige Einkünfte nach § 22 Nr. 5 Satz 1 EStG: Besteuerung in vollem Umfang.	**Steuerliche Beurteilung:** Sonstige Einkünfte nach § 22 Nr. 5 Satz 1 EStG: Besteuerung in vollem Umfang.
Sozialversicherung: Kein beitragspflichtiges Arbeitsentgelt. Anrechnung auf Freigrenze in Höhe von 4 % der BBG-RV/West (**2024: 3.624 EUR jährlich/ 302 EUR mtl.**).	**Sozialversicherung:** – Versorgungsbezüge nach § 229 Abs. 1 Nr. 5 SGB V. Pflichtmitglieder der GKV: Betrag über **176,75 EUR** beitragspflichtig. PV: Gesamtbetrag beitragspflichtig, wenn Versorgungsbezüge über 176,75 EUR liegen. – Freiwillige Mitglieder zur KV und PV: Volle Beitragspflicht, unabhängig davon, ob die Mindestgrenze überschritten wird.[9] – Alleinige Beitragstragung.	**Sozialversicherung:** – Beitragspflicht als Versorgungsbezug zur KV und PV in Höhe von 1/120 des Zahlbetrags für längstens 10 Jahre.[9] Pflichtmitglieder der GKV: Betrag von 1/120 **über 176,75 EUR** (Gesamtbetrag Kapitalzahlung: 21.210 EUR) beitragspflichtig. PV: Gesamtbetrag von 1/120 beitragspflichtig, wenn Versorgungsbezüge über 176,75 EUR (Gesamtbetrag Kapitalzahlung: 21.210 EUR) liegen.

Pensionsfonds		
Ansparphase	**Leistungsphase**	
	Lebenslange Rentenzahlungen, Berufsunfähigkeits-/Erwerbsminderungs- und Hinterbliebenenrenten	**Kapitalzahlungen**
	– Für KV-Beiträge wird allgemeiner Beitragssatz + kassenindividueller Zusatzbeitragssatz zugrunde gelegt. **Hinweis:** Mindesteinnahmegrenze gilt für alle Versorgungsbezüge und Arbeitseinkommen insgesamt.	– Freiwillige Mitglieder zur KV und PV: 1/120 der Kapitalleistung sind immer beitragspflichtig, unabhängig von der Höhe des Auszahlungsbetrags. – PKV: Kein Beitrag – Alleinige Beitragstragung. Für KV-Beiträge wird allgemeiner Beitragssatz + kassenindividueller Zusatzbeitragssatz zugrunde gelegt. **Hinweis:** Mindesteinnahmegrenze gilt für alle Versorgungsbezüge und Arbeitseinkommen insgesamt.
Lohnsteuerabzug nach den ELStAM und „Riester-Förderung“		
Steuerliche Beurteilung: Altersvorsorgezulage (§§ 79 bis 99 EStG) bzw. zusätzlicher Sonderausgabenabzug (§10a EStG) bei Lohnsteuerabzug nach den ELStAM.	**Steuerliche Beurteilung:** Sonstige Einkünfte nach § 22 Nr. 5 Satz 1 EStG: Besteuerung in vollem Umfang.	**Steuerliche Beurteilung:** Kapitalauszahlung (100 %) = schädliche Verwendung – Rückforderung von Altersvorsorgezulage/zusätzlicher Steuerermäßigung. Sonstige Einkünfte nach § 22 Nr. 5 Satz 2 EStG i. V. m. § 20 Abs. 1 Nr. 6 EStG: – Kapitalzahlung bei Vertragsabschluss bis 2004 und bei 12-jähriger Laufzeit regelmäßig steuerfrei.[4]

Pensionsfonds		
Ansparphase	**Leistungsphase**	
	Lebenslange Rentenzahlungen, Berufsunfähigkeits-/ Erwerbsminderungs- und Hinterbliebenenrenten	**Kapitalzahlungen**
		– Bei Vertragsabschluss ab 2005 = Einkünfte i. H. d. Unterschiedsbetrags zwischen Versicherungsleistung und Summe der Versicherungsbeiträge (bei Auszahlung nach 12 Jahren seit Vertragsabschluss und vollendetem 62. Lebensjahr[5] nur 50 % des Unterschiedsbetrags) im Erlebensfall oder bei Rückkauf des Vertrags.
Sozialversicherung: Finanzierung erfolgt aus verbeitragtem Arbeitsentgelt.	**Sozialversicherung:** Beitragspflichtig zur KV und PV nur bei freiwillig gesetzlich Versicherten. Keine Beitragspflicht bei pflichtversicherten Mitgliedern.[7]	**Sozialversicherung:** Beitragspflichtig zur KV und PV nur bei freiwillig gesetzlich Versicherten. Keine Beitragspflicht bei pflichtversicherten Mitgliedern.[7]
Lohnsteuerabzug nach den ELStAM und Basisversorgung („Rürup-Verträge“)		
Steuerliche Beurteilung: Sonderausgabenabzug als Basisversorgung (§ 10 Abs. 1 Nr. 2b EStG; „Rürup-Verträge“) bei Lohnsteuerabzug nach den ELStAM.	**Steuerliche Beurteilung:** Sonstige Einkünfte nach § 22 Nr. 1 Satz 3 Buchst. a Doppelbuchst. aa EStG: Stufenweise Anhebung des Besteuerungsanteils von 50 % (bei Rentenbeginn in 2005) auf 100 % (bei Rentenbeginn in 2040[8]) = Kohortenprinzip.	

Pensionsfonds		
Ansparphase	**Leistungsphase**	
	Lebenslange Rentenzahlungen, Berufsunfähigkeits-/ Erwerbsminderungs- und Hinterbliebenenrenten	**Kapitalzahlungen**
Lohnsteuerabzug nach den ELStAM, keine „Riester-Förderung", keine Basisversorgung („Rürup-Verträge")		
Steuerliche Beurteilung: Lohnsteuerabzug nach ELStAM.	**Steuerliche Beurteilung:** Sonstige Einkünfte nach § 22 Nr. 1 Satz 3 Buchst. a Doppelbuchst. bb EStG: Besteuerung i. H. d. Ertragsanteils (z. B. 18 % bei Rentenbeginn mit 65 Jahren).	**Steuerliche Beurteilung:** Sonstige Einkünfte nach § 22 Nr. 5 Satz 2 EStG i. V. m. § 20 Abs. 1 Nr. 6 EStG: – Kapitalzahlung bei Vertragsabschluss bis 2004 und bei 12-jähriger Laufzeit regelmäßig steuerfrei.[4] – Bei Vertragsabschluss ab 2005 = Einkünfte i. H. d. Unterschiedsbetrags zwischen Versicherungsleistung und Summe der Versicherungsbeiträge (bei Auszahlung nach 12 Jahren seit Vertragsabschluss und vollendetem 62. Lebensjahr[5] nur 50 % des Unterschiedsbetrags) im Erlebensfall oder bei Rückkauf des Vertrags.
Sozialversicherung: Finanzierung erfolgt aus verbeitragtem Arbeitsentgelt.	**Sozialversicherung:** – Versorgungsbezüge nach § 229 Abs. 1 Nr. 5 SGB V. Pflichtmitglieder der GKV: Betrag **über 176,75 EUR** beitragspflichtig. PV: Gesamtbetrag beitragspflichtig, wenn Versorgungsbezüge über 176,75 EUR liegen.	**Sozialversicherung:** – Beitragspflicht als Versorgungsbezug zur KV und PV in Höhe von 1/120 des Zahlbetrags für längstens 10 Jahre.[9] Pflichtmitglieder der GKV: Betrag von 1/120 **über 176,75 EUR** (Gesamtbetrag Kapitalzahlung:

Pensionsfonds		
Ansparphase	**Leistungsphase**	
	Lebenslange Rentenzahlungen, Berufsunfähigkeits-/Erwerbsminderungs- und Hinterbliebenenrenten	**Kapitalzahlungen**
	– Freiwillige Mitglieder zur KV und PV: Volle Beitragspflicht, unabhängig davon, ob die Mindestgrenze überschritten wird.[9] – Alleinige Beitragstragung. – Für KV-Beiträge wird allgemeiner Beitragssatz + kassenindividueller Zusatzbeitragssatz zugrunde gelegt. **Hinweis:** Mindesteinnahmegrenze gilt für alle Versorgungsbezüge und Arbeitseinkommen insgesamt.	21.210 EUR) beitragspflichtig. PV: Gesamtbetrag von 1/120 beitragspflichtig, wenn Versorgungsbezüge über 176,75 EUR (Gesamtbetrag Kapitalzahlung: 21.210 EUR) liegen. – Freiwillige Mitglieder zur KV und PV: 1/120 der Kapitalleistung sind immer beitragspflichtig, unabhängig von der Höhe des Auszahlungsbetrags. – PKV: Kein Beitrag – Alleinige Beitragstragung. Für KV-Beiträge wird allgemeiner Beitragssatz + kassenindividueller Zusatzbeitragssatz zugrunde gelegt. **Hinweis:** Mindesteinnahmegrenze gilt für alle Versorgungsbezüge und Arbeitseinkommen insgesamt.

Kapitalgedeckte Pensionskasse		
Ansparphase	**Leistungsphase**	
	Lebenslange Rentenzahlungen, Berufsunfähigkeits-/Erwerbsminderungs- und Hinterbliebenenrenten	**Kapitalzahlungen**
Steuerbefreiung nach § 3 Nr. 63 EStG		
Steuerliche Beurteilung: Steuerbefreiung bis zu 8 % der BBG-RV/West (**2024: 7.248 EUR jährlich/ 604 EUR mtl.**). **Achtung:** Minderung des steuerfreien Volumens soweit im gleichen Kalenderjahr irgendein Beitrag an kapitalgedeckte Pensionskassen oder für Direktversicherungen pauschaliert wurde (§ 40b EStG a. F.).[1]	**Steuerliche Beurteilung:** Sonstige Einkünfte nach § 22 Nr. 5 Satz 1 EStG: Besteuerung in vollem Umfang.	**Steuerliche Beurteilung:** Sonstige Einkünfte nach § 22 Nr. 5 Satz 1 EStG: Besteuerung in vollem Umfang.
Sozialversicherung: Bei Steuerfreiheit kein beitragspflichtiges Arbeitsentgelt bis zu 4 % der BBG-RV/West (**2024: 3.624 EUR jährlich/302 EUR mtl.**).[2] **Hinweis:** Keine Minderung des Freibetrags um beitragsfreie Bezüge, die nach § 40b EStG a. F. pauschaliert werden.	**Sozialversicherung:** – Versorgungsbezüge nach § 229 Abs. 1 Nr. 5 SGB V. Pflichtmitglieder der GKV: Betrag **über 176,75 EUR** beitragspflichtig. PV: Gesamtbetrag beitragspflichtig, wenn Versorgungsbezüge über 176,75 EUR liegen. – Freiwillige Mitglieder zur KV und PV: Volle Beitragspflicht, unabhängig davon, ob die Mindestgrenze überschritten wird. – Alleinige Beitragstragung. – Für KV-Beiträge wird allgemeiner Beitragssatz + kassenindividueller Zusatzbeitragssatz zugrunde gelegt.	**Sozialversicherung:** – Beitragspflicht als Versorgungsbezug zur KV und PV in Höhe von 1/120 des Zahlbetrags für längstens 10 Jahre. – Pflichtmitglieder der GKV: Betrag von 1/120 **über 176,75 EUR** (Gesamtbetrag Kapitalzahlung: 21.210 EUR) beitragspflichtig. PV: Gesamtbetrag von 1/120 beitragspflichtig, wenn Versorgungsbezüge über 176,75 EUR (Gesamtbetrag Kapitalzahlung: 21.210 EUR) liegen. – Freiwillige Mitglieder zur KV und PV: 1/120 der Kapitalleistung sind immer beitragspflichtig, unabhängig von der Höhe des Auszahlungsbetrags.

Kapitalgedeckte Pensionskasse		
Ansparphase	**Leistungsphase**	
	Lebenslange Rentenzahlungen, Berufsunfähigkeits-/Erwerbsminderungs- und Hinterbliebenenrenten	**Kapitalzahlungen**
	Hinweis: Mindesteinnahmegrenze gilt für alle Versorgungsbezüge und Arbeitseinkommen insgesamt.	– PKV: Kein Beitrag – Alleinige Beitragstragung. Für KV-Beiträge wird allgemeiner Beitragssatz + kassenindividueller Zusatzbeitragssatz zugrunde gelegt. **Hinweis:** Mindesteinnahmegrenze gilt für alle Versorgungsbezüge und Arbeitseinkommen insgesamt.
Steuerbefreiung nach § 100 Abs. 6 EStG bei Begünstigung durch BAV-Förderbetrag		
Steuerliche Beurteilung: Steuerbefreiung für Beiträge **zwischen 240 EUR und 960 EUR** bei Arbeitnehmern mit geringem Einkommen (= laufender Arbeitslohn bis 2.575 EUR monatlich).	**Steuerliche Beurteilung:** Sonstige Einkünfte nach § 22 Nr. 5 Satz 1 EStG: Besteuerung in vollem Umfang.	**Steuerliche Beurteilung:** Sonstige Einkünfte nach § 22 Nr. 5 Satz 1 EStG: Besteuerung in vollem Umfang.
Sozialversicherung: Kein beitragspflichtiges Arbeitsentgelt. Anrechnung auf Freigrenze in Höhe von 4 % der BBG-RV/West (**2024: 3.624 EUR jährlich/ 302 EUR mtl.**).	**Sozialversicherung:** – Versorgungsbezüge nach § 229 Abs. 1 Nr. 5 SGB V. Pflichtmitglieder der GKV: Betrag **über 176,75 EUR** beitragspflichtig. PV: Gesamtbetrag beitragspflichtig, wenn Versorgungsbezüge über 176,75 EUR liegen. – Freiwillige Mitglieder zur KV und PV: Volle Beitragspflicht, unabhängig davon, ob die Mindestgrenze überschritten wird.	**Sozialversicherung:** – Beitragspflicht als Versorgungsbezug zur KV und PV in Höhe von 1/120 des Zahlbetrags für längstens 10 Jahre. Pflichtmitglieder der GKV: Betrag von 1/120 **über 176,75 EUR** (Gesamtbetrag Kapitalzahlung: 21.210 EUR) beitragspflichtig. PV: Gesamtbetrag von 1/120 beitragspflichtig, wenn Versorgungsbezüge

Kapitalgedeckte Pensionskasse		
Ansparphase	**Leistungsphase**	
	Lebenslange Rentenzahlungen, Berufsunfähigkeits-/ Erwerbsminderungs- und Hinterbliebenenrenten	**Kapitalzahlungen**
	– Alleinige Beitragstragung. – Für KV-Beiträge wird allgemeiner Beitragssatz + kassenindividueller Zusatzbeitragssatz zugrunde gelegt. **Hinweis:** Mindesteinnahmegrenze gilt für alle Versorgungsbezüge und Arbeitseinkommen insgesamt.	über 176,75 EUR (Gesamtbetrag Kapitalzahlung: 21.210 EUR) liegen. – Freiwillige Mitglieder zur KV und PV: 1/120 der Kapitalleistung sind immer beitragspflichtig, unabhängig von der Höhe des Auszahlungsbetrags. – PKV: Kein Beitrag – Alleinige Beitragstragung. Für KV-Beiträge wird allgemeiner Beitragssatz + kassenindividueller Zusatzbeitragssatz zugrunde gelegt. **Hinweis:** Mindesteinnahmegrenze gilt für alle Versorgungsbezüge und Arbeitseinkommen insgesamt.
Pauschalierung nach § 40b EStG a. F.		
Steuerliche Beurteilung: Pauschalierung **bis zu 1.752 EUR** mit 20 % möglich, wenn mindestens ein Beitrag an kapitalgedeckte Pensionskassen oder für Direktversicherungen bereits vor dem 1.1.2018 nach § 40b EStG in einer vor dem 1.1.2005 geltenden Fassung pauschaliert wurde.[10]	**Steuerliche Beurteilung:** Sonstige Einkünfte nach § 22 Nr. 1 Satz 3 Buchst. a Doppelbuchst. bb EStG: Besteuerung i. H. d. Ertragsanteils (z. B. 18 % bei Rentenbeginn mit 65 Jahren).	**Steuerliche Beurteilung:** Sonstige Einkünfte nach § 22 Nr. 5 Satz 2 EStG i. V. m. § 20 Abs. 1 Nr. 6 EStG: – Kapitalzahlung bei Vertragsabschluss bis 2004 und bei 12-jähriger Laufzeit regelmäßig steuerfrei.[4] – Bei Vertragsabschluss ab 2005 = Einkünfte i. H. d. Unterschiedsbetrags zwischen Versicherungsleistung und Summe der Versicherungsbeiträge (bei Auszahlung nach 12 Jahren

[10] § 52 Abs. 40 EStG.

Kapitalgedeckte Pensionskasse		
Ansparphase	**Leistungsphase**	
	Lebenslange Rentenzahlungen, Berufsunfähigkeits-/Erwerbsminderungs- und Hinterbliebenenrenten	**Kapitalzahlungen**
		seit Vertragsabschluss und vollendetem 62. Lebensjahr[5] nur 50 % des Unterschiedsbetrags) im Erlebensfall oder bei Rückkauf des Vertrags.
Sozialversicherung: Kein beitragspflichtiges Arbeitsentgelt bei Pauschalierung nach § 40b EStG a. F. – bei zusätzlicher Leistung des Arbeitgebers oder – bei Finanzierung aus Einmalzahlungen.[6]	**Sozialversicherung:** – Versorgungsbezüge nach § 229 Abs. 1 Nr. 5 SGB V. Pflichtmitglieder der GKV: Betrag **über 176,75 EUR** beitragspflichtig. PV: Gesamtbetrag beitragspflichtig, wenn Versorgungsbezüge über 176,75 EUR liegen. – Freiwillige Mitglieder zur KV und PV: Volle Beitragspflicht, unabhängig davon, ob die Mindestgrenze überschritten wird. – Alleinige Beitragstragung. – Für KV-Beiträge wird allgemeiner Beitragssatz + kassenindividueller Zusatzbeitragssatz zugrunde gelegt. **Hinweis:** Mindesteinnahmegrenze gilt für alle Versorgungsbezüge und Arbeitseinkommen insgesamt.	**Sozialversicherung:** – Beitragspflicht als Versorgungsbezug zur KV und PV in Höhe von 1/120 des Zahlbetrags für längstens 10 Jahre. Pflichtmitglieder der GKV: Betrag von 1/120 **über 176,75 EUR** (Gesamtbetrag Kapitalzahlung: 21.210 EUR) beitragspflichtig. PV: Gesamtbetrag von 1/120 beitragspflichtig, wenn Versorgungsbezüge über 176,75 EUR (Gesamtbetrag Kapitalzahlung: 21.210 EUR) liegen. – Freiwillige Mitglieder zur KV und PV: 1/120 der Kapitalleistung sind immer beitragspflichtig, unabhängig von der Höhe des Auszahlungsbetrags. – PKV: Kein Beitrag – Alleinige Beitragstragung. Für KV-Beiträge wird allgemeiner Beitragssatz + kassenindividueller Zusatzbeitragssatz zugrunde gelegt.

Kapitalgedeckte Pensionskasse		
Ansparphase	**Leistungsphase**	
	Lebenslange Rentenzahlungen, Berufsunfähigkeits-/ Erwerbsminderungs- und Hinterbliebenenrenten	**Kapitalzahlungen**
		Hinweis: Mindesteinnahmegrenze gilt für alle Versorgungsbezüge und Arbeitseinkommen insgesamt.
Lohnsteuerabzug nach den ELStAM und „Riester-Förderung“		
Steuerliche Beurteilung: Altersvorsorgezulage (§§ 79 bis 99 EStG) bzw. zusätzlicher Sonderausgabenabzug (§ 10a EStG) bei Lohnsteuerabzug nach den ELStAM.	**Steuerliche Beurteilung:** Sonstige Einkünfte nach § 22 Nr. 5 Satz 1 EStG: Besteuerung in vollem Umfang.	**Steuerliche Beurteilung:** Kapitalauszahlung (100 %) = schädliche Verwendung: – Rückforderung von Altersvorsorgezulage/zusätzlicher Steuerermäßigung. Sonstige Einkünfte nach § 22 Nr. 5 Satz 2 EStG i. V. m. § 20 Abs. 1 Nr. 6 EStG: – Kapitalzahlung bei Vertragsabschluss bis 2004 und bei 12-jähriger Laufzeit regelmäßig steuerfrei.[4] – Bei Vertragsabschluss ab 2005 = Einkünfte i. H. d. Unterschiedsbetrags zwischen Versicherungsleistung und Summe der Versicherungsbeiträge (bei Auszahlung nach 12 Jahren seit Vertragsabschluss und vollendetem 62. Lebensjahr[5] nur 50 % des Unterschiedsbetrags) im Erlebensfall oder bei Rückkauf des Vertrags.
Sozialversicherung: Finanzierung erfolgt aus verbeitragtem Arbeitsentgelt.	**Sozialversicherung:** Beitragspflichtig zur KV und PV nur bei freiwillig gesetzlich Versicherten. Keine Beitragspflicht bei pflichtversicherten Mitgliedern.[7]	**Sozialversicherung:** Beitragspflichtig zur KV und PV nur bei freiwillig gesetzlich Versicherten. Keine Beitragspflicht bei pflichtversicherten Mitgliedern.[7]

Kapitalgedeckte Pensionskasse		
Ansparphase	**Leistungsphase**	
	Lebenslange Rentenzahlungen, Berufsunfähigkeits-/Erwerbsminderungs- und Hinterbliebenenrenten	**Kapitalzahlungen**
Lohnsteuerabzug nach den ELStAM und Basisversorgung („Rürup-Verträge“)		
Steuerliche Beurteilung: Sonderausgabenabzug als Basisversorgung (§ 10 Abs. 1 Nr. 2b EStG; „Rürup-Verträge“) bei Lohnsteuerabzug nach den ELStAM.	**Steuerliche Beurteilung:** Sonstige Einkünfte nach § 22 Nr. 1 Satz 3 Buchst. a Doppelbuchst. aa EStG: Stufenweise Anhebung des Besteuerungsanteils von 50 % (bei Rentenbeginn in 2005) auf 100 % (bei Rentenbeginn in 2040[8]) = Kohortenprinzip.	
Lohnsteuerabzug nach den ELStAM, keine „Riester-Förderung“, keine Basisversorgung („Rürup-Verträge“)		
Steuerliche Beurteilung: Lohnsteuerabzug nach den ELStAM.	**Steuerliche Beurteilung:** Sonstige Einkünfte nach § 22 Nr. 1 Satz 3 Buchst. a Doppelbuchst. bb EStG: Besteuerung i. H. d. Ertragsanteils (z. B. 18 % bei Rentenbeginn mit 65 Jahren).	**Steuerliche Beurteilung:** Sonstige Einkünfte nach § 22 Nr. 5 Satz 2 EStG i. V. m. § 20 Abs. 1 Nr. 6 EStG: – Kapitalzahlung bei Vertragsabschluss bis 2004 und bei 12-jähriger Laufzeit regelmäßig steuerfrei.[4] – Bei Vertragsabschluss ab 2005 = Einkünfte i. H. d. Unterschiedsbetrags zwischen Versicherungsleistung und Summe der Versicherungsbeiträge (bei Auszahlung nach 12 Jahren seit Vertragsabschluss und vollendetem 62. Lebensjahr[5] nur 50 % des Unterschiedsbetrags) im Erlebensfall oder bei Rückkauf des Vertrags.

Kapitalgedeckte Pensionskasse		
Ansparphase	**Leistungsphase**	
	Lebenslange Rentenzahlungen, Berufsunfähigkeits-/Erwerbsminderungs- und Hinterbliebenenrenten	**Kapitalzahlungen**
Sozialversicherung: Finanzierung erfolgt aus verbeitragtem Arbeitsentgelt.	**Sozialversicherung:** – Versorgungsbezüge nach § 229 Abs. 1 Nr. 5 SGB V. Pflichtmitglieder der GKV: Betrag **über 176,75 EUR** beitragspflichtig. PV: Gesamtbetrag beitragspflichtig, wenn Versorgungsbezüge über 176,75 EUR liegen. – Freiwillige Mitglieder zur KV und PV: Volle Beitragspflicht, unabhängig davon, ob die Mindestgrenze überschritten wird.[9] – Alleinige Beitragstragung. – Für KV-Beiträge wird allgemeiner Beitragssatz + kassenindividueller Zusatzbeitragssatz zugrunde gelegt. **Hinweis:** Mindesteinnahmegrenze gilt für alle Versorgungsbezüge und Arbeitseinkommen insgesamt.	**Sozialversicherung:** – Beitragspflicht als Versorgungsbezug zur KV und PV in Höhe von 1/120 des Zahlbetrags für längstens 10 Jahre.[9] Pflichtmitglieder der GKV: Betrag von 1/120 **über 176,75 EUR** (Gesamtbetrag Kapitalzahlung: 21.210 EUR) beitragspflichtig. PV: Gesamtbetrag von 1/120 beitragspflichtig, wenn Versorgungsbezüge über 176,75 EUR (Gesamtbetrag Kapitalzahlung: 21.210 EUR) liegen. – Freiwillige Mitglieder zur KV und PV: 1/120 der Kapitalleistung sind immer beitragspflichtig, unabhängig von der Höhe des Auszahlungsbetrags. – PKV: Kein Beitrag – Alleinige Beitragstragung. Für KV-Beiträge wird allgemeiner Beitragssatz + kassenindividueller Zusatzbeitragssatz zugrunde gelegt. **Hinweis:** Mindesteinnahmegrenze gilt für alle Versorgungsbezüge und Arbeitseinkommen insgesamt.

Umlagefinanzierte Pensionskasse		
Ansparphase	**Leistungsphase**	
	Lebenslange Rentenzahlungen, Berufsunfähigkeits-/Erwerbsminderungs- und Hinterbliebenenrenten	**Kapitalzahlungen**
Steuerbefreiung nach § 3 Nr. 56 EStG		
Steuerliche Beurteilung: Steuerbefreiung bis zu 3 % der BBG-RV/West (**2024: 2.718 EUR/226,50 EUR mtl.**).	**Steuerliche Beurteilung:** Sonstige Einkünfte nach § 22 Nr. 5 Satz 1 EStG: Besteuerung in vollem Umfang.	**Steuerliche Beurteilung:** Sonstige Einkünfte nach § 22 Nr. 5 Satz 1 EStG: Besteuerung in vollem Umfang.
Sozialversicherung: – Kein Arbeitsentgelt soweit Steuerfreiheit besteht und es sich um eine zusätzliche Zahlung zum Lohn/Gehalt handelt. – Für Zuwendungen zu Pensionskassen mit einer besonderen Versorgungsregelung ist die Beitragsfreiheit auf 100 EUR mtl., abzüglich eines Hinzurechnungsbetrags beschränkt.	**Sozialversicherung:** – Versorgungsbezüge nach § 229 Abs. 1 Nr. 5 SGB V. Pflichtmitglieder der GKV: Betrag **über 176,75 EUR** beitragspflichtig. PV: Gesamtbetrag beitragspflichtig, wenn Versorgungsbezüge über 176,75 EUR liegen. – Freiwillige Mitglieder zur KV und PV: Volle Beitragspflicht, unabhängig davon, ob die Mindestgrenze überschritten wird.[9] – Alleinige Beitragstragung. – Für KV-Beiträge wird allgemeiner Beitragssatz + kassenindividueller Zusatzbeitragssatz zugrunde gelegt. **Hinweis:** Mindesteinnahmegrenze gilt für alle Versorgungsbezüge und Arbeitseinkommen insgesamt.	**Sozialversicherung:** – Beitragspflicht als Versorgungsbezug zur KV und PV in Höhe von 1/120 des Zahlbetrags für längstens 10 Jahre.[9] Pflichtmitglieder der GKV: Betrag von 1/120 **über 176,75 EUR** (Gesamtbetrag Kapitalzahlung: 21.210 EUR) beitragspflichtig. PV: Gesamtbetrag von 1/120 beitragspflichtig, wenn Versorgungsbezüge über 176,75 EUR (Gesamtbetrag Kapitalzahlung: 21.210 EUR) liegen. – Freiwillige Mitglieder zur KV und PV: 1/120 der Kapitalleistung sind immer beitragspflichtig, unabhängig von der Höhe des Auszahlungsbetrags. – PKV: Kein Beitrag – Alleinige Beitragstragung. Für KV-Beiträge wird allgemeiner Beitragssatz + kassenindividueller Zusatzbeitragssatz zugrunde gelegt. **Hinweis:** Mindesteinnahmegrenze gilt für alle Versorgungsbezüge und Arbeitseinkommen insgesamt.

Umlagefinanzierte Pensionskasse		
Ansparphase	**Leistungsphase**	
	Lebenslange Rentenzahlungen, Berufsunfähigkeits-/Erwerbsminderungs- und Hinterbliebenenrenten	**Kapitalzahlungen**
Pauschalierung nach § 40b EStG in der geltenden Fassung oder Lohnsteuerabzug nach ELStAM		
Steuerliche Beurteilung: **Laufende Zuwendungen:** Pauschalierung **bis zu 1.752 EUR** mit 20 % oder Lohnsteuerabzug nach den ELStAM bei Überschreiten des steuerfreien Höchstbetrags. **Sonderzahlungen:** Pflichtpauschalierung mit 15 %.	**Steuerliche Beurteilung:** Sonstige Einkünfte nach § 22 Nr. 1 Satz 3 Buchst. a Doppelbuchst. bb EStG: Besteuerung i. H. d. Ertragsanteils (z. B. 18 % bei Rentenbeginn mit 65 Jahren).	**Steuerliche Beurteilung:** Sonstige Einkünfte nach § 22 Nr. 5 Satz 2 EStG i. V. m. § 20 Abs. 1 Nr. 6 EStG: – Kapitalzahlung bei Vertragsabschluss bis 2004 und bei 12-jähriger Laufzeit regelmäßig steuerfrei.[4] – Bei Vertragsabschluss ab 2005 = Einkünfte i. H. d. Unterschiedsbetrags zwischen Versicherungsleistung und Summe der Versicherungsbeiträge (bei Auszahlung nach 12 Jahren seit Vertragsabschluss und vollendetem 62. Lebensjahr[5] nur 50 % des Unterschiedsbetrags) im Erlebensfall oder bei Rückkauf des Vertrags.

Umlagefinanzierte Pensionskasse		
Ansparphase	**Leistungsphase**	
	Lebenslange Rentenzahlungen, Berufsunfähigkeits-/ Erwerbsminderungs- und Hinterbliebenenrenten	**Kapitalzahlungen**
Sozialversicherung: Kein Arbeitsentgelt soweit Pauschalversteuerung erfolgt und es sich um eine zusätzliche Zahlung zum Lohn/Gehalt handelt. Für Zuwendungen zu Pensionskassen mit einer besonderen Versorgungsregelung besteht keine Beitragsfreiheit.[11]	**Sozialversicherung:** – Versorgungsbezüge nach § 229 Abs. 1 Nr. 5 SGB V. Pflichtmitglieder der GKV: Betrag **über 176,75 EUR** beitragspflichtig. PV: Gesamtbetrag beitragspflichtig, wenn Versorgungsbezüge über 176,75 EUR liegen. – Freiwillige Mitglieder zur KV und PV: Volle Beitragspflicht, unabhängig davon, ob die Mindestgrenze überschritten wird.[9] – Alleinige Beitragstragung. – Für KV-Beiträge wird allgemeiner Beitragssatz + kassenindividueller Zusatzbeitragssatz zugrunde gelegt. **Hinweis:** Mindesteinnahmegrenze gilt für alle Versorgungsbezüge und Arbeitseinkommen insgesamt.	**Sozialversicherung:** – Beitragspflicht als Versorgungsbezug zur KV und PV in Höhe von 1/120 des Zahlbetrags für längstens 10 Jahre.[9] Pflichtmitglieder der GKV: Betrag von 1/120 **über 176,75 EUR** (Gesamtbetrag Kapitalzahlung: 21.210 EUR) beitragspflichtig. PV: Gesamtbetrag von 1/120 beitragspflichtig, wenn Versorgungsbezüge über 176,75 EUR (Gesamtbetrag Kapitalzahlung: 21.210 EUR) liegen. – Freiwillige Mitglieder zur KV und PV: 1/120 der Kapitalleistung sind immer beitragspflichtig, unabhängig von der Höhe des Auszahlungsbetrags. – PKV: Kein Beitrag – Alleinige Beitragstragung. Für KV-Beiträge wird allgemeiner Beitragssatz + kassenindividueller Zusatzbeitragssatz zugrunde gelegt. **Hinweis:** Mindesteinnahmegrenze gilt für alle Versorgungsbezüge und Arbeitseinkommen insgesamt.

[11] Grundsätzlich gilt die gleiche Regelung wie bei der Steuerfreiheit. Der Maximalbetrag von 100 EUR wird jedoch durch die steuerfreien Bezüge aufgebraucht.

Unterstützungskasse	
Ansparphase	**Leistungsphase (lebenslange Rentenzahlungen, Berufsunfähigkeits-/Erwerbsminderungs- und Hinterbliebenenrenten, Kapitalzahlungen)**
Steuerliche Beurteilung: Versorgungszusage führt nicht zu einem Lohnzufluss (auch nicht bei Rückdeckung).	**Steuerliche Beurteilung:** Einkünfte aus nichtselbstständiger Tätigkeit nach § 19 EStG: Lohnsteuerabzug durch den Arbeitgeber nach den ELStAM unter Berücksichtigung der Freibeträge für Versorgungsbezüge (§ 19 Abs. 2 EStG).
Sozialversicherung: – Arbeitgeberfinanzierung unbegrenzt beitragsfrei. – Bei Entgeltumwandlung beitragsfrei bis max. 4 % der BBG RV West (**2024: 3.624 EUR jährlich/302 EUR mtl.**).	**Sozialversicherung:** – Versorgungsbezüge nach § 229 Abs. 1 Nr. 5 SGB V. Pflichtmitglieder der GKV: Betrag **über 176,75 EUR** beitragspflichtig. PV: Gesamtbetrag beitragspflichtig, wenn Versorgungsbezüge über 176,75 EUR liegen. – Freiwillige Mitglieder zur KV und PV: Volle Beitragspflicht, unabhängig davon, ob die Mindestgrenze überschritten wird.[9] – Alleinige Beitragstragung. – Für KV-Beiträge wird allgemeiner Beitragssatz + kassenindividueller Zusatzbeitragssatz zugrunde gelegt. **Hinweis:** Mindesteinnahmegrenze gilt für alle Versorgungsbezüge und Arbeitseinkommen insgesamt.

Direktzusage/Pensionszusage	
Ansparphase	**Leistungsphase (lebenslange Rentenzahlungen, Berufsunfähigkeits-/Erwerbsminderungs- und Hinterbliebenenrenten, Kapitalzahlungen)**
Steuerliche Beurteilung: Versorgungszusage führt nicht zu einem Lohnzufluss (auch nicht bei Rückdeckung).	**Steuerliche Beurteilung:** Einkünfte aus nichtselbstständiger Tätigkeit nach § 19 EStG: Lohnsteuerabzug durch den Arbeitgeber nach den ELStAM unter Berücksichtigung der Freibeträge für Versorgungsbezüge (§ 19 Abs. 2 EStG).

Direktzusage/Pensionszusage	
Ansparphase	**Leistungsphase (lebenslange Rentenzahlungen, Berufsunfähigkeits-/Erwerbsminderungs- und Hinterbliebenenrenten, Kapitalzahlungen)**
Sozialversicherung: – Arbeitgeberfinanzierung unbegrenzt beitragsfrei. – Bei Entgeltumwandlung beitragsfrei bis max. 4 % der BBG RV West (**2024: 3.624 EUR jährlich/302 EUR mtl.**).	**Sozialversicherung:** – Versorgungsbezüge nach § 229 Abs. 1 Nr. 5 SGB V. Pflichtmitglieder der GKV: Betrag **über 176,75 EUR** beitragspflichtig. PV: Gesamtbetrag beitragspflichtig, wenn Versorgungsbezüge über 176,75 EUR liegen. – Freiwillige Mitglieder zur KV und PV: Volle Beitragspflicht, unabhängig davon, ob die Mindestgrenze überschritten wird.[9] – Alleinige Beitragstragung. – Für KV-Beiträge wird allgemeiner Beitragssatz + kassenindividueller Zusatzbeitragssatz zugrunde gelegt. **Hinweis:** Mindesteinnahmegrenze gilt für alle Versorgungsbezüge und Arbeitseinkommen insgesamt.

Befristete Arbeitsverhältnisse: Was müssen Arbeitgeber beachten?

Prof. Dr. Peter Pulte

Für Arbeitsverträge, die auf bestimmte Zeit geschlossen werden, gilt das Teilzeit- und Befristungsgesetz (TzBfG). Der Gesetzgeber sieht vor, dass befristete Arbeitsverhältnisse grundsätzlich nur dann wirksam zustande kommen, wenn ein sachlicher Grund die Befristung rechtfertigt. Unter sehr engen Voraussetzungen können befristete Arbeitsverhältnisse ausnahmsweise aber auch ohne Sachgrund wirksam vereinbart werden. Darüber hinaus unterscheidet man Zeitbefristungen, die zu einem vertraglich vorgesehen Zeitpunkt enden, und Zweckbefristungen, die dann enden, wenn ein bestimmter Zweck erreicht wird.

Durch das Gesetz zur Umsetzung der Richtlinie (EU) 2019/1152 über transparente und vorhersehbare Arbeitsbedingungen wurde zum 1.8.2022 auch das TzBfG geändert: Ein wesentlicher Punkt ist, dass künftig nur noch eine „verhältnismäßige“ Probezeiten bei einer Befristung vereinbart werden darf (§ 15 Abs. 3 TzBfG). Hat der Arbeitnehmer nach einer Wartezeit von 6 Monaten zukünftig seinen Wunsch nach Veränderung der

Arbeitszeit oder nach einem auf unbestimmte Zeit geschlossenen Arbeitsvertrag angezeigt, hat der Arbeitgeber binnen eines Monats in Textform mit einer Begründung zu antworten (§ 7 Abs. 3 Satz 1, § 18 Abs. 2 Satz 1 TzBfG).

Vom Abschluss eines befristeten Arbeitsverhältnisses bis zu seinem Ende sollten die folgenden Punkte beachtet werden:

Bei Abschluss des befristeten Arbeitsverhältnisses	**ok?**
Liegt der befristete Arbeitsvertrag **zum Zeitpunkt der vereinbarten Arbeitsaufnahme in schriftlicher Form** vor (§ 14 Abs. 4 TzBfG)?[1]	
Ist sowohl das Datum, an dem das Arbeitsverhältnis aufgenommen wird, als auch das Datum, zu dem es endet, bzw. die vorhersehbare Dauer des Arbeitsverhältnisses niedergeschrieben?	
Sind im Vertrag die sonstigen Anforderungen des Nachweisgesetzes enthalten?	
Ist **im Fall einer Zweckbefristung** der **Vertragszweck** im Arbeitsvertrag **schriftlich fixiert**?	
Liegt einer der folgenden beispielhaften **sachlichen Gründe** für eine Befristung vor (§ 14 Abs. 1 TzBfG)? – Der betriebliche Bedarf an der Arbeitsleistung besteht nur vorübergehend, – die Befristung erfolgt einmalig im Anschluss an eine Ausbildung oder ein Studium, um den Übergang des Arbeitnehmers in eine Anschlussbeschäftigung zu erleichtern, – der Arbeitnehmer wird zur Vertretung eines anderen Arbeitnehmers beschäftigt, – die Eigenart der Arbeitsleistung rechtfertigt die Befristung, – die Befristung erfolgt zur Erprobung, – in der Person des Arbeitnehmers liegende Gründe, die die Befristung rechtfertigen, – der Arbeitnehmer wird aus Haushaltsmitteln vergütet, die haushaltsrechtlich für eine befristete Beschäftigung bestimmt sind, und er wird entsprechend beschäftigt oder – die Befristung beruht auf einem gerichtlichen Vergleich. Liegt ein anderer sachlicher Grund vor, der den zuvor genannten in § 14 Abs. 1 TzBfG zum Ausdruck kommenden Wertungsmaßstäben entspricht?	

[1] Der Rechtfertigungsgrund für die Befristung muss nicht im Arbeitsvertrag angegeben werden.

Bei Abschluss des befristeten Arbeitsverhältnisses	ok?
Liegen die folgenden Voraussetzungen für eine **kalendermäßige Befristung** des Arbeitsverhältnisses **ohne Sachgrund** vor (§ 14 Abs. 2 TzBfG)? – Es handelt sich um eine Neueinstellung, d. h. mit demselben Arbeitgeber bestand zu keinem vorherigen Zeitpunkt ein befristetes oder unbefristetes Arbeitsverhältnis oder die Vorbeschäftigung unterliegt einer Ausnahme vom Vorbeschäftigungsverbot.[2] – Die Gesamtdauer der Befristung beträgt (inklusive Verlängerungen) höchstens 2 Jahre. – Der einmal befristete Arbeitsvertrag wurde während dieser Zeit höchstens 3 mal verlängert.	
Liegen die folgenden Voraussetzungen für eine **Befristung** des Arbeitsverhältnisses **ohne Sachgrund** mit einem **älteren Arbeitnehmer** vor (§ 14 Abs. 3 TzBfG)? – Der Arbeitnehmer hat bei Beginn des Arbeitsverhältnisses das 52. Lebensjahr vollendet. – Der Arbeitnehmer war unmittelbar vor Beginn des befristeten Arbeitsverhältnisses mindestens 4 Monate beschäftigungslos oder er hat Transferkurzarbeitergeld bezogen oder er hat an einer öffentlich geförderten Beschäftigungsmaßnahme teilgenommen. – Die Gesamtdauer der Befristung beträgt (inklusive Verlängerungen) höchstens 5 Jahre.	

[2] Das Vorbeschäftigungsverbot wird **verfassungskonform einschränkend ausgelegt** werden, wenn:
- die Vorbeschäftigung **sehr lange zurückliegt,**
- die Tätigkeit **ganz anders geartet** ist oder
- die Vorbeschäftigung von **sehr kurzer Dauer** ist.

Das BAG hat in mehreren Entscheidungen zum Vorbeschäftigungsverbot Stellung genommen. Konkret reichen 8 Jahre und erst recht 5,5 Jahre (BAG, Urteil vom 23.1.2019, 7 AZR 13/17) zwischen den Arbeitsverhältnissen nicht aus. Auch 15 Jahre waren noch nicht sehr lang (BAG, Urteil vom 17.4.2019, 7 AZR 323/17). Sehr lang zurückliegend ist dagegen eine Vorbeschäftigung, die bereits 22 Jahre zurückliegt (BAG, Urteil vom 21.8.2019, 7 AZR 452/17).

Bei Abschluss des befristeten Arbeitsverhältnisses	ok?
Liegen die Voraussetzungen für eine **kalendermäßige Befristung** des Arbeitsverhältnisses **ohne Sachgrund** nach einer **Existenzgründung** vor (§ 14 Abs. 2a TzBfG)? – Es handelt sich um die Neugründung eines Unternehmens, nicht um die bloße Gründung eines weiteren Betriebs innerhalb eines bestehenden Unternehmens oder die bloße Verlegung eines Betriebs. – Der Zeitpunkt der vereinbarten Arbeitsaufnahme liegt in den ersten 4 Jahren nach Aufnahme der Erwerbstätigkeit. – Es handelt sich um eine Neueinstellung, d. h. mit demselben Arbeitgeber bestand zu keinem vorherigen Zeitpunkt ein befristetes oder unbefristetes Arbeitsverhältnis oder die Vorbeschäftigung unterliegt einer Ausnahme vom Vorbeschäftigungsverbot.[3] – Die Gesamtdauer der Befristung beträgt (inklusive Verlängerungen) höchsten 4 Jahre.	
Soll die Laufzeit des befristeten Arbeitsvertrags verlängert werden:[4] – Falls die Anzahl der zulässigen Vertragsverlängerungen begrenzt ist, wurde diese nicht überschritten. – Die Verlängerung der Befristung schließt sich unmittelbar an die vorangegangene Befristung an. – Die Verlängerung der Befristung wurde vor Ablauf des zu verlängernden Vertrags vereinbart.[5] – Im Rahmen der Verlängerung wurde ausschließlich der Beendigungszeitpunkt verändert, nicht jedoch die übrigen Vertragsbedingungen. – Die Verlängerung wurde schriftlich vereinbart. – Der Betriebsrat wurde nach § 99 BetrVG beteiligt.	
Wurden die im Unternehmen **anwendbaren Tarifverträge** dahingehend geprüft, ob sie besondere Regelungen für befristete Arbeitsverhältnisse enthalten wie z. B. eine andere Höchstdauer für Befristungen oder eine abweichende Anzahl der zulässigen Vertragsverlängerungen?	

[3] Das Vorbeschäftigungsverbot wird **verfassungskonform einschränkend ausgelegt** werden, wenn:
- die Vorbeschäftigung **sehr lange zurückliegt,**
- die Tätigkeit **ganz anders geartet** ist oder
- die Vorbeschäftigung von **sehr kurzer Dauer** ist.

Das BAG hat in mehreren Entscheidungen zum Vorbeschäftigungsverbot Stellung genommen. Konkret reichen 8 Jahre und erst recht 5,5 Jahre (BAG, Urteil vom 23.1.2019, 7 AZR 13/17) zwischen den Arbeitsverhältnissen nicht aus. Auch 15 Jahre waren noch nicht sehr lang (BAG, Urteil vom 17.4.2019, 7 AZR 323/17). Sehr lang zurückliegend ist dagegen eine Vorbeschäftigung, die bereits 22 Jahre zurückliegt (BAG, Urteil vom 21.8.2019, 7 AZR 452/17).

[4] Ein befristeter Vertrag mit Sachgrund kann ohne Berücksichtigung zeitlicher Vorgaben verlängert werden.

[5] Eine Verlängerung muss innerhalb der laufenden Befristung schriftlich vereinbart werden. Eine erneut befristete Anstellung nach Ablauf der ersten Befristung ist wegen eines vorher bestehenden Arbeitsverhältnisses unwirksam (LAG Hamm, Urteil v. 19.4.2012, 8 Sa 63/12).

Bei Abschluss des befristeten Arbeitsverhältnisses	**ok?**
Wurde der **Betriebsrat** nach § 99 BetrVG **beteiligt**?	
Ist die **Möglichkeit einer ordentlichen Kündigung** vereinbart worden (§ 15 Abs. 3 TzBfG)?	
Soweit im befristeten Arbeitsverhältnis eine **Probezeit** vereinbart wird, ist diese verhältnismäßig?	

Während des befristeten Arbeitsverhältnisses	**ok?**
Werden die befristet Beschäftigten regelmäßig **über unbefristete Arbeitsplätze informiert**, die besetzt werden sollen?	
Wurde dem Arbeitnehmer, dessen Arbeitsverhältnis länger als 6 Monate bestanden und der in Textform den Wunsch nach einem auf unbestimmte Zeit geschlossenen Arbeitsvertrag angezeigt hat, innerhalb eines Monats nach Zugang der Anzeige eine begründete Antwort in Textform mitgeteilt?	
Wird dafür Sorge getragen, dass auch befristet Beschäftigte an angemessenen Aus- und Weiterbildungsmaßnahmen zur Förderung der beruflichen Entwicklung und Mobilität teilnehmen können?	
Wird die Arbeitnehmervertretung regelmäßig über die Anzahl der befristet Beschäftigten und ihren Anteil an der Gesamtbelegschaft des Betriebs und des Unternehmens informiert?	
Soll das befristete Arbeitsverhältnis gekündigt werden: – Liegen die Voraussetzungen für eine **außerordentliche Kündigung** vor? – Liegen die Voraussetzungen für eine nur ausnahmsweise zulässige **ordentliche Kündigung** vor? – Die Möglichkeit einer ordentlichen Kündigung wurde einzelvertraglich oder im anwendbaren Tarifvertrag vereinbart? – Der Betriebsrat wurde nach § 102 BetrVG beteiligt?	

Kurz vor und nach vereinbartem Befristungsende	**ok?**
Ist im Fall einer Zweckbefristung der Arbeitnehmer 2 Wochen vor Zweckerreichung **schriftlich über die Zweckerreichung unterrichtet** worden (§ 15 Abs. 2 TzBfG)?	
Ist im Fall einer Zeitbefristung **bei Tätigkeit des Arbeitnehmers über das vereinbarte Befristungsende hinaus** unverzüglich **widersprochen** worden (§ 15 Abs. 5 TzBfG)?	
Ist im Falle einer Zweckbefristung **bei Tätigkeit des Arbeitnehmers nach Zweckerreichung die Zweckerreichung** unverzüglich **mitgeteilt** worden?	
Wurde der Arbeitnehmer frühzeitig darüber **informiert**, dass er sich spätestens 3 Monate vor Beendigung des Arbeitsverhältnisses persönlich bei der **Agentur für Arbeit** als arbeitsuchend melden muss?	

Kurz vor und nach vereinbartem Befristungsende	ok?
Wurde dem Arbeitnehmer, dessen Arbeitsverhältnis länger als 6 Monate bestanden und der in Textform den Wunsch nach einem auf unbestimmte Zeit geschlossenen Arbeitsvertrag angezeigt hat, innerhalb eines Monats nach Zugang der Anzeige eine begründete Antwort in Textform mitgeteilt?	

Beitragsbemessungsgrenzen: Teilmonate

Die Beitragsbemessungsgrenze (BBG) ist nur anteilig anzusetzen, wenn nicht im ganzen Monat Beitragspflicht besteht. Die Tabelle enthält die für 2024 in Teilmonaten geltenden Beitragsbemessungsgrenzen. Geordnet nach SV-Tagen sind die in der Kranken- und Pflegeversicherung bundeseinheitlich gültige Teilmonats-BBG sowie die in Ost und West abweichenden Teilmonats-BBGen in der Renten- und Arbeitslosenversicherung aufgelistet.

SV-Tage	Kranken- und Pflegeversicherung bundeseinheitlich[1]	Renten- und Arbeitslosenversicherung[1]	
		West	Ost
1	172,50	261,67	248,33
2	345,00	503,33	496,67
3	517,50	755,00	745,00
4	690,00	1.006,67	933,33
5	862,50	1.258,33	1.241,67
6	1.035,00	1.510,00	1.490,00
7	1.207,50	1.761,67	1.738,33
8	1.380,00	2.013,33	1.986,67
9	1.552,50	2.265,00	2.235,00
10	1.725,00	2.516,67	2.483,33
11	1.897,50	2.768,33	2.731,67
12	2.070,00	3.020,00	2.980,00
13	2.242,50	3.271,67	3.228,33
14	2.415,00	3.523,33	3.476,67
15	2.587,50	3.775,00	3.725,00
16	2.760,00	4.026,67	3.973,33
17	2.932,50	4.278,33	4.221,67
18	3.105,00	4.530,00	4.470,00
19	3.277,50	4.781,67	4.718,33

[1] Alle Werte in EUR.

SV-Tage	Kranken- und Pflegeversicherung bundeseinheitlich[1]	Renten- und Arbeitslosenversicherung[1]	
		West	Ost
20	3.450,00	5.033,33	4.966,67
21	3.622,50	5.285,00	5.215,00
22	3.795,00	5.536,67	5.463,33
23	3.967,50	5.788,33	5.711,67
24	4.140,00	6.040,00	5.960,00
25	4.312,50	6.291,67	6.208,33
26	4.485,00	6.543,33	6.456,67
27	4.657,50	6.795,00	6.705,00
28	4.830,00	7.046,67	6.593,33
29	5.002,50	7.298,33	7.201,67
30	5.175,00	7.550,00	7.450,00

Beitragstragung zur Sozialversicherung (KV, PV, RV, ALV)

Stefan Seitz

Die Tabelle enthält die zulässigen Konstellationen der Beitragstragung bzw. Aufteilung der Beitragslast zwischen Arbeitgeber und Arbeitnehmer zur gesetzlichen Kranken-, Pflege-, Renten- und Arbeitslosenversicherung. Der Beitragszuschlag für Kinderlose zur Pflegeversicherung muss grds. vom Mitglied alleine getragen werden. Die Abschläge auf den Pflegeversicherungsbeitrag vom 2. bis 5. Kind bis zur Vollendung des 25. Lebensjahres werden nur vom Arbeitnehmeranteil abgezogen.

Krankenversicherung: Beitragstragung			
Versicherungszweig/ Beitragssatz	Gilt für Arbeitnehmer	Tragung	
		Arbeitnehmer	Arbeitgeber
Allgemeiner Beitragssatz (14,6 %)	mit mindestens 6 Wochen Entgeltfortzahlungsanspruch	7,3 %	7,3 %
	die zur Berufsausbildung beschäftigt sind und deren Arbeitsentgelt nicht mehr als 325 EUR im Monat beträgt (Geringverdiener)[1]	–	14,6 %

[1] Die Regelung gilt auch für einen Freiwilligendienst leistende Versicherte.

Krankenversicherung: Beitragstragung			
Versicherungszweig/ Beitragssatz	**Gilt für Arbeitnehmer**	**Tragung**	
		Arbeitnehmer	**Arbeitgeber**
Ermäßigter Beitragssatz (14,0 %)	ohne Krankengeldanspruch und Arbeitnehmer in Altersteilzeit während der Freistellungsphase[2]	7,0 %	7,0 %
Kassenindividueller Zusatzbeitragssatz	–	50 %	50 %
Durchschnittlicher Zusatzbeitragssatz (1,7 %[3])		0,85 %	0,85 %
Pauschale Beiträge (13,0 %)	in einer versicherungsfreien geringfügig entlohnten Beschäftigung (nur GKV-Versicherte)	–	13,0 %
Pauschale Beiträge (5,0 %)	in einer versicherungsfreien geringfügig entlohnten Beschäftigung im Privathaushalt (nur GKV-Versicherte)	–	5,0 %

Pflegeversicherung: Beitragstragung			
Versicherungszweig/ Beitragssatz	**Gilt für Arbeitnehmer, die**	**Tragung**	
		Arbeitnehmer	**Arbeitgeber**
Bundesweit (außer Sachsen):			
Voller Beitragssatz (3,4 %)	gesetzlich krankenversichert sind und nicht befreit wurden	1,7 %	1,7 %
	zur Berufsausbildung beschäftigt sind, der gesetzlichen Pflegeversicherung angehören und deren Arbeitsentgelt nicht mehr als 325 EUR im Monat beträgt[1]	–	3,4 %

[2] BSG, Urteil v. 25.8.2004, B 12 KR 22/02 R.

[3] BAnz AT 31.10.2022 B3.

Pflegeversicherung: Beitragstragung			
Versicherungszweig/ Beitragssatz	**Gilt für Arbeitnehmer, die**	**Tragung**	
		Arbeitnehmer	**Arbeitgeber**
Halber Beitragssatz (1,7 %)	Anspruch auf Beihilfe nach dem Beamtenrecht haben und deshalb nur Beiträge aufgrund des halben Beitragssatzes zahlen müssen	0,85 %	0,85 %
Sachsen:			
Voller Beitragssatz (3,4 %)	in Sachsen beschäftigt sind	2,2 %	1,2 %
	als Auszubildende tätig sind und der gesetzl. Pflegeversicherung angehören, wobei das Arbeitsentgelt nicht mehr als 325 EUR im Monat beträgt[1]	–	3,4 %
Halber Beitragssatz (1,7 %)	Anspruch auf Beihilfe nach dem Beamtenrecht haben und deshalb nur Beiträge aufgrund des halben Beitragssatzes zahlen müssen	1,1 %	0,6 %
Beitragszuschlag für Kinderlose (bundesweit)			
Beitragszuschlag für Kinderlose (0,6 %)	nach dem 31.12.1939 geboren wurden und kinderlos sind (zahlbar ab Ablauf des Monats in dem das 23. Lebensjahr vollendet wird)	0,6 %	–
	zur Berufsausbildung beschäftigt sind, der gesetzlichen Pflegeversicherung angehören, das 23. Lebensjahr vollendet und keine Kinder haben, und deren Arbeitsentgelt nicht mehr als 325 EUR im Monat beträgt[1]	–	0,6 %
Beitragsabschlag vom 2. bis 5. Kind bis zur Vollendung des 25. Lebensjahres (bundesweit)			
2 Kinder	0,25 %	1,45 %	1,7 %
3 Kinder	0,5 %	1,2 %	1,7 %
4 Kinder	0,75 %	0,95 %	1,7 %
5 und mehr Kinder	1 %	0,7 %	1,7 %

Rentenversicherung: Beitragstragung			
Versicherungszweig/ Beitragssatz	**Gilt für Arbeitnehmer, die**	**Tragung**	
		Arbeitnehmer	**Arbeitgeber**
Allgemeine Rentenversicherung (18,6 %)	rentenversicherungspflichtig sind	9,3 %	9,3 %
	zur Berufsausbildung beschäftigt sind und deren Arbeitsentgelt nicht mehr als 325 EUR im Monat beträgt[1]	–	18,6 %
	eine geringfügig entlohnte rentenversicherungspflichtige Beschäftigung ausüben[4]	3,6 %	15,0 %
	eine geringfügig entlohnte rentenversicherungspflichtige Beschäftigung im Privathaushalt ausüben[5]	13,6 %	5,0 %
Knappschaftliche Rentenversicherung (24,7 %)	rentenversicherungspflichtig in einem knappschaftlichen Betrieb beschäftigt sind	9,3 %	15,4 %
Pauschale Beiträge (15,0 %)	eine geringfügig entlohnte versicherungsfreie Beschäftigung ausüben	–	15,0 %
Pauschale Beiträge (5,0 %)	eine geringfügig entlohnte versicherungsfreie Beschäftigung im Privathaushalt ausüben	–	5,0 %

Arbeitslosenversicherung: Beitragstragung			
Versicherungszweig/ Beitragssatz	**Gilt für Arbeitnehmer, die**	**Tragung**	
		Arbeitnehmer	**Arbeitgeber**
Allgemeine Arbeitslosenversicherung (2,6 %)	arbeitslosenversicherungspflichtig sind	1,3 %	1,3 %
	zur Berufsausbildung beschäftigt sind und deren Arbeitsentgelt nicht mehr als 325 EUR im Monat beträgt[1]	–	2,6 %

4 Regelung gilt auch für auf Antrag rentenversicherungspflichtige geringfügig entlohnte Beschäftigte.

5 Regelung gilt auch für auf Antrag rentenversicherungspflichtige geringfügig entlohnte Beschäftigte im Privathaushalt.

Betriebsrat: Größe und Freistellung

Aus dieser tabellarischen Übersicht kann die Größe des Betriebsrats und die Anzahl der freizustellenden Betriebsratsmitglieder entnommen werden. Die Anzahl der zu wählenden Betriebsratsmitglieder richtet sich nach der Anzahl der „in der Regel" beschäftigten wahlberechtigten Arbeitnehmer zum Zeitpunkt des Erlasses des Wahlausschreibens (§ 9 BetrVG). Die Zahl der freizustellenden Mitglieder des Betriebsratsgremiums basiert auf der Anzahl der im Betrieb „in der Regel" beschäftigten Arbeitnehmer zum Zeitpunkt der Freistellungswahl (§ 38 BetrVG). Maßgeblich ist damit der „regelmäßige Personalbestand" des Betriebs. Leiharbeitnehmer sind mitzurechnen, wenn sie diese Voraussetzung erfüllen.

Anzahl der zu wählenden Betriebsratsmitglieder, § 9 BetrVG	
Betriebsgröße	**Betriebsratsmitglied/er**
5 bis 20 wahlberechtigte Arbeitnehmer (AN)	1
21 bis 50 wahlberechtigte AN	3
51 wahlberechtigte AN bis 100 AN	5
101 bis 200 AN	7
201 bis 400 AN	9
401 bis 700 AN	11
701 bis 1 000 AN	13
1 001 bis 1.500 AN	15
1.501 bis 2.000 AN	17
2.001 bis 2.500 AN	19
2.501 bis 3.000 AN	21
3.001 bis 3.500 AN	23
3.501 bis 4.000 AN	25
4.001 bis 4.500 AN	27
4.501 bis 5.000 AN	29
5.001 bis 6.000 AN	31
6.001 bis 7.000 AN	33
7.001 bis 9.000 AN	35

In Betrieben mit mehr als 9.000 Arbeitnehmern erhöht sich die Zahl der Mitglieder des Betriebsrats für je angefangene weitere 3.000 Arbeitnehmer um je 2 Mitglieder.

Berufliche Freistellung von Betriebsratsmitgliedern, § 38 BetrVG	
Betriebsgröße	**Anzahl der freizustellenden Betriebsratsmitglieder**
200 bis 500 AN	1
501 bis 900 AN	2
901 bis 1.500 AN	3
1.501 bis 2.000 AN	4
2.001 bis 3.000 AN	5
3.001 bis 4.000 AN	6
4.001 bis 5.000 AN	7
5.001 bis 6.000 AN	8
6.001 bis 7.000 AN	9
7.001 bis 8.000 AN	10
8.001 bis 9.000 AN	11
9.001 bis 10.000 AN	12

In Betrieben mit mehr als 10.000 Arbeitnehmern ist für je angefangene weitere 2.000 Arbeitnehmer ein weiteres Betriebsratsmitglied von der beruflichen Tätigkeit freizustellen. Freistellungen können auch in Form von Teilfreistellungen erfolgen, § 38 Abs. 1 Satz 3 BetrVG.

Betriebsrat: Wahlberechtigung und Wählbarkeit

Gabriele Heise

Die **Wahlberechtigung** ist in § 7 BetrVG geregelt. Danach waren bisher alle Arbeitnehmer eines Betriebs wahlberechtigt, die das 18. Lebensjahr vollendet haben. Mit Inkrafttreten des Betriebsrätemodernisierungsgesetzes[1] wurde § 7 BetrVG geändert und diese Altersgrenze herabgesetzt. Wahlberechtigt sind nun **alle Arbeitnehmer eines Betriebs,** die das **16. Lebensjahr** vollendet haben.

Regelungen zur **Wählbarkeit** enthält § 8 BetrVG. Danach sind im Grundsatz **alle wahlberechtigten Arbeitnehmer wählbar**, die **dem Betrieb 6 Monate angehören** und das **18. Lebensjahr** vollendet haben. Anders als bei der Wahlberechtigung nach § 7 wurde die Altersgrenze für die Wählbarkeit durch das Betriebsrätemodernisierungsgesetz nicht abgesenkt, es bleibt bei der bisherigen Altersgrenze von 18 vollendeten Lebensjahren (weitere Sonderregelungen s. in § 8 Abs. 1 und 2 BetrVG).

[1] Betriebsrätemodernisierungsgesetz v. 14.6.2021, BGBl. I S. 1762.

Beschäftigter	Wahlberechtigung	Wählbarkeit
Altersteilzeit im Blockmodell während der Freistellungsphase	**nein**[2]	**nein**
Aufhebungsvertrag nach Anfechtung	**nein**	umstritten[3]
Aushilfskraft	**ja** wenn sie am Wahltag in einem Arbeitsverhältnis steht[4]	**nein** es sei denn, die Aushilfskraft wird für mehr als 6 Monate eingestellt
Arbeitnehmer des öffentlichen Dienstes in Betrieben privatrechtlich organisierter Unternehmen tätig[5]	**ja**	**ja**
Arbeitnehmer kurz vor der Verrentung (aber am letzten Wahltag noch im Arbeitsverhältnis)	**ja**	**ja**
Arbeitnehmer während der Arbeitsunfähigkeit	**ja**[6]	**ja**
Außendienstmitarbeiter	**ja**	**ja**
außerordentlich gekündigter Arbeitnehmer	**nein** ab Zugang der Kündigungserklärung, es liegen die Voraussetzungen des allgemeinen Anspruchs auf Weiterbeschäftigung vor[7]	**ja** sofern Kündigungsschutzklage erhoben ist und noch keine rechtskräftige Entscheidung vorliegt

---

2 Vgl. BAG, Beschluss v. 23.7.2014, 7 ABR 23/12.

3 Da auch gekündigte Arbeitnehmer nach Ablauf der Kündigungsfrist noch wählbar sind (BAG, Beschluss v. 10.11.2004, 7 ABR 12/04), wird empfohlen, die Wählbarkeit in diesem Falle anzuerkennen.

4 Vgl. BAG, Beschluss v. 29.1.1992, 7 ABR 27/91. Unerheblich ist, ob die Aushilfskraft einmalig, hin und wieder oder immer herangezogen wird.

5 BAG, Beschluss v. 15.8.2012, 7 ABR 24/11; Ergänzung des § 5 Abs. 1 BetrVG durch Art. 9 des Gesetzes zur Errichtung eines Bundesaufsichtsamts für Flugsicherung und zur Änderung und Anpassung weiterer Vorschriften vom 29. Juli 2009, in Kraft seit 4. August 2009, BGBl. I 2009, 2424 (2429), auch für Beamte, Soldaten und in solchen Betrieben zur Berufsausbildung Beschäftigte.

6 Das gilt auch für sog. ausgesteuerte Arbeitnehmer nach Ablauf des Krankengeldbezugs nach § 48 SGB V; vgl. LAG Düsseldorf v. 23.3.2010, 8 TaBVGa. 4/10.

7 Vgl. BAG, Beschluss v. 25.10.2017, 7 ABR 10/16.

Beschäftigter	Wahlberechtigung	Wählbarkeit
Ausländer/ Staatenlose	**ja**	**ja**
Auslandsentsendung wenn dem inländischen Betrieb noch zuzuordnen[8]	**ja**	**ja**
Auszubildender	**ja** wenn nicht in reinen Ausbildungsbetrieben zur Berufsausbildung tätig	**ja** wenn nicht in reinen Ausbildungsbetrieben zur Berufsausbildung tätig
Auszubildende des öffentlichen Dienstes, die zu ihrer Berufsausbildung in Betrieben privatrechtlich organisierter Unternehmen tätig sind	**ja**	**ja**
Beamte, die in Betrieben privatrechtlich organisierter Unternehmen tätig sind	**ja**	**ja**
Beamte oder Arbeitnehmer in ARGE-SGB II, soweit die ARGE-SGB II privatrechtlich organisiert ist	**ja** soweit länger als 3 Monate eingesetzt	**ja**[9]
befristet beschäftigte Arbeitnehmer	**ja**	**ja**
Beschäftigungsverbote z. B. während der Schwangerschaft	**ja**	**ja**
Dienstverpflichtete für den Katastrophenschutz	**ja**	**ja**
Ein-Euro-Jobber	**nein**	**nein**
Elternzeit	**ja**	**ja**
Erwerbsminderungsrente § 43 SGB VI	**ja**	**ja**

[8] Ein ins Ausland entsandter Arbeitnehmer ist noch dem inländischen Betrieb zuzuordnen, wenn er dem inländischen Betrieb gegenüber noch weisungsgebunden ist. Dies ist dann der Fall, wenn er nicht in eine im Ausland bestehende betriebliche Organisation eingegliedert wird, z. B. bei Montagearbeiten. Die Umstände des Einzelfalls sind entscheidend: Dauer des Auslandseinsatzes, das Bestehen und die Voraussetzungen eines Rückrufrechts zu einem Inlandseinsatz sowie sonstige Weisungsbefugnisse.

[9] Vgl. BAG, Beschl. v. 16.1.2008, 7 ABR 66/06; LAG Schleswig-Holstein, Beschl. v. 5.4.2001, 2 TaBV 35/10.

Beschäftigter	Wahlberechtigung	Wählbarkeit
fehlerhaftes Arbeitsverhältnis	**ja**	**ja**
Freie Mitarbeiter	**nein** es sei denn, dass scheinselbstständig	**nein** es sei denn, dass scheinselbstständig
Geringfügig Beschäftigte	**ja**	**ja**
Heimarbeit	**ja**	**ja**
Homeoffice	**ja**	**ja**
In Beschäftigungs- und Qualifizierungsgesellschaften tätige Personen	**nein** es sei denn, dass als Stammpersonal dort tätig	**nein**
Kurzarbeit Null	**ja**	**ja**
Leiharbeitnehmer[10,11] (Arbeitnehmerüberlassung nach AÜG)	**ja** wenn der Leiharbeitnehmer nach der Prognose des Wahlvorstandes länger als 3 Monate im Betrieb eingesetzt werden wird.[12] **ACHTUNG**: Es kommt nicht darauf an, dass der Leiharbeitnehmer am Wahltag bereits 3 Monate im Betrieb beschäftigt ist	**nein**[13]
Konzernleihe (mobiler Einsatz von Arbeitnehmern im Konzern)	**ja** wenn der Konzernarbeitnehmer im Betrieb des anderen Konzernunternehmens voraussichtlich länger als 3 Monate eingesetzt wird, ist er dort wahlberechtigt	**nein**

---

[10] Leiharbeitnehmer zählen nach § 14 Abs. 2 Satz 3 AÜG in der Fassung vom 21.2.2017 bei der Berechnung der Betriebsgröße mit.

[11] Bei einem fehlerhaften Arbeitsverhältnis ist der Arbeitsvertrag anfechtbar oder nichtig, aber in Vollzug gesetzt.

[12] Die Wahlberechtigung ist aber nicht gegeben, wenn vorhersehbar ist, dass die Zeitarbeitsfirma den Leiharbeitnehmer während des Überlassungszeitraumes austauschen wird.

[13] S. § 14 Abs. 2 AÜG.

Beschäftigter	Wahlberechtigung	Wählbarkeit
Leitende Angestellte[14]	**nein**	**nein**
Mitglieder des Wahlvorstandes	**ja**	**ja**
Mobile Worker	**ja** in dem Betrieb, in dem er tatsächlich eingegliedert ist (= organisatorische Einbindung)	**ja** in dem Betrieb, in dem er tatsächlich eingegliedert ist (= organisatorische Einbindung)
Mutterschutz	**ja**	**ja**
neu eingestellte Arbeitnehmer	**ja** wenn am Wahltag bereits in den Betrieb eingegliedert, der bloße Abschluss des Arbeitsvertrages reicht nicht aus	**nein** es sei denn, sie gehören am Wahltag schon mindestens 6 Monate dem Betrieb an
ordentlich gekündigte Arbeitnehmer	bis zum Ablauf der Kündigungsfrist **ja**[15] danach nur, bei tatsächlicher Weiterbeschäftigung, ein bloßer Weiterbeschäftigungsanspruch reicht aber nicht aus, ebenso wenig wie eine Kündigungsschutzklage[16]	**ja** wenn Kündigungsschutzklage erhoben und eine rechtskräftige Entscheidung noch nicht ergangen ist
Personalgestellung	**ja** wenn Arbeitnehmer in den Betrieb eingegliedert ist	**ja** wenn Arbeitnehmer in den Betrieb eingegliedert ist
Pflegezeit, § 3 PflegezeitG	**ja**	**ja**
Praktikanten	**ja** **AUSNAHME:** Praktikanten erhalten nur einen „allgemeinen Einblick in das Arbeitsleben“, z. B. bei einem schulischen Betriebspraktikum	**ja** wenn am Wahltag mindestens 6 Monate im Betrieb tätig

---

14 Ebenso Beamte und Soldaten, soweit sie als leitende Angestellte anzusehen sind.

15 Gilt auch, wenn der Arbeitnehmer von seiner Arbeitsverpflichtung freigestellt ist.

16 Nach Ablauf der Kündigungsfrist steht dem gekündigten Arbeitnehmer ohne Weiterbeschäftigung auch dann das aktive Wahlrecht nicht mehr zu, wenn er Kündigungsschutzklage erhoben hat, vgl. BAG, Beschluss v. 10.11.2004, 7 ABR 12/04.

Beschäftigter	Wahlberechtigung	Wählbarkeit
Sabbatjahr **Pflichten aus dem Arbeitsverhältnis sind nur für eine bestimmte Zeit suspendiert**	ja	ja
Soldaten in Betrieben privatrechtlich organisierter Unternehmen	ja	ja
strafgerichtliche Verurteilung	ja	**nein** wenn der Arbeitnehmer infolge einer strafgerichtlichen Verurteilung nicht die Fähigkeit besitzt, Rechte aus öffentlichen Wahlen zu erlangen, § 8 Abs. 1 Satz 3 BetrVG
teilzeitbeschäftigte Arbeitnehmer[17]	ja	ja
Telearbeit/Homeoffice	ja	ja
Telearbeit	ja	ja
vorübergehende Erwerbsunfähigkeit	ja	ja
Wehrdienst bzw. **freiwilliger Wehrdienst**	ja	ja
Zivildienst[18]	ja	ja

[17] Einschließlich Arbeitnehmer mit Arbeit auf Abruf oder Jobsharing.

[18] S. § 9 ZivilschutzG, wonach das Arbeitsverhältnis in seinem Bestand durch den Einsatz nicht berührt wird.

Brückenteilzeit: Anspruch

Diese Checkliste gibt einen Überblick über die Anspruchsvoraussetzungen der Brückenteilzeit nach § 9a TzBfG. Arbeitnehmer in Brückenteilzeit können seit dem 1.1.2019 nach einer befristeten Teilzeitphase wieder zu ihrer vorherigen Arbeitszeit zurückkehren. Der Anspruch auf Brückenteilzeit ist – ebenso wie der Anspruch auf unbefristete Teilzeitarbeit – nicht an das Vorliegen bestimmter Gründe gebunden. Während der Brückenteilzeit besteht kein Anspruch auf Verlängerung oder Verkürzung der Arbeitszeit oder auf vorzeitige Rückkehr zur ursprünglich vertraglich vereinbarten Arbeitszeit (§ 9a Abs. 4 TzBfG). Lehnt der Arbeitgeber den Antrag des Arbeitnehmers auf Brückenteilzeit ab, muss dies spätestens einen Monat vor dem gewünschten Beginn der Brückenteilzeit in Textform erfolgen (§§ 9a Abs. 3, 8 Abs. 5 Satz 1 TzBfG; § 126 BGB). Eine eigenhändige Unterschrift ist nicht mehr erforderlich. Ein Telefax oder eine E-Mail sind etwa ausreichend. Vor Ablauf dieser Frist muss die Ablehnungserklärung dem Arbeitnehmer zugehen (§§ 9a Abs. 3, 8 Abs. 5 Satz 1 TzBfG). Eine Begründung der Ablehnung ist nicht erforderlich.

Achtung

Bei einem Frist- oder Formfehler im Ablehnungsschreiben gilt die Brückenteilzeit als nach den Wünschen des Arbeitnehmers festgelegt (§§ 9a Abs. 3, 8 Abs. 5 Satz 2 TzBfG).

	Check		OK	Bemerkung
1)	Dauer des Arbeitsverhältnisses	Das Arbeitsverhältnis besteht länger als **6 Monate** (§ 9a Abs. 1 Satz 1 TzBfG).		
2)	Größe des Arbeitgebers	Der Arbeitgeber beschäftigt in der Regel **mehr als 45 Arbeitnehmer** (§ 9a Abs. 1 Satz 3 TzBfG). Hierbei zählt jeder Kopf, unabhängig vom Beschäftigungsumfang. Auszubildende werden bei der Berechnung aber nicht berücksichtigt (§ 9a Abs. 7 TzBfG).		
3)	Dauer der Brückenteilzeit	Die Brückenteilzeit wird für **mindestens 1 Jahr und höchstens 5 Jahre** verringert (§ 9a Abs. 1 Satz 2 TzBfG). Die Arbeitsvertragsparteien können einvernehmlich einen anderen Zeitraum vereinbaren. Durch Tarifvertrag kann der Rahmen für den Zeitraum der Arbeitszeitverringerung abweichend, auch zuungunsten des Arbeitnehmers, festgelegt werden (§ 9a Abs. 6 TzBfG).		

	Check		OK	Bemerkung
4)	Betriebliche Gründe	Der gewünschten Verringerung stehen keine **betrieblichen Gründe** entgegen, die die Organisation, den Arbeitsablauf oder die Sicherheit im Betrieb wesentlich beeinträchtigen oder unverhältnismäßige Kosten verursachen (§§ 9a Abs. 2 Satz 1, 8 Abs. 4 TzBfG).		
5)	Zumutbarkeitsregelung	Arbeitgeber mit **46 bis 200 Arbeitnehmern** können einen Antrag auf Brückenteilzeit ablehnen, wenn pro angefangenen 15 Arbeitnehmern bereits mindestens ein Arbeitnehmer Brückenteilzeit vereinbart hat (vgl. zu den Schwellenwerten § 9a Abs. 2 Satz 2 TzBfG). Auszubildende werden bei der Berechnung nicht berücksichtigt (§ 9a Abs. 7 TzBfG). **Stichtag** für die Berechnung der Zumutbarkeitsgrenze ist der Beginn der beantragten Brückenteilzeit. Der Arbeitgeber hat die voraussichtliche Situation an diesem Tag zu berücksichtigen. Entscheidend ist bei der Berechnung der Größe des Arbeitgebers das **Unternehmen**, nicht der Betrieb. Die Arbeitnehmer aller Betriebe sind also zusammenzuzählen. Für die Berechnung der Zumutbarkeitsgrenze kommt es nur auf **Arbeitnehmer** an, **die sich in Brückenteilzeit befinden**. Arbeitnehmer, die sich aus anderen Gründen in Teilzeit befinden, bleiben hier unberücksichtigt.		

	Check		OK	Bemerkung
6)	Frist und Form des Antrags	Der Antrag ist mindestens **3 Monate** vor Beginn der gewünschten Brückenteilzeit in **Textform** gestellt worden (§§ 9a Abs. 3, 8 Abs. 2 Satz 1 TzBfG; § 126 BGB). Der Umfang der Verringerung und der begehrte Zeitraum **müssen**, die gewünschte Verteilung **soll** im Antrag angegeben werden.		
7)	Erneuter Antrag nach Brückenteilzeit	Frühestens **ein Jahr nach Rückkehr aus der Brückenteilzeit** kann der Arbeitnehmer eine erneute Verringerung der Arbeitszeit (Teilzeit oder Brückenteilzeit) verlangen (§ 9a Abs. 5 Satz 1 TzBfG).		
8)	Erneuter Antrag nach Ablehnung der Brückenteilzeit aus betrieblichen Gründen	Hat der Arbeitgeber einen Verringerungsantrag **wegen betrieblicher Gründe** abgelehnt, kann der Arbeitnehmer frühestens nach **2 Jahren** eine erneute Verringerung der Arbeitszeit (Teilzeit oder Brückenteilzeit) beantragen (§§ 9a Abs. 5 Satz 2, 8 Abs. 6 TzBfG).		
9)	Erneuter Antrag nach Ablehnung der Brückenteilzeit aufgrund der Zumutbarkeitsregelung	Nach der Ablehnung eines Antrags auf Brückenteilzeit wegen Erreichen der **Zumutbarkeitsgrenze** bei Arbeitgebern mit 46 bis 200 Arbeitnehmern kann der Arbeitnehmer frühestens nach Ablauf von **einem Jahr** erneut eine Verringerung der Arbeitszeit (Teilzeit oder Brückenteilzeit) verlangen (§ 9a Abs. 5 Satz 3 TzBfG).		

Diskriminierungsfreie Unternehmensstrukturen: To-Do's für Unternehmen

Dr. Meike Kuckuk

Um Diskriminierungsfreiheit in einem Unternehmen zu gewährleisten, müssen oft Änderungen an den Strukturen vorgenommen und konkrete Maßnahmen für die Arbeitsorganisation ergriffen werden. Diese Checkliste führt auf, wie Diskriminierungsfreiheit in den Strukturen eines Unternehmens verankert werden kann.

Diskriminierungsfreiheit bedeutet, dass sämtliche Entscheidungen im Unternehmen unabhängig von einem der in § 1 AGG genannten Merkmalen getroffen werden. Hiernach sind Benachteiligungen aus Gründen der „Rasse" oder wegen der ethnischen Herkunft, des Geschlechts, der Religion oder Weltanschauung, einer Behinderung, des Alters oder der sexuellen Identität zu verhindern oder zu beseitigen. Um Diskriminierungen im Unternehmen effektiv entgegenzuwirken, müssen Voraussetzungen in unterschiedlichen Kontexten geschaffen werden.

1. Compliance-Struktur

Die Schaffung diskriminierungsfreier Strukturen ist Teil eines Compliance-Konzepts. Dies soll die **Legalitätspflicht** (nach geltender Rechtsordnung handeln) sowie die **Legalitätskontrollpflicht** (Sicherstellung der Einhaltung von Gesetzen und Regeln) umsetzen.

Zur Umsetzung dieser Pflichten hat sich der sogenannte **„Dreiklang"** der Compliance herausgebildet: Verhindern – Reagieren – Aufdecken. Alle 3 Maßnahmen stehen in Wechselwirkung zueinander. Es stellen sich also die folgenden Fragen:

- [ ] **Verhindern**: Wurden geeignete Maßnahmen zur **Schadensprävention** ergriffen (z. B. Verabschieden von Betriebsvereinbarung, …)?
- [ ] **Aufdecken**: Wurden geeignete Maßnahmen zur **Risikokontrolle** ergriffen (z. B. Selbst-Reporting, …)?
- [ ] **Reagieren**: Wurde ein Maßnahmenkatalog erarbeitet, welcher **bei begangenen Verstößen** angewandt wird (z. B. Vorgehen, personelle Maßnahmen, …)?

2. Betriebskultur und Verhaltenskodex

Im **Unternehmensleitbild** sowie im **Verhaltenskodex** muss fest verankert sein, dass die Arbeitsorganisation ohne jegliche Form der Diskriminierung abläuft.

- [ ] Wurde sich klar und unumstößlich zur **Diskriminierungsfreiheit** bekannt?
- [ ] Wird das Leitbild aktiv „in den **Fokus** gerückt" und aktiv durch die **Führungsebenen** eingefordert und durchgesetzt?

3. Beschwerdestelle nach § 13 AGG

Nach § 13 AGG ist eine zuständige Beschwerdestelle zu bestimmen, an die sich Beschäftigte wenden können, wenn sie sich wegen eines in § 1 AGG genannten Grundes diskriminiert fühlen.

[ ] Wurde eine **Beschwerdestelle** bestimmt und an alle Beschäftigten kommuniziert? **Hinweis:** Der Arbeitgeber kann bei der Bestimmung der zuständigen Beschwerdestelle entweder eine konkrete Person nennen oder eine eigens für das Beschwerdeverfahren zuständige Stelle einrichten.

[ ] Wurde die Beschwerdestelle sowohl mit männlichen als auch mit weiblichen Personen besetzt?

[ ] Wurde der Ablauf des **Beschwerdeverfahrens** klar festgelegt und kommuniziert?

4. Interne Meldestelle nach dem HinSchG

Auch aus dem Hinweisgeberschutzgesetz resultieren einige Pflichten, die der Arbeitgeber im Hinblick auf die Diskriminierungsfreiheit erfüllen muss.

[ ] Wurde eine interne Meldestelle eingerichtet und an die Beschäftigten kommuniziert?

[ ] Werden auch sonst die notwendigen Maßnahmen ergriffen, um die Pflichten aus dem HinSchG zu erfüllen (z.B. die Einhaltung des Vertraulichkeitgebots, …)?

Hinweis:

Beschwerdestelle (AGG) vs. interne Meldestelle (HinSchG)

Benachteiligungen nach dem AGG sind **auch** vom HinSchG erfasst, wenn die jeweilige Benachteiligung

- eine **Straftat** oder
- einen **Verstoß gegen eine bußgeldbewehrte Vorschrift**, die dem Schutz von Leben, Leib oder Gesundheit oder dem Schutz der Rechte von Beschäftigten oder ihrer Vertretungsorgane dient,

darstellt. Denkbar ist dies z. B. in Fällen von sexualisierter Gewalt.

5. Situationen im Berufsalltag

Grundsätzlich sind für sämtliche Situationen im Arbeitsalltag Maßnahmen zu ergreifen, um die Diskriminierungsfreiheit im Unternehmen sicherzustellen.

[ ] Werden alle **Stellenausschreibungen** benachteiligungsfrei formuliert? Dies gilt auch für die Auswahlkriterien und die Einstellungsbedingungen.[1]

[ ] Wurden alle Mitarbeiter, welche **Bewerbungsgespräche** führen, über die Grenzen des Fragerechts informiert, um einen diskriminierungsfreien Ablauf zu gewährleisten?

[ ] **Arbeitsentgelt:** Wurden für die Lohndifferenzierung einheitliche, transparente und auf das Anforderungsprofil zugeschnittene Maßstäbe angesetzt, um ein diskriminierungsfreies Entgeltsystem zu schaffen?
Hinweis: Nach der Rechtsprechung des BAG[2] stellen individuelle Gehaltsverhandlungen keinen Rechtfertigungsgrund für die unterschiedliche Bezahlung von Männern und Frauen dar.

[ ] Wurden grundsätzlich **Arbeitsbedingungen** flexibilisiert, um Strukturen zu schaffen, die etwaigen Diskriminierungen entgegenwirken können? Beispiele hierfür sind Gleitzeitvereinbarungen oder Regelungen zum mobilen Arbeiten.

[ ] Wird sichergestellt, dass über **berufliche Aufstiege** unabhängig von den in § 1 AGG genannten Merkmalen entschieden wird?

[ ] Werden **alle Beschäftigte** hinsichtlich des Diskriminierungsverbots unterrichtet und geschult?

---

1 Etwas anderes kann gelten, wenn eines der in § 1 AGG genannten Merkmale zwingende Voraussetzung für die Stelle ist.

2 BAG, Urteil v. 16.2.2023, 8 AZR 450/21.

Elterngeld und Elternzeit

Dr. Carsten Teschner

Die Arbeitshilfe beinhaltet tabellarische Übersichten zu den rechtlichen Voraussetzungen von Elterngeld und Elternzeit. Dargestellt werden die Voraussetzungen, die Dauer der Elternzeit bzw. Höhe des Elterngeldes, die Auswirkungen auf das Arbeitsverhältnis, die einschlägigen Antragsfristen sowie Pflichten von Arbeitgeber und Arbeitnehmer.

Elterngeld	Freistellung von der Arbeitspflicht durch den Arbeitgeber

Voraussetzungen	**§ 15 BEEG**
	– Betreuung eines eigenen Kindes oder adoptierten Kindes oder Kindes des Ehegatten oder Lebenspartners im eigenen Haushalt
	– Betreuung eines Enkelkindes im eigenen Haushalt, wenn parallel kein Elternteil Elternzeit nimmt und:
	  – ein Elternteil des Kindes minderjährig ist, oder
	  – ein Elternteil des Kindes sich in Ausbildung befindet, die Ausbildung vor der Volljährigkeit begonnen wurde und die Arbeitskraft des Elternteils im Allgemeinen voll in Anspruch nimmt (sog. Großelternzeit)

Dauer	**§ 15 Abs. 2 BEEG** – Höchstens 3 Jahre – Grundsätzlich nur bis zur Vollendung des 3. Lebensjahres des Kindes – Bis zu 24 Monate können ohne Zustimmung des Arbeitgebers zwischen dem vollendeten 3. und dem vollendeten 8. Lebensjahr des Kindes beansprucht werden; Verteilung auf bis zu 3 Zeitabschnitte zustimmungsfrei möglich
Antragsfristen	**§ 16 BEEG** – Spätestens 7 Wochen vor Beginn der Elternzeit – 13 Wochen, wenn Elternzeit ab dem vollendeten 3. Lebensjahr in Anspruch genommen wird – Schriftlicher Antrag beim Arbeitgeber notwendig
Rechte und Pflichten des Arbeitgebers	**§ 15 Abs. 5–7 BEEG** Einer Teilzeittätigkeit (15 bis 32 Wochenstunden für ab dem 1.9.2021 geborene Kinder; 15 bis 30 Wochenstunden für bis zum 31.8.2021 geborene Kinder) muss zugestimmt werden, wenn – das Arbeitsverhältnis länger als 6 Monate besteht – mehr als 15 Arbeitnehmer beschäftigt werden – und keine dringenden betrieblichen Gründe entgegenstehen. **§ 15 Abs. 4 BEEG** Einer Teilzeittätigkeit bei einem anderen Arbeitgeber muss zugestimmt werden, wenn keine dringenden betrieblichen Gründe entgegenstehen. **§ 17 BEEG** Der Jahresurlaub kann für die Zeiten der Elternzeit anteilig gekürzt werden. **§ 21 BEEG** Für die Dauer der Elternzeit kann ein anderer Arbeitnehmer als Vertretung befristet eingestellt werden.

Elterngeld	Freistellung von der Arbeitspflicht durch den Arbeitgeber
Auswirkungen auf das Arbeitsverhältnis	Die gegenseitigen Hauptleistungspflichten werden suspendiert (keine Arbeitspflicht, keine Vergütungspflicht), das Arbeitsverhältnis besteht aber fort und wird nach Ablauf der Elternzeit fortgesetzt. Teilzeittätigkeit ist bis zu 32/30 Wochenstunden im Monatsdurchschnitt zulässig. § 18 BEEG: Sonderkündigungsschutz Der Arbeitgeber darf das Arbeitsverhältnis nur nach vorheriger Zustimmung der nach Landesrecht zuständigen Behörde kündigen. Der Kündigungsschutz beginnt – bei Elternzeit bis zum 3. Lebensjahr: 8 Wochen vor Beginn der Elternzeit – bei Elternzeit zwischen dem vollendeten 3. und dem vollendeten 8. Lebensjahr: 14 Wochen vor Beginn der Elternzeit § 19 BEEG: Sonderkündigungsrecht des Arbeitnehmers: Der Arbeitnehmer kann das Arbeitsverhältnis mit einer Frist von 3 Monaten zum Ende der Elternzeit kündigen.

Elterngeld	Staatliche Geldleistung
Voraussetzungen	**§ 1 BEEG** – Wohnsitz oder gewöhnlichen Aufenthalt in Deutschland – Betreuung eines eigenen Kindes oder adoptierten Kindes oder Kindes des Ehegatten oder Lebenspartners – Keine Ausübung einer vollen Erwerbstätigkeit (bei ab dem 1.9.2021 geborenen Kindern: bis zu 32 Wochenstunden; bei bis zum 31.8.2021 geborenen Kindern: bis zu 30 Wochenstunden)
Höhe	**§ 2 BEEG** – Mindestens 67 % des monatlichen Einkommens (Durchschnitt der letzten 12 Monate), maximal jedoch 1.800 EUR monatlich (Berechnung: Monats-Brutto abzüglich pauschalierter Abzüge). Bei Nettoeinkommen über 1.200 EUR Kürzung auf 65 %. – Prozentuale Steigerung bei monatlichem Einkommen unter 1.000 EUR. – Mindestbetrag: 300 EUR monatlich – „Geschwisterbonus“ bei mehreren Kindern (10 %, mindestens 75 EUR) – Kein Elterngeld ab 250.000 EUR Jahreseinkommen (Alleinstehende) bzw. 300.000 EUR (bei 2 Bezugsberechtigten). – Elterngeld Plus: höchstens in Höhe der Hälfte des zustehenden Basiselterngeldbetrages bei verdoppelter Bezugsdauer.

Elterngeld	Staatliche Geldleistung
Dauer	**§ 4 BEEG** – Anspruch besteht grundsätzlich nur in den ersten 14 Lebensmonaten des Kindes – Mindestens 2 und höchstens 12 Monate Bezugsdauer Basiselterngeld – Sind 2 betreuende Elternteile vorhanden: Für ein Elternteil maximal 12 Monate + 2 sog. „Partnermonate" für den anderen Elternteil – Elterngeld Plus und Partnerschaftsmonate für ab 1.9.2021 geborene Kinder: Elterngeld Plus bis zum vollendeten 32. Lebensmonat, wenn ab dem 15. Lebensmonat von einem Elternteil durchgängig in Anspruch genommen (für bis zum 31.8.2021 geborene Kinder: Anspruch für höchstens 24 Monate plus 4 Partnerschaftsmonate, d.h. insgesamt max. 28 Monate)
Antragsfristen	**§ 7 BEEG** – Antrag ist ab Geburt des Kindes, aber nur rückwirkend für 3 Monate zulässig – Antrag ist daher spätestens im 4. Lebensmonat des Kindes zu stellen
Pflichten des Arbeitgebers	**§ 9 BEEG** – Erteilung eines Einkommensnachweises – Erteilung eines Arbeitszeitnachweises
Auswirkungen auf das Arbeitsverhältnis	Grundsätzlich keine, wenn keine Elternzeit beantragt wird

Entgeltarten von A bis Z

Je nach Entgeltart ist die steuer- und sozialversicherungsrechtliche Bewertung unterschiedlich. In dieser Tabelle können Sie ablesen, wie die einzelnen Entgeltarten jeweils lohnsteuer- und sozialversicherungsrechtlich behandelt werden.

Art der Arbeitgeberleistung	Lohnsteuer	Sozialversicherung
Abfindung wegen einer vom Arbeitgeber veranlassten Auflösung des Dienstverhältnisses	pflichtig	frei
Aktienüberlassung, s. Vermögensbeteiligung		

Art der Arbeitgeberleistung	Lohn-steuer	Sozialver-sicherung
Altersrenten (§ 19 Abs. 2 EStG) Abzug des Versorgungsfreibetrags in Höhe von 12,8 %[1] der Rente, bei Rentenbeginn 2024 max. 960 EUR, zzgl. 288 EUR Zuschlag zum Versorgungsfreibetrag pro Jahr	frei	frei
Altersteilzeit Aufstockungsbeträge und Beiträge zur Höherversicherung nach dem Altersteilzeitgesetz, auch soweit sie über die gesetzlichen Mindestbeträge hinausgehen; s. auch Aufstockungsbeträge (§ 3 Nr. 28 EStG)	frei	frei
Altersübergangsgeld gem. § 249e AFG	frei	frei
Antrittsgebühr im grafischen Gewerbe (§ 3b EStG) wenn sie aufgrund tariflicher Regelung gewährt werden, bis zur Höhe der Sonn- und Feiertagszuschläge	frei	frei
Arbeitgeberanteile zur gesetzlichen Sozialversicherung (§ 3 Nr. 62 EStG)	frei	frei
Arbeitgeberdarlehen, s. Zinsersparnis		
Arbeitnehmersparzulage	frei	frei
Arbeitsessen (R 19.6 Abs. 2 LStR) während einem außergewöhnlichen Arbeitseinsatz, wenn der Wert der Mahlzeit 60 EUR pro Arbeitnehmer nicht übersteigt	frei	frei
Arbeitskleidung, s. Berufskleidung		
Arbeitsmittel, s. Werkzeuggeld		
Aufmerksamkeiten (R 19.6 Abs. 1 LStR) wenn deren Wert 60 EUR nicht übersteigt, z. B. Blumen, Buch, Genussmittel aus persönlichem Anlass des Arbeitnehmers	frei	frei
Aufstockungsbeträge nach dem Altersteilzeitgesetz (§ 3 Nr. 28 EStG) auch soweit sie die Mindestgrenze von 20 % des Teilzeitarbeitsentgeltes bzw. Regelarbeitsentgelt (Verträge ab 1.7.2007) überschreiten. Obergrenze der Steuerfreiheit: Aufstockung bis 100 % des Nettoarbeitsentgeltes bei vergleichbarer Vollbeschäftigung	frei	frei
Auslagenersatz (§ 3 Nr. 50 EStG) für Ausgaben des Arbeitnehmers, die vom Arbeitgeber ersetzt werden	frei	frei
Autotelefon (einschließlich Freisprecheinrichtung) – im Dienstwagen – im Pkw des Arbeitnehmers, wie beim Telefon in der Wohnung; ohne Einzelnachweis max. 20 EUR pro Monat, s. Telefon	frei	frei
Berufskleidung (§ 3 Nr. 31 EStG) falls es sich um typische Berufskleidung handelt, die dem Arbeitnehmer unentgeltlich oder verbilligt überlassen wird, z. B. Schutzkleidung	frei	frei

[1] Das Gesetzgebungsverfahren, das eine Änderung des Werts vorsieht, ist noch nicht abgeschlossen. Ggf. wird eine Änderung im Laufe des Jahres 2024 folgen.

Art der Arbeitgeberleistung	Lohn-steuer	Sozialver-sicherung
Betriebliche Gesundheitsförderung (§ 3 Nr. 34 EStG)		
Bar- und Sachleistungen bis zu 600 EUR im Jahr, die der Arbeitgeber zusätzlich zur Gesundheitsvorsorge erbringt	frei	frei
Betriebsrenten (§ 19 Abs. 2 EStG)		
Alters- und Erwerbsunfähigkeitsrenten, die von früheren Arbeitgebern oder aus einer betrieblichen Versorgungskasse gezahlt werden. Bei Altersrenten, wenn der Arbeitnehmer das 63. Lebensjahr oder – wenn er Schwerbehinderter ist das 60. Lebensjahr – vollendet hat, und bei Erwerbsunfähigkeitsrenten bleiben bei Betriebsrenten mit Rentenbeginn 2024 12,8 %[1] der Bezüge, höchstens 960 EUR, plus Zuschlag zum Versorgungsfreibetrag von max. 288 EUR jährlich steuerfrei	pflichtig	pflichtig (nur KV und PV)
Betriebsveranstaltung		
– übliche Zuwendungen bei herkömmlichen Veranstaltungen in Form von Speisen und Getränken, Fahrtkosten, Übernachtungskosten, Aufwendungen für den äußeren Rahmen usw., soweit die Zuwendungen pro Mitarbeiter 110 EUR[1] brutto nicht übersteigen (§ 19 Abs. 1 Satz 1 Nr. 1a EStG)	frei	frei
– die Zuwendungen bei lohnsteuerpflichtigen Veranstaltungen werden mit 25 % pauschal versteuert (§ 40 Abs. 2 Nr. 2 EStG)	pauschal	frei
Bewirtungskosten		
– Geschäftlich veranlasste Bewirtung: Bei Bewirtung von Geschäftspartnern des Arbeitgebers können die vom Arbeitnehmer verauslagten Aufwendungen steuerfrei ersetzt werden (steuerfreier Auslagenersatz nach § 3 Nr. 50 EStG)	frei	frei
– Arbeitnehmerbewirtung bei Auswärtstätigkeit: Beträgt der Gesamtwert der vom Arbeitgeber unmittelbar oder mittelbar gewährten Speisen und Getränke nicht mehr als 60 EUR brutto, wird beim Arbeitnehmer auf die Besteuerung des hieraus resultierenden geldwerten Vorteils verzichtet, wenn der Arbeitnehmer seinerseits für die dienstliche Reisetätigkeit dem Grunde nach eine Verpflegungspauschale als Werbungskosten geltend machen kann (§ 8 Abs. 2 Satz 9 EStG)	frei	frei
– Reine Arbeitnehmerbewirtung bei außergewöhnlichen Arbeitseinsätzen bis zu 60 EUR brutto (R 19.6 Abs. 2 Satz 2 LStR)	frei	frei
Darlehen, s. Zinsersparnisse		

Art der Arbeitgeberleistung	Lohnsteuer	Sozialversicherung
Dienstrad Überlassung von Fahrrädern und E-Bikes, die verkehrsrechtlich		
– als Fahrrad eingestuft werden (unter 25 km/h, keine Kennzeichen- oder Versicherungspflicht), zusätzlich zum ohnehin geschuldeten Arbeitslohn (§ 3 Nr. 37 EStG)	frei	frei
– als Fahrrad eingestuft werden (unter 25 km/h, keine Kennzeichen- oder Versicherungspflicht), bei Entgeltumwandlung (§ 8 Abs. 2 Sätze 2-5 EStG i. V. m. gleichlautendem Ländererlass v. 9.1.2020, BStBl 2020 I S. 174)	pflichtig	pflichtig
– als Kfz eingestuft werden (E-Bikes über 25 km/h, mit Kennzeichen- und Versicherungspflicht, § 8 Abs. 2 Sätze 2–5 EStG i. V. m. gleichlautendem Ländererlass v. 9.1.2020, BStBl 2020 I S. 174)	pflichtig	pflichtig
Übereignung eines Dienstrads, das verkehrsrechtlich als Fahrrad eingestuft wird, zusätzlich zum ohnehin geschuldeten Arbeitslohn, wenn pauschal mit 25 % versteuert (§ 40 Abs. 2 Nr. 7 EStG)	pauschal	frei
Dienstwohnung, s. Werkswohnung		
Direktversicherung (§ 3 Nr. 63 EStG) Arbeitgeberbeiträge zu Direktversicherungen mit lebenslanger Rentenzahlung frühestens ab dem 60. Lebensjahr		
– bis zu 4 % der BBG RV/West (2024: 3.624 EUR)	frei	frei
– bis zu 8 % der BBG RV/West (2024: 7.248 EUR)	frei[2]	pflichtig
Doppelte Haushaltsführung		
soweit der Arbeitgeber keine höheren Mehraufwendungen ersetzt, als der Arbeitnehmer ansonsten als Werbungskosten geltend machen könnte (§ 9 EStG, R 9.11 Abs. 5 bis 11 LStR)	frei	frei
Ehrenamtsfreibetrag (§ 3 Nr. 26a EStG)		
Aufwandsentschädigung für ehrenamtliche Nebentätigkeiten bis zu 840 EUR pro Jahr	frei	frei
Elektrofahrzeug/Hybridelektrofahrzeug/Elektrofahrrad Aufladen von Dienstfahrzeugen und privaten (Hybrid-)Elektrofahrzeugen (§ 3 Nr. 46 EStG) sowie E-Bikes:		
– im Betrieb des Arbeitgebers	frei	frei
– in einem verbundenen Unternehmen	frei	frei
– für Leiharbeitnehmer im Betrieb des Entleihers	frei	frei
– durch einen Dritten, z. B. Geschäftsfreunde oder Kunden des Arbeitgebers	pflichtig	pflichtig
Erstattung der vom Arbeitnehmer selbst getragenen Stromladekosten für betriebliches (Hybrid-)Elektrofahrzeug	frei	frei

2 Ggf. unter Anrechnung pauschalbesteuerter bAV-Beiträge nach § 40b EStG a.F.

Art der Arbeitgeberleistung	Lohnsteuer	Sozialversicherung
(Zeitweise) unentgeltliche oder verbilligte Überlassung einer betrieblichen Ladevorrichtung (§ 3 Nr. 46 EStG)	frei	frei
Übereignung einer Ladevorrichtung, wenn pauschal mit 25 % versteuert (§ 40 Abs. 2 Satz 1 Nr. 6 EStG)	pauschal	frei
Zuschüsse des Arbeitgebers für eine private Ladevorrichtung des Arbeitnehmers, wenn pauschal mit 25 % versteuert (§ 40 Abs. 2 Satz 1 Nr. 6 EStG)	pauschal	frei
Übereignung eines Elektrofahrrads, das verkehrsrechtlich nicht als Kfz gilt (keine Kennzeichen- oder Versicherungspflicht) und das zusätzlich zum ohnehin geschuldeten Arbeitslohn gewährt wird, wenn pauschal mit 25 % versteuert (§ 40 Abs. 2 Nr. 7 EStG)	pauschal	frei
Erholungsbeihilfe		
– wenn die Zahlung dem Anlass nach gerechtfertigt ist, z. B. in Krankheits- oder Unglücksfällen, bis 600 EUR jährlich, darüber hinaus nur bei besonderem Notfall (dabei sind Einkommensverhältnisse und Familienstand zu berücksichtigen) (R 3.11 Abs. 2 LStR)	frei	frei
– sonstige Leistungen, z. B. Urlaub in Betriebserholungsstätten oder Barzuschüsse zum Erholungsurlaub	pflichtig	pflichtig
– werden die Beihilfen pauschal versteuert (bis zu 156 EUR zzgl. 104 EUR für den Ehegatten und 52 EUR für jedes Kind) (§ 40 Abs. 2 Nr. 3 EStG)	pauschal	frei
Essenmarken (R 8.1 Abs. 7 Nr. 4 LStR)		
– die zur Verbilligung von Mahlzeiten für die Arbeitnehmer unmittelbar an eine Kantine, Gaststätte usw. gegeben werden, soweit der vom Arbeitnehmer noch zu entrichtende Eigenanteil den amtlichen Sachbezugswert der Mahlzeit nicht unterschreitet (2024: Mittag- und Abendessen: je 4,13 EUR, Frühstück: 2,17 EUR)	frei	frei
– überschreitet der Eigenanteil den amtlichen Sachbezugswert nicht und wird der geldwerte Vorteil pauschal mit 25 % versteuert	pauschal	frei
Fahrtkostenzuschuss (§ 3 Nr. 15 EStG) für Fahrten zwischen Wohnung und erste Tätigkeitsstätte		
– mit öffentlichen Verkehrsmitteln, wenn Zuschuss zusätzlich zum ohnehin geschuldeten Arbeitslohn gewährt wird	frei	frei
– bei Benutzung des arbeitnehmereigenen Pkw oder bei Fahrtkostenzuschüssen im Wege einer Gehaltsumwandlung	pflichtig	pflichtig
– wird der Zuschuss pauschal mit 15 % versteuert (§ 40 Abs. 2 EStG)	pauschal	frei
– wird der Zuschuss pauschal mit 25 % versteuert, ohne Anrechnung auf die Entfernungspauschale (§ 40 Abs. 2 Satz 2–4 EStG)	pauschal	frei
Fehlgeldentschädigung (R 19.3 Abs. 1 Nr. 4 LStR)		
soweit der Betrag 16 EUR monatlich nicht überschreitet	frei	frei

Art der Arbeitgeberleistung	Lohnsteuer	Sozialversicherung
Feiertagszuschlag (§ 3b EStG) für tatsächlich geleistete Feiertagsarbeit, soweit sie für Arbeiten am 31.12. ab 14.00 Uhr sowie an gesetzlichen Feiertagen 125 % bzw. für Arbeiten am 24.12. ab 14.00 Uhr sowie an den Weihnachtsfeiertagen und am 1.5. 150 % des Grundlohns von max. 50 EUR* pro Stunde nicht übersteigen. Als Feiertagsarbeit gilt auch die Arbeit von 0 Uhr bis 4 Uhr des auf den Feiertag folgenden Tages * Für die Beitragsfreiheit in der Sozialversicherung gilt ein Stundensatz von max. 25 EUR	frei	frei
Fortbildungsleistung (§ 3 Nr. 19 EStG) soweit sie die allgemeine Beschäftigungsfähigkeit erhöht	frei	frei
Freianzeigen der Mitarbeiter von Zeitungsverlagen, soweit der Rabattfreibetrag von 1.080 EUR jährlich nicht überschritten wird, s. Personalrabatt	frei	frei
Freibrot an Arbeitnehmer in der Brotindustrie, soweit der Rabattfreibetrag von 1.080 EUR jährlich nicht überschritten wird, s. Personalrabatt	frei	frei
Freifahrten, s. Sammelfahrten		
Freiflüge oder verbilligte Flugreisen für Angestellte der Luftverkehrsgesellschaften, soweit der Rabattfreibetrag von 1.080 EUR jährlich nicht überschritten wird, s. Personalrabatt	frei	frei
Freitabak, s. Personalrabatt		
Geburtsbeihilfe (§ 19 Abs. 1 EStG)	pflichtig	pflichtig
Gesundheitsförderung (§ 3 Nr. 34 EStG) Arbeitgeberleistungen zusätzlich zum ohnehin geschuldeten Entgelt bis zu 600 EUR jährlich pro Mitarbeiter	frei	frei
Getränke und Genussmittel (R 19.3 Abs. 2 LStR) die der Arbeitgeber dem Arbeitnehmer unentgeltlich oder verbilligt zum Gebrauch im Betrieb überlässt, z. B. Kaffee, Süßigkeiten	frei	frei
Haustrunk, s. Personalrabatt		
Heimarbeiterzuschläge (R 9.13 Abs. 2 LStR) soweit sie 10 % des Grundlohns nicht übersteigen	frei	frei
Heiratsbeihilfe	pflichtig	pflichtig
Insolvenzgeld nach dem SGB III, s. Konkursausfallgeld		
Internetnutzung – Arbeitgeberzuschüsse zur privaten Internetnutzung (§ 2 Abs. 1 LStDV) – werden die Zuschussleistungen pauschal versteuert (§ 40 Abs. 2 Nr. 5 EStG)	pflichtig pauschal	pflichtig frei
Jahreswagenrabatt, s. Personalrabatt		

Art der Arbeitgeberleistung	Lohnsteuer	Sozialversicherung
Jobticket geldwerte Vorteile aus der unentgeltlichen oder verbilligten Überlassung eines Jobtickets		
– das zusätzlich zum ohnehin geschuldeten Arbeitslohn gezahlt wird (§ 3 Nr. 15 EStG)	frei	frei
– bei Gehaltsumwandlung	pflichtig	pflichtig
– bei Gehaltsumwandlung bis 50 EUR monatlich (§ 8 Abs. 2 Satz 11 EStG)	frei[3]	frei
– bei Gehaltsumwandlung bzw. Verzicht auf Steuerbefreiung, wenn mit 25 % pauschal versteuert (§ 40 Abs. 2 Satz 2–4 EStG)[4]	pauschal	frei
– bei Gehaltsumwandlung, wenn mit 15 % pauschal versteuert (§ 40 Abs. 2 Satz 2 EStG)[5]	pauschal	frei
Kindergartenzuschüsse (§ 3 Nr. 33 EStG) Leistungen des Arbeitgebers zur Unterbringung und Betreuung von nicht schulpflichtigen Kindern in betriebsfremden oder betriebseigenen Kindergärten u. Ä.	frei	frei
Kindergeld nach dem Bundeskindergeldgesetz	frei	frei
Konkursausfallgeld, s. Insolvenzgeld	frei	frei
Mehrarbeitszuschlag (§ 2 Abs. 2 Nr. 6 LStDV)	pflichtig	pflichtig
Mutterschaftsgeldzuschuss nach dem MuSchG	frei	frei
Nachtarbeitszuschlag (§ 3b EStG) die für tatsächlich geleistete Nachtarbeit neben dem Grundlohn gezahlt werden, soweit sie 25 % des Grundlohns von max. 50 EUR* pro Stunde nicht übersteigen. Wenn die Nachtarbeit vor 0 Uhr beginnt, ist für die Zeit von 0 Uhr bis 4 Uhr ein Zuschlag bis zu 40 % steuer- und beitragsfrei. * Für die Beitragsfreiheit in der Sozialversicherung gilt ein Stundensatz von max. 25 EUR.	frei	frei
Nebentätigkeit		
– Einnahmen hieraus als Übungsleiter, Ausbilder, Erzieher oder für die nebenberufliche Pflege alter, kranker oder Menschen mit Behinderungen in einer nach dem Körperschaftsteuergesetz steuerbefreiten Einrichtung bis zu 3.000 EUR (§ 3 Nr. 26 EStG). (Erfüllt die Nebentätigkeit die Merkmale einer geringfügigen Beschäftigung, ist diese auch über diesen Betrag hinaus versicherungsfrei (§ 8 Abs. 1 Nr. 1 SGB IV)	frei	frei
– Nebenberufliche ehrenamtliche Tätigkeit im gemeinnützigen, mildtätigen und kirchlichen Bereich bis 840 EUR pro Jahr, s. Ehrenamtsfreibetrag	frei	frei

[3] Sofern die 50-EUR-Freigrenze nach Zusammenrechnen aller zu berücksichtigenden Sachbezüge in Summe nicht überschritten wird.

[4] Ohne Anrechnung auf die Entfernungspauschale.

[5] Mit Anrechnung auf die Entfernungspauschale.

Art der Arbeitgeberleistung	Lohn-steuer	Sozialver-sicherung
Pensionsfonds, Pensionskasse (§ 3 Nr. 63 EStG)		
– bis zu 4 % der BBG RV/West (2024 max. 3.624 EUR)	frei	frei
– bis zu 8 % der BBG RV/West (2024 max. 7.248 EUR)	frei[6]	pflichtig
Pensionskasse, umlagefinanziert (§ 3 Nr. 56 EStG)		
– bis zu 3 % der BBG RV/West (2024 max. 2.718 EUR)	frei[7]	frei
Personalrabatt (§ 8 Abs. 3 EStG) beim Bezug von Waren oder Dienstleistungen, die vom Arbeitgeber nicht überwiegend für den Bedarf seiner Arbeitnehmer hergestellt, vertrieben oder erbracht werden, soweit der Nachlass insgesamt 1.080 EUR im Kalenderjahr (Rabattfreibetrag) nicht übersteigt. Dabei sind die um 4 % geminderten Endpreise zugrunde zu legen, zu denen der Arbeitgeber die Waren oder Dienstleistungen fremden Letztverbrauchern anbietet	frei	frei
Prämie (§ 19 Abs. 1 EStG) z. B. für Verbesserungsvorschläge oder unfallfreies Fahren	pflichtig	pflichtig
Reisekostenvergütung (§ 3 Nr. 13 und 16 EStG) soweit der Arbeitgeber keine höheren Beträge ersetzt, als der Arbeitnehmer ansonsten als Werbungskosten abziehen könnte	frei	frei
Sachbezüge (§ 8 Abs. 1 EStG i. V. m. § 8 Abs. 2 Satz 11 EStG) soweit sie monatlich nicht die Freigrenze von 50 EUR überschreiten	frei	frei
Sachprämien (§ 3 Nr. 38 EStG) aus Kundenbindungsprogrammen (z. B. Miles and More), bis 1.080 EUR im Kalenderjahr	frei	frei
Sammelbeförderung (§ 3 Nr. 32 EStG) der Arbeitnehmer zwischen Wohnung und erster Tätigkeitsstätte mit einem vom Arbeitgeber eingesetzten Beförderungsmittel (Bus oder für mehrere Arbeitnehmer zur Verfügung gestellter Pkw), wenn dies betrieblich notwendig ist	frei	frei
Sonntagsarbeitszuschlag (§ 3b EStG) die für tatsächlich geleistete Sonntagsarbeit neben dem Grundlohn gezahlt werden, soweit sie 50 % des Grundlohns von max. 50 EUR* pro Stunde nicht übersteigen, als Sonntagsarbeit gilt auch die von 0 Uhr bis 4 Uhr des auf den Sonntag folgenden Tages geleistete Arbeit * Für die Beitragsfreiheit in der Sozialversicherung gilt ein Stundensatz von max. 25 EUR	frei	frei
Sterbegeld (§ 19 Abs. 2 EStG) das der frühere Arbeitgeber gewährt, soweit der Versorgungsbezug bei Rentenbeginn 2024 mit 12,8 %[1], max. 960 EUR pro Jahr, zzgl. 288 EUR nicht übersteigt; s. Betriebsrenten	pflichtig	frei

[6] Ggf. unter Anrechnung pauschalbesteuerter bAV-Beiträge nach § 40b EStG a.F.
[7] Ggf. unter Anrechnung steuerfreier bAV-Beiträge nach § 3 Nr. 63 EStG.

Art der Arbeitgeberleistung	Lohnsteuer	Sozialversicherung
Telefon		
– Privatgespräche am Arbeitsplatz (§ 3 Nr. 45 EStG)	frei	frei
– Telefonanschluss in der Wohnung Gesprächsgebühren für betriebliche Telefonate, wenn der Arbeitnehmer Aufzeichnungen führt, zumindest für 3 Monate	frei	frei
– Ohne Nachweis bei einem Arbeitnehmer, der betrieblich veranlasste Telefongespräche in der Wohnung glaubhaft gemacht hat (z. B. Außendienstmitarbeiter), max. 20 EUR pro Monat	frei	frei
Trinkgeld		
– freiwillige Trinkgelder, die ohne Rechtsanspruch gewährt werden, in unbegrenzter Höhe (§ 3 Nr. 51 EStG)	frei	frei
– Trinkgelder mit Rechtsanspruch, z. B. mtl. pauschaler Bedienungszuschlag im Gaststättengewerbe, Metergelder im Möbeltransportgewerbe, Treppengelder im Kohlenhandel	pflichtig	pflichtig
Umsatzprovision (§ 19 Abs. 1 EStG)	pflichtig	pflichtig
Umzugskostenvergütung		
– aus öffentlichen Kassen (§ 3 Nr. 13 EStG)	frei	frei
– im privaten Dienst bei dienstlich veranlasstem Umzug bis zur Höhe der Beträge, die nach dem Bundesumzugsrecht als höchstmögliche Umzugskostenvergütung gezahlt werden könnten (§ 3 Nr. 16 EStG)	frei	frei
Vermögensbeteiligung (§ 3 Nr. 39 EStG i. d. F. des Zukunftsfinanzierungsgesetzes) Kostenlose oder verbilligte Überlassung von Aktien, Mitarbeiterbeteiligung von Aktien, Mitarbeiterbeteiligungsfonds u. a. Beteiligungen am eigenen Unternehmen bis zu 2.000 EUR	frei	frei
Vermögenswirksame Leistung (§ 13 Abs. 1 Satz 1 5. VermBG i. d. F. des Zukunftsfinanzierungsgesetzes.) Zuschüsse des Arbeitgebers zu vermögenswirksamen Leistungen (Wenn das zu versteuernde Einkommen 40.000 EUR bei Einzelveranlagung bzw. 80.000 EUR bei Zusammenveranlagung nicht übersteigt, wird eine Arbeitnehmersparzulage gezahlt.	pflichtig	pflichtig
Verpflegungskostenzuschuss (§ 3 Nr. 13 und 16 EStG) – 28 EUR[1] bei 24-stündiger Abwesenheit – 14 EUR bei über 8-stündiger Abwesenheit die Beträge gelten einheitlich für Auswärtstätigkeit sowie für die berufliche doppelte Haushaltsführung. Bei mehrtägigen Reisen können unabhängig von der tatsächlichen Abwesenheitszeit 14 EUR sowohl für den Anreise- als auch für den Abreisetag gewährt werden Bei Auslandsreisen, s. Verpflegungspauschalen nach der Auslandsreisekostentabelle 2024	frei	frei
Vorruhestandsleistung (§ 3 Nr. 9 EStG, R 9 LStR)	pflichtig	pflichtig

Art der Arbeitgeberleistung	Lohnsteuer	Sozialversicherung
Vorsorgeuntersuchung		
die auf Veranlassung des Arbeitgebers überwiegend aus betrieblichen Gründen unentgeltlich durchgeführt werden	frei	frei
Werkswohnung (§ 8 Abs. 2 Satz 9 EStG, R 8.1 Abs. 3 LStR)		
– Mietpreis bis 25 EUR/m² und Arbeitnehmer entrichtet mind. 2/3 des ortsüblichen Mietpreises	frei	frei
– Mietpreis über 25 EUR/m² und die Mietpreisverbilligung ggü. der ortsüblichen Miete beträgt max. 50 EUR pro Monat	frei[8]	frei
Werkzeuggeld (§ 3 Nr. 30 EStG)		
soweit es die Aufwendungen des Arbeitnehmers für die betriebliche Nutzung nicht übersteigt	frei	frei
Winterdienstausfallgeld, Wintergeld (§ 3 Nr. 2 EStG)		
nach dem Arbeitsförderungsgesetz	frei	frei
Zinsersparnis (§ 8 Abs. 2 EStG, R 8.1 Abs. 11 LStR)		
– bei zinsverbilligten oder unverzinslichen Arbeitgeberdarlehen, soweit der vereinbarte Zinssatz den Marktzins unterschreitet	pflichtig	pflichtig
– bei zinsverbilligten oder unverzinslichen Arbeitgeberdarlehen, soweit der vereinbarte Zinssatz den Marktzins unterschreitet **und** der daraus entstehende geldwerte Vorteil max. 50 EUR beträgt	frei[8]	frei
– Darlehen mit Zinssatz unter dem Marktzins, wenn das Darlehen am Ende des jeweiligen Lohnzahlungszeitraum die (Rest-)Summe von 2.600 Euro nicht übersteigt	frei	frei
Zukunftssicherungsleistungen		
– die der Arbeitgeber aufgrund gesetzlicher Verpflichtungen erbringt	frei	frei
– die der Arbeitgeber ohne gesetzliche Verpflichtung erbringt (§ 2 Abs. 2 Nr. 3 LStDV)	pflichtig	pflichtig
– Aufwendungen des Arbeitgebers für die Zukunftssicherung in Form von Direktversicherungsbeiträgen oder Leistungen an Pensionskassen, falls diese pauschal versteuert werden und vom Arbeitgeber zusätzlich zum Entgelt oder vom Arbeitnehmer durch Entgeltverzicht aus Einmalzahlungen finanziert werden (§ 40b EStG)	pauschal	frei
– Beiträge des Arbeitgebers bis 50 EUR zu Versicherungsleistungen, aufgrund derer der Arbeitnehmer nur Versicherungsschutz beanspruchen kann (Arbeitgeber ist Versicherungsnehmer)	frei[8]	frei

[8] Sofern die 50-EUR-Freigrenze nach Zusammenrechnen aller zu berücksichtigenden Sachbezüge in Summe nicht überschritten wird.

Entgelttransparenzgesetz: Auskunftsanspruch

Diese Übersicht gibt einen Überblick über die Voraussetzungen für die Geltendmachung eines Auskunftsanspruchs des Arbeitnehmers gegen den Arbeitgeber nach § 10 Entgelttransparenzgesetz (EntgTranspG).

Auskunftsanspruch nach dem Entgelttransparenzgesetz
Anwendungsbereich
1. Beschäftigte = vor allem Arbeitnehmer, Auszubildende, in Heimarbeit Beschäftigte[1] 2. Unternehmen mit i. d. R. mehr als 200 Beschäftigten[2]
Ausschluss des Auskunftsanspruchs
1. Keine oder weniger als 6 vergleichbare Beschäftigte des jeweils anderen Geschlechts[3] 2. Kein Vergleich zwischen unterschiedlichen Beschäftigtengruppen des § 5 Abs. 2 EntgTranspG, z. B. Arbeitnehmer und Auszubildende 3. Letzte Auskunftserteilung gegenüber dem Beschäftigten innerhalb der letzten 2 Jahre und keine wesentliche Veränderung in diesem Zeitraum[4]
Einschränkung des Auskunftsanspruchs
1. Keine Auskunft bezüglich regional unterschiedlicher Entgeltregelungen desselben Arbeitgebers 2. Keine Auskunft in Bezug auf Entgeltregelungen in anderen Betrieben oder anderen Unternehmen
Auskunftsverlangen
1. Textform muss eingehalten werden[4] Wenn mündlich, Zurückweisung, aber erneutes Verlangen in Textform zulässig 2. Beschäftigter muss gleiche oder gleichwertige Tätigkeiten (Vergleichstätigkeiten) benennen[5] Wenn nicht, dann Ablehnung des Verlangens. Eventuell aber Unzumutbarkeit dieser Angabe im Sinne des § 10 Abs. 1 Satz 2 EntgTranspG mit der Folge, dass doch Auskunftsanspruch bestehen kann 3. Prüfung des Umfangs, ob nur Vergleichsentgelt oder auch 2 Entgeltbestandteile verlangt wurden
Adressat des Anspruchs
1. Wenn **Betriebsrat**: Pflicht des Arbeitgebers zur Weitergabe von Informationen zu Entgelt und Beschäftigte mit vergleichbarer Tätigkeit an Betriebsrat in Textform[6] 2. **Ohne Betriebsrat**: Arbeitgeber direkt[7] (u. U. Weitergabe an Vertreter der Tarifvertragsparteien) 3. Datenschutz: Kenntniserlangung ist auf die mit der Beantwortung des Auskunftsverlangens befassten Personen zu beschränken[8]

---

1 § 10 Abs. 1 EntgTranspG. Im Einzelfall können auch arbeitnehmerähnliche Personen im Sinne des innerstaatlichen Rechts Arbeitnehmer i. S. v. § 5 Abs. 2 Nr. 1 EntgTranspG sein.

2 § 12 Abs. 1 EntgTranspG.

3 § 12 Abs. 3 EntgTranspG.

4 § 10 Abs. 2 EntgTranspG.

5 § 10 Abs. 1 EntgTranspG.

6 § 13 EntgTranspG.

7 § 15 Abs. 1 EntgTranspG.

8 § 12 Abs. 3 Satz 3 EntgTranspG.

Auskunftsanspruch nach dem Entgelttransparenzgesetz
Inhalt
1. **Vergleichsentgelt**: Bruttoentgelt laut statistischem Median + ggf. bis zu 2 Entgeltbestandteile, Errechnung und Angabe des Vollzeitäquivalents 2. **Entgeltfindung**: Kriterien und Verfahren. Nach Rechtsgrundlage zu unterscheiden: a) gesetzlicher (Mindestlohn) oder tarifvertragliche Regelungen: Verweis darauf und Angabe, wo der Beschäftigte diese Regelungen finden kann. Keine nähere Begründungspflicht bezüglich der Entgeltfindung, sondern Angemessenheitsvermutung zugunsten tarifvertraglicher Regelungen b) ansonsten: Darlegung der Kriterien und Verfahren, wie die Vergütung des die Auskunft verlangenden Beschäftigten sowie der Beschäftigten mit Vergleichstätigkeiten zustande kommt

Entsendung: Leistungsumfang im Krankheitsfall

Liegen für einen im Ausland eingesetzten Arbeitnehmer die Voraussetzungen für eine Ausstrahlung[1] vor, so unterliegt die Person für die Dauer des Auslandseinsatzes weiterhin den deutschen Rechtsvorschriften. Dies gilt auch bei einer Entsendung in einen EU-, EWR-Staat, die Schweiz, dem Vereinigten Königreich bzw. in einen Staat, mit dem ein Abkommen über Soziale Sicherheit besteht. Hierbei muss allerdings beachtet werden, dass lediglich in den vom Abkommen erfassten Sozialversicherungszweigen die deutschen Rechtsvorschriften weiter gelten. Bei einer Entsendung in das Vereinigte Königreich muss unterschieden werden, ob es sich bei der Entsendung um einen Anwendungsfall des Austrittsabkommens handelt oder um eine Ausstrahlung nach deutschen Rechtsvorschriften.

Entsendung in einen EU-, EWR-Staat, in die Schweiz, in das Vereinigte Königreich oder in einen Staat, mit dem ein Abkommen über Soziale Sicherheit besteht

Bei einer Auslandstätigkeit in EU, EWR-Staaten, der Schweiz oder dem Vereinigten Königreich kann die im Ausland eingesetzte Person sich für die Inanspruchnahme von Sachleistungen mit der Europäischen Krankenversicherungskarte unmittelbar an einen Leistungserbringer wenden.

Bei einer Entsendung in das Vereinigte Königreich muss zunächst geprüft werden, ob der Sachverhalt vom Austrittsabkommen im Bereich der sozialen Sicherheit erfasst wird. Ist dies der Fall, dann kann sich die im Vereinigten Königreich eingesetzte Person für die Inanspruchnahme von Sachleistungen mit der Europäischen Krankenversicherungskarte unmittelbar an einen Leistungserbringer wenden. Ist der Sachverhalt nicht vom Austrittsabkommen im Bereich der sozialen Sicherheit erfasst, dann gelten die gleichen Regelungen wie bei Entsendungen ins vertragslose Ausland.

---

[1] § 4 SGB IV

Bei einer Auslandstätigkeit in einem Staat, mit dem ein Abkommen über Soziale Sicherheit für den Bereich Krankheit besteht, kann sich die im Ausland eingesetzte Person für die Inanspruchnahme von Sachleistungen mit der jeweiligen Anspruchsgrundlage an den zuständigen Träger wenden. Bei Aufenthalt in Nordmazedonien, Montenegro und in Serbien gilt die Europäische Krankenversicherungskarte als Anspruchsgrundlage.

Hat der im Ausland eingesetzte Arbeitnehmer Leistungen zulasten des Arbeitgebers in Anspruch genommen, so kann sich der Arbeitgeber die Kosten von der Krankenkasse erstatten lassen.[2]

Entsendung ins vertragslose Ausland

Wird eine Person in einem Staat eingesetzt, mit dem kein Abkommen über Soziale Sicherheit besteht, kann der im Ausland eingesetzte Arbeitnehmer Leistungen zulasten des Arbeitgebers in Anspruch nehmen. Der Arbeitgeber kann sich die Kosten von der Krankenkasse erstatten lassen. Die Krankenkasse kann dem Arbeitgeber die Kosten in der Höhe erstatten, in der diese bei einer Behandlung in Deutschland angefallen wären.

Staat	Bezeichnung der Bescheinigung	Leistungsumfang
Bosnien-Herzegowina	BH 6	Nur sofort notwendige Behandlungen.
EU-, EWR-Staaten, die Schweiz und das Vereinigte Königreich	European Health Insurance Card – EHIC	Alle Leistungen nach dem Recht des Aufenthaltslandes. Anspruch auf medizinisch notwendige Leistungen unter Berücksichtigung der Art der Leistungen und der voraussichtlichen Aufenthaltsdauer.
Israel	ISR/D 111	Nur Leistungen bei Mutterschaft.
Marokko	–	Das Abkommen sieht keine Leistungsaushilfe vor. Regelungen zur KV sind lediglich hinsichtlich der Zuständigkeit getroffen.
Montenegro	European Health Insurance Card – EHIC	Nur sofort notwendige Behandlungen.
Nordmazedonien	European Health Insurance Card – EHIC	Nur sofort notwendige Behandlungen.
Serbien	European Health Insurance Card – EHIC	Nur sofort notwendige Behandlungen.

[2] S. Kostenerstattung (Auslandsaufenthalt).

Staat	Bezeichnung der Bescheinigung	Leistungsumfang
Türkei	T/A 11	Nur sofort notwendige Behandlungen.
Tunesien	TN/A 11	Nur sofort notwendige Behandlungen. Rechnung muss selbst bezahlt werden, Erstattung über tunesischen CNAM oder durch deutsche Krankenkasse.
Vereinigtes Königreich		
– bei Anwendungsfällen des Austrittsabkommens	European Health Insurance Card – EHIC	Alle Leistungen nach dem Recht des Aufenthaltslands. Anspruch auf medizinisch notwendige Leistungen unter Berücksichtigung der Art der Leistungen und der voraussichtlichen Aufenthaltsdauer.
– bei Anwendungsfällen des Abkommens über Handel und Zusammenarbeit	Global Health Insurance Card – GHIC	Alle Leistungen nach dem Recht des Aufenthaltslands. Anspruch auf medizinisch notwendige Leistungen unter Berücksichtigung der Art der Leistungen und der voraussichtlichen Aufenthaltsdauer.

Fälligkeitstermine der Beiträge und Beitragsnachweise

Arbeitgeber müssen den Gesamtsozialversicherungsbeitrag spätestens zum **festgelegten Termin** dem Bankkonto der betreffenden Einzugsstelle gutschreiben.

Die **Beitragsnachweise** müssen der betreffenden Einzugsstelle spätestens stets 2 Arbeitstage vor Fälligkeit der Beiträge, bereits um **0.00 Uhr** (**Tagesbeginn**) des betreffenden Tages, zugegangen sein.

Hinweis: Abgabe des Beitragsnachweises über Lastschrifteinzug mit dem SEPA-Lastschriftmandat

Durch die SEPA-Bestimmungen sind genaue Einreichungsfristen für die Lastschriften bei den Banken vorgegeben. Um die Frist nicht zu verpassen, sollte der Beitragsnachweis rechtzeitig abgegeben werden. Danach ist eine fristgerechte Wertstellung zum Fälligkeitstag nicht mehr möglich. Als „Wertstellung" wird das Datum bezeichnet, an dem die Belastung eines Kontos wirksam wird.

Für das Jahr 2024 gelten folgende Fälligkeitstage:

Monat	Termin Beitragsgutschrift (Drittletzter Bankarbeitstag)	Termin Beitragsnachweis (2 Arbeitstage vor Fälligkeit der Beiträge)
Januar	29.	25.
Februar	27.	23.
März	26.	22.
April	26.	24.
Mai	29.[1]	27.[2]
Juni	26.	24.
Juli	29.	25.
August	28.	26.
September	26.	24.
Oktober	29.[3]	25.[4]
November	27.	25.
Dezember	23.	19.

[1] In Bundesländern mit Feiertag Fronleichnam am 30.5.2024 verschiebt sich die Fälligkeit auf den 28.5.2024. Maßgebend sind die Verhältnisse am Hauptsitz der Einzugsstelle.

[2] In Bundesländern mit Feiertag Fronleichnam am 30.5.2024 verschiebt sich die Fälligkeit auf den 24.5.2024. Maßgebend sind die Verhältnisse am Hauptsitz der Einzugsstelle.

[3] In Bundesländern mit Feiertag Reformationstag am 31.10.2024 verschiebt sich die Fälligkeit auf den 28.10.2024. Maßgebend sind die Verhältnisse am Hauptsitz der Einzugsstelle.

[4] In Bundesländern mit Feiertag Reformationstag am 31.10.2024 verschiebt sich die Fälligkeit auf den 24.10.2024. Maßgebend sind die Verhältnisse am Hauptsitz der Einzugsstelle.

Hinweisgeberschutzgesetz (HinSchG): To-Do's für Beschäftigungsgeber

Anna-Lena Glander/Maren Rinkens

Mitte Mai 2023 wurde das Hinweisgeberschutzgesetz (HinSchG) beschlossen. Seit Inkrafttreten am 2.7.2023 stellt das HinSchG hohe Anforderungen an verpflichtete Beschäftigungsgeber (Unternehmen sowie öffentliche Stellen) insbesondere hinsichtlich der Vorhaltung von internen Meldestellen sowie dem Umgang mit Hinweisgebermeldungen und hinweisgebenden Personen.

Mit dem neuen HinSchG soll der Hinweisgeberschutz in Deutschland in Einklang mit europäischen Vorgaben[1] gebracht und auch darüber hinaus wirksam und nachhaltig ausgebaut und verbessert werden.

[1] Insb. gem. den Anforderungen der HinSch-RL.

Zusammengefasst bedeutet das: Wer im Zusammenhang mit seiner (zukünftigen) beruflichen Tätigkeit und bezüglich des Beschäftigungsgebers oder einer anderen Stelle, mit der die hinweisgebende Person beruflich im Kontakt stand, Informationen über bestimmte Verstöße erlangt hat und diese an die vorgesehenen Meldestellen meldet oder offenlegt, soll in Zukunft besser geschützt werden. Benachteiligungen von Hinweisgebern sollen ausgeschlossen und betroffenen Personen (sowohl hinweisgebenden Personen als auch Hinweisgeberstellen und von Hinweisen betroffenen Personen) Schutz und Rechtssicherheit gegeben werden.

Hierfür werden Beschäftigungsgeber mit regelmäßig mind. 50 Beschäftigten zur **Einrichtung und rechtskonformen Betreibung interner Meldestellen** verpflichtet. Das Gesetz sieht auch externe Meldestellen vor, an welche die Hinweisgebung ebenfalls erfolgen darf. Allerdings sollen hinweisgebende Personen die Meldung an die interne Meldestelle gegenüber der externen Meldestelle bevorzugen, wenn intern wirksam gegen Verstöße vorgegangen werden kann. Direkt an die Öffentlichkeit dürfen hinweisgebende Personen ihre Hinweise nur in besonderen Ausnahmefällen melden, sonst sind sie nicht durch das HinSchG geschützt.

Beschäftigungsgeber sollten vor dem Hintergrund des neuen Hinweisgeberschutzgesetzes insbesondere die folgenden Maßnahmen treffen:

[ ] Prüfung der **Anwendbarkeit des HinSchG** sowie ggf. **weiterer einschlägiger Gesetze**, die bestimmte Anforderungen an Hinweisgebersysteme stellen.

Hinweis: Weitere Hinweisgeberschutzbestimmungen

Neben der HinSchRL sowie dem HinSchG stellen auch andere Gesetze bestimmte Voraussetzungen an Hinweisgeberschutz und Hinweisgebersysteme gegenüber Beschäftigungsgebern. Beispiele sind das Lieferkettensorgfaltspflichtengesetz (LkSG in Form des Beschwerdeverfahrens), das Wertpapierhandelsgesetz (WpHG) oder das Versicherungsaufsichtsgesetz (VAG).

[ ] Im Rahmen der **Einrichtung der internen Meldestelle** müssen neben der Frage ihrer **funktionalen Verortung** weitere Entscheidungen getroffen werden: Beispielsweise, für welche Art von Meldungen die Meldestelle zuständig sein soll, wie das weitere Verfahren ausgestaltet sein soll (Reaktionswege, Zuständigkeiten für Folgemaßnahmen), etc. Das HinSchG lässt den Verpflichteten insoweit **Gestaltungsspielräume**.

Achtung: Bußgeld droht!

Die Nichteinrichtung einer internen Meldestelle trotz der entsprechenden Pflicht ist **bußgeldbedroht**!

Bußgelder können in empfindlicher Höhe sowohl gegen die verantwortlichen (Individual-)Personen als auch gegen den Beschäftigungsgeber selbst (bis zu 20.000 EUR je Verstoß) verhängt werden.

Hinweis: Ausgestaltungsfragen

Das HinSchG lässt Beschäftigungsgebern in einigen Bereichen Spielräume hinsichtlich der Ausgestaltung der internen Meldestellen. Beispielsweise können Beschäftigungsgeber selbst entscheiden, **ob** und **auf wen** sie ihre interne Meldestelle **auslagern** möchten (beispielsweise auch auf Dritte, wie Anwaltskanzleien), ob sie ihre Meldestelle für externe Personen öffnen möchten und welche Meldewege (schriftlich und/oder mündlich) sie zur Verfügung stellen möchten.

Hinsichtlich der im Rahmen des Gesetzgebungsverfahrens lange diskutierten Frage, ob Beschäftigungsgeber anonyme Meldungen verpflichtend oder freiwillig ermöglichen sollen, sieht das nunmehr beschlossene HinSchG die Eröffnung **anonymer Meldewege nicht als verpflichtend** an; (dennoch) eingehende anonyme Hinweisgebermeldungen sollen jedoch bearbeitet werden.

[ ] **Prüfung der (gesetzlichen) Anforderungen an die interne Meldestelle und das Meldeverfahren** sowie der Frage, ob und wie deren Einhaltung im Rahmen eines einheitlichen Hinweisgebersystems sichergestellt werden kann.

Hinweis: Zentrale/Konzernweite Meldestellen

Insbesondere in Konzernstrukturen bei kleinen Beschäftigungsgebern kommt der Betrieb einer **zentralen konzernweiten beziehungsweise gemeinsamen Meldestelle** in Betracht. Das erlauben indes nicht alle EU-Mitgliedstaaten. Auch die EU-Kommission hat sich gegen die Möglichkeit konzernweiter Meldestellen ausgesprochen. Fraglich und umstritten ist zudem, ob die Einrichtung einer solchen zentralen Meldestelle für alle verpflichteten Gesellschaften im Konzern ausreichend zur Erfüllung der gesetzlichen Anforderungen ist. International tätige Konzerne müssen daher die Anforderungen an ihre Gruppengesellschaften und die entsprechenden Entwicklungen genau prüfen und das im jeweils betroffenen Mitgliedstaat geltende Recht beachten. Wichtig ist auch, dass Meldungen jeweils in der Arbeitssprache des jeweiligen Unternehmens ermöglicht werden müssen.

[ ] Einbindung von **Mitbestimmungsgremien** (Betriebsrat) je nach Ausgestaltung des Meldesystems

Hinweis: Beteiligung des Betriebsrats

Ein etwaiger Betriebsrat kann bei Einrichtung eines Hinweisgebersystems an verschiedenen Stellen in unterschiedlicher Tiefe zu beteiligen sein:

Vor der Einrichtung eines Hinweisgeberschutzsystems besteht grundsätzlich ein **Unterrichtungsanspruch** des Betriebsrats. Zwar ist die Frage, ob eine Meldestelle eingerichtet wird, nicht mitbestimmungspflichtig, da sie im HinSchG bereits gesetzlich festgelegt ist und für den Beschäftigungsgeber insoweit kein Gestaltungsspielraum besteht, allerdings kann die **Ausgestaltung des Verfahrens** das **Mitbestimmungsrecht zum Ordnungsverhalten** auslösen.

Sobald **technische Einrichtungen** (digitale Kommunikationsmittel oder Nutzung eines Telefons) als Meldewege genutzt werden, ist außerdem das Mitbestimmungsrecht bei der Einführung und Anwendung von technischen Einrichtungen zu beachten.

Bei **Stellenbesetzungen** einer internen Meldestelle ist der Betriebsrat zudem ggf. im Rahmen seiner Beteiligungsrechte bei personellen Einzelmaßnahmen zu beteiligen.

Darüber hinaus kann eine Beteiligung des Betriebsrats hinsichtlich der Durchführungen von **Schulungen** erforderlich sein.

Unabhängig von der jeweiligen rechtlichen Bewertung stärkt eine **Einbindung** des Betriebsrats in aller Regel die **Akzeptanz** und das **Vertrauen** der Belegschaft bzgl. der **unternehmensinternen Meldekanäle**. So kann auch ein Anreiz für unternehmensinterne (vor externen) Meldungen gegeben werden.

[ ] Angemessene und klare **Kommunikation gegenüber Beschäftigten** und Aufklärung der Beschäftigten über die **Voraussetzungen der Nutzung und Ausgestaltung** des Hinweisgebersystems. Grundsätzlich sollen Meldesysteme „niedrigschwellig" sein, sodass der Zugang zu diesen für alle Mitarbeiter auch unter diesem Gesichtspunkt zu beleuchten ist.

Hinweis: Kommunikation gegenüber Beschäftigten

Beschäftigte und potenzielle hinweisgebende Personen sollten insbesondere darüber informiert werden, was Gegenstand einer Meldung sein kann und auf welchen Wegen sie Hinweisgebermeldungen abgeben können.

Auch über das weitere Verfahren nach Eingang einer Meldung (Rückmeldung, Folgemaßnahmen) sollten hinweisgebende Personen bereits vor Abgabe ihrer Meldung informiert werden. Zudem sollten sie auch darauf hingewiesen werden, in welchen Fällen sie als hinweisgebende Personen vom HinSchG geschützt werden und in welchen Fällen nicht.

Im Rahmen des laufenden Monitorings des Hinweisgebersystems kann Anpassungsbedarf sowohl an dem System selbst, als auch an der Kommunikation gegenüber den Beschäftigten kurzfristig erkannt und diese(s) kurzfristig angepasst werden.

Das HinSchG sieht zudem ausdrücklich vor, dass die internen Meldestellen für Beschäftigte auch klare und leicht zugängliche Informationen über externe Meldeverfahren und einschlägige Meldeverfahren von Organen, Einrichtungen oder sonstigen Stellen der Europäischen Union bereithalten müssen. Im Rahmen der Kommunikation sollte allerdings auch darauf hingewiesen werden, dass die Meldung an eine interne Meldestelle gegenüber einer externen Meldestelle zu priorisieren ist.

[ ] Klare interne **Zuständigkeitsregelungen** (insbesondere bei konzern- oder gruppenweiten Hinweisgeberkanälen) und bei Auslagerung der Meldestelle auch externe **Aufgabenzuweisungen, Reportinglinien sowie Verfahrensregelungen**. Insoweit sollte insbesondere eine klar verständliche Hinweisgeberschutzrichtlinie beziehungsweise **Prozessbeschreibung oder Verfahrensordnung** etabliert werden, die sowohl für zuständige als auch hinweisgebende Personen den Prozess des Whistleblowings sowie Möglichkeiten und Risiken verständlich beschreibt. Klare schriftliche Regelungen für Zuständigkeit und Verfahren von Hinweisgebermeldungen können sicherstellen, dass der Adressatenkreis beschränkt und die Vertraulichkeit gewahrt wird. Für den Fall, dass die primär zuständigen Personen selbst Gegenstand von Meldungen und damit „betroffen" sind, sollten Ausnahmezuständigkeiten vorgesehen sein.

Hinweis: Einbindung in Compliance-Management-System

Das Hinweisgebersystem kann und sollte bestenfalls in das Compliance-Management-System des verpflichteten Beschäftigungsgebers integriert werden und die weiteren Compliance-Maßnahmen auf diese Weise ergänzen. Über die Hinweisgeberstelle können auch – teilweise schwerwiegende – Missstände und Verstöße gegen interne Richtlinien und Regelwerke aufgedeckt werden, die zwar nicht dem sachlichen Anwendungsbereich des HinSchG unterfallen, deren Aufdeckung jedoch ebenfalls im Interesse der jeweiligen Unternehmen ist.

[ ] Fachkundige **Prüfung und Bearbeitung von Hinweisgebermeldungen** und Gewährleistung von **Vertraulichkeit** betreffend den gesamten Meldeprozess sowie den Prozess der Folgemaßnahmen.

Achtung: Bußgeld droht!

Die Nichtwahrung der Vertraulichkeit als **zentraler Grundsatz des HinSchG** ist – auch bei leichtfertigem oder fahrlässigem Handeln – bußgeldbedroht!

Bußgelder können in empfindlicher Höhe sowohl gegen die verantwortlichen (Individual-)Personen (bis zu 50.000 EUR je Verstoß) als auch gegen den Beschäftigungsgeber selbst (bis zu 500.000 EUR je Verstoß) verhängt werden.

[ ] Zudem sollte in Bezug auf Hinweisgebermeldungen ein **funktionierendes Fristenmanagement** etabliert werden. Denn das HinSchG sieht verschiedene Fristen betreffend Hinweisgebermeldungen vor: Beispielsweise die fristgemäße Eingangsbestätigung sowie Rückmeldung an die hinweisgebende Person oder auch die Löschfrist für die Daten des gesamten Meldeverfahrens einer Meldung.

Hinweis: Anknüpfungspunkte bei Fristen

Insoweit ist im Rahmen der Fristenberechnung unbedingt zu beachten, dass das HinSchG die normierten Fristen an unterschiedlichen Zeitpunkten (Eingang der Meldung, Eingangsbestätigung, Abschluss des Meldeverfahrens) festmacht.

[ ] Verpflichtete Beschäftigungsgeber sollten des Weiteren ein **Folgemaßnahmenmanagement** vorsehen. Das HinSchG sieht bestimmte (nicht abschließende) Folgemaßnahmen vor, die verpflichtete Beschäftigungsgeber nach Eingang einer Hinweisgebermeldung treffen sollten. Dies sind beispielsweise:
- die Durchführung interner Untersuchungen,
- der Verweis der hinweisgebenden Person an eine andere zuständige Stelle, der Abschluss des Verfahrens aus Mangel an Beweisen oder aus anderen Gründen oder
- die Abgabe des Verfahrens zwecks weiterer Untersuchungen an eine für interne Ermittlungen zuständige Arbeitseinheit oder eine zuständige Behörde.

Des Weiteren sollte auch das schnellstmögliche Abstellen eines etwaigen Verstoßes oder Missstandes als Folgemaßnahme durchgeführt werden.

Hinweis: Rückmeldung zu Folgemaßnahmen

Im Rahmen der Rückmeldung an die hinweisgebende Person müssen verpflichtete Beschäftigungsgeber diese auch über geplante sowie bereits ergriffene Folgemaßnahmen sowie die Gründe für diese unterrichten.

[ ] Beschäftigungsgeber müssen **Meldungen** sowie das entsprechende **Meldeverfahren** – auch zu Nachweiszwecken, beispielsweise bei späteren Schadensersatzforderungen – in dauerhaft abrufbarer Weise und unter Beachtung des Vertraulichkeitsgebots **dokumentieren**. Unter bestimmten Voraussetzungen und auf Wunsch der hinweisgebenden Person müssen **Protokolle** von Hinweisgebermeldungen auch zur Einsicht und Unterzeichnung bereitgestellt werden.

Hinweis: Löschung der Dokumentation

Die Dokumentation der Meldung bzw. des Meldeverfahrens ist 3 Jahre nach Abschluss des Verfahrens zu löschen. Dies sollte im Rahmen des entsprechenden Fristenmanagements berücksichtigt werden. Die Dokumentation kann ausnahmsweise länger aufbewahrt werden, um die Anforderungen nach diesem Gesetz oder nach anderen Rechtsvorschriften zu erfüllen, solange dies erforderlich und verhältnismäßig ist.

[ ] Da im Rahmen von Hinweisgebermeldungen personenbezogene Daten ggf. der (nicht anonymen) hinweisgebenden Person, der von der Meldung betroffenen Person(en) sowie ggf. auch Dritter verarbeitet werden, müssen bei Einrichtung einer internen Meldestelle sowie der Festlegung des Meldeverfahrens auch die **datenschutzrechtlichen Anforderungen** beachtet werden. Grundsätzlich sind die Meldestellen befugt, personenbezogene Daten zu verarbeiten, soweit dies zur Erfüllung ihrer gemäß HinSchG geforderten Aufgaben erforderlich ist. Besonderes Augenmerk sollte auf datenschutzrechtliche Aspekte bei gemeinsamen Meldestellen, konzernweiten Meldestellen, sowie der Auslagerung von Meldestellen auf Dritte (ggf. Auftragsdatenverarbeitung) gerichtet werden.

Hinweis: Einbindung Datenschutzbeauftragter

Vor diesem Hintergrund sollte bei Einrichtung der internen Meldestelle sowie bei der Etablierung des Meldeverfahrens sowie ggf. der Durchführung von Folgemaßnahmen unbedingt der Datenschutzbeauftragte des Beschäftigungsgebers eingebunden werden.

Hinweis: Anpassung der Datenschutzinformationen

Zur rechtmäßigen Verarbeitung personenbezogener Daten sollten die Betroffenen insbesondere durch eine Aktualisierung und Anpassung der Datenschutzinformationen des Beschäftigungsgebers über die Verarbeitung ihrer personenbezogenen Daten im Rahmen von Hinweisgebermeldungen informiert werden.

Hinweis: Datenschutzkonzept

Insbesondere für den Fall, dass Hinweisgebermeldungen nicht dem Anwendungsbereich des HinSchG unterfallen, sind für jede Hinweisgebermeldung die datenschutzrechtlichen Anforderungen an die Verarbeitung personenbezogener Daten zu prüfen. Die Verarbeitung personenbezogener Daten (insbesondere von Betroffenen) ist regelmäßig nur dann zulässig, wenn das Interesse des Beschäftigungsgebers an der Datenverarbeitung das Interesse der betroffenen Personen an ihren eigenen Daten überwiegt. Insoweit sollte ein **Datenschutzkonzept** erarbeitet oder dieses an die Anforderungen der Hinweisgeberstelle angepasst werden.

[ ] Des Weiteren sollten Beschäftigungsgeber ein **Krisenmanagement** vorsehen, das in der Lage sein sollte, kurzfristig tätig zu werden und Maßnahmen zu ergreifen. Dies ist insbesondere in Fällen wichtig, in denen hinweisgebende Personen dringende und eilige Hinweisgebermeldungen abgeben, bei denen weitere Schäden drohen. Zudem greift das Krisenmanagement, wenn hinweisgebende Personen unrichtige und schädliche Meldungen abgeben, oder sich unberechtigterweise an die Öffentlichkeit wenden. Zuletzt sollte das Krisenmanagement auch eingeschaltet werden, wenn sich herausstellt, dass seitens des Beschäftigungsgebers selbst gegen bußgeldbewehrte Regelungen (auch des HinSchG) verstoßen wurde.

Hinweis: Krisenkommunikation

Insoweit sollte die Rolle der Krisenkommunikation – sowohl intern als auch extern – nicht unterschätzt werden. Gegebenenfalls macht es Sinn, für Krisenfälle externe und spezialisierte Berater hinzuzuziehen.

Jahresarbeitsentgeltgrenzen/Versicherungspflichtgrenzen

Die Tabelle zeigt die Höhe der Jahresarbeitsentgeltgrenzen (JAEG) bzw. Versicherungspflichtgrenzen der gesetzlichen Krankenversicherung. Seit 1.1.2003 existieren 2 unterschiedliche Jahresarbeitsentgeltgrenzen, die jeweils nur für einen bestimmten Personenkreis anzuwenden sind.

Jahr	Allgemein[1]	Für am 31.12.2002 wegen Überschreitens der JAEG 2002 versicherungsfreie PKV-Versicherte[2]
2024	69.300 EUR	62.100 EUR
2023	66.600 EUR	59.850 EUR
2022	64.350 EUR	58.050 EUR
2021	64.350 EUR	58.050 EUR
2020	62.550 EUR	56.250 EUR
2019	60.750 EUR	54.450 EUR
2018	59.400 EUR	53.100 EUR
2017	57.600 EUR	52.200 EUR
2016	56.250 EUR	50.850 EUR

[1] § 6 Abs. 6 SGB V.

[2] § 6 Abs. 7 SGB V.

Kirchensteuer- und Kappungssätze im Lohnsteuerabzugsverfahren

Die Tabelle enthält die für das jeweilige Bundesland geltenden Kirchensteuerhebesätze 2024, außerdem die Kirchensteuer-Pauschalierungssätze für das sog. vereinfachte Verfahren sowie die Kappungssätze im Lohnsteuerabzugsverfahren.

Bundesland	Kirchensteuer-Hebesatz (in % der Maßstabssteuer)	Kirchensteuer-Pauschsatz (in % der pauschalierten Lohnsteuer[1])	Kirchensteuer-Kappung im Lohnsteuerabzugsverfahren[2] (in % der einzubehaltenden Lohnsteuer[3])
Baden-Württemberg	8[4]	4,5	nein
Bayern	8	7	nein
Berlin	9	5	3
Brandenburg	9	5	nein
Bremen	9	7	3,5
Hamburg	9	4	3
Hessen	9	7	nein
Mecklenburg-Vorpommern	9	5	3
Niedersachsen	9	6[5]	3,5[6]

---

[1] Der ermäßigte Kirchensteuer-Pauschsatz gilt im **vereinfachten Verfahren**, wenn der ArbG **nicht** den Nachweis führt, dass einzelne ArbN keiner kirchensteuererhebenden Körperschaft angehören. Die pauschale Kirchensteuer ist gesondert in Zeile 26 der Lohnsteuer-Anmeldung einzutragen. Sie wird in einer Summe eingetragen; die Aufteilung auf die kirchensteuererhebenden Körperschaften wird von der Finanzverwaltung vorgenommen.

[2] Eine Kappung (= Begrenzung der Kirchensteuer nach oben) gibt es in allen Bundesländern außer in Bayern. Sie erfolgt aber nicht in allen Bundesländern im Lohnsteuerabzugsverfahren, sondern ist in den übrigen Bundesländern, die mit „nein" in der Tabelle stehen, auf Antrag bei der entsprechenden Diözese oder Landeskirche.

[3] Nach dem Gesetz gilt die festgesetzte Einkommensteuer als Bemessungsgrundlage für die Berechnung der Kirchensteuer. Im Lohnsteuerabzugsverfahren bemisst sich die Kirchensteuer nach der einzubehaltenden Lohnsteuer.

Bei **Arbeitnehmern mit Kindern** ist von einer fiktiven Lohnsteuer auszugehen, weil monatliche Freibeträge zu berücksichtigen sind.

[4] Ausnahme: 9 % für Bad Wimpfen für PLZ 74206.

[5] Ausnahme: 7 % für die Evangelische Kirche von Westfalen.

[6] Ausnahme: 3 % bei der Evangelisch-Lutherischen Kirche in Norddeutschland und 4 % für den in Niedersachsen gelegenen Teil der Erzdiözese Paderborn.

Bundesland	Kirchensteuer-Hebesatz (in % der Maßstabssteuer)	Kirchensteuer-Pauschsatz (in % der pauschalierten Lohnsteuer[1])	Kirchensteuer-Kappung im Lohnsteuerabzugsverfahren[2] (in % der einzubehaltenden Lohnsteuer[3])
Nordrhein-Westfalen	9	7	nein
Rheinland-Pfalz	9	7	nein
Saarland	9	7	nein
Sachsen	9	5	nein
Sachsen-Anhalt	9	5	3,5
Schleswig-Holstein	9	6	3
Thüringen	9	5	nein

Kündigungsfristen im Arbeitsrecht

Dr. Carsten Teschner

Bei der ordentlichen Kündigung eines Arbeitsverhältnisses ist die maßgebende Kündigungsfrist einzuhalten. Sie kann sich aus dem Einzelarbeitsvertrag, einem Tarifvertrag oder den gesetzlichen Regelungen ergeben. Gemäß § 622 Abs. 1 BGB besteht eine gesetzliche Grundkündigungsfrist von 4 Wochen zum Monatsende oder zum 15. eines Kalendermonats. Nach einer Beschäftigungszeit von 2 Jahren verlängern sich die Kündigungsfristen des Arbeitgebers nach § 622 Abs. 2 BGB.

Beschäftigungsdauer	Kündigungsfrist	zum
bis 6 Monate (vereinbarte Probezeit)	2 Wochen	(täglich)
bis 2 Jahre	4 Wochen	15. oder Monatsende
2 – 4 Jahre	1 Monat	Monatsende
5 – 7 Jahre	2 Monate	Monatsende
8 – 9 Jahre	3 Monate	Monatsende
10 – 11 Jahre	4 Monate	Monatsende
12 – 14 Jahre	5 Monate	Monatsende
15 – 19 Jahre	6 Monate	Monatsende
20 Jahre und mehr	7 Monate	Monatsende

Die **verlängerten Kündigungsfristen** (ab Überschreitung von 2 Beschäftigungsjahren) gelten nach dem Gesetzeswortlaut nur für die arbeitgeberseitige Kündigung. Der Arbeitnehmer hat somit grundsätzlich auch nach einer längeren Beschäftigungszeit nur eine Kündigungszeit von 4 Wochen (zum 15. eines Monats oder zum Monatsende) einzuhalten.

Allerdings ist es zulässig, von dieser gesetzlichen Regelung (sowohl Grundkündigungsfrist als auch verlängerte Fristen) durch **Tarifvertrag** (zugunsten und zu Ungunsten der Arbeitnehmer) abzuweichen (§ 622 Abs. 4 BGB).

Einzelvertraglich kann eine **kürzere** als die Grundkündigungsfrist von 4 Wochen zum 15. eines Monats oder zum Monatsende nur dann vereinbart werden, wenn ein Arbeitnehmer zur vorübergehenden Aushilfe (bis längstens 3 Monate) eingestellt worden ist oder wenn der Arbeitgeber in der Regel nicht mehr als 20 Arbeitnehmer (ausgenommen Auszubildende) beschäftigt und die Kündigungsfrist 4 Wochen nicht unterschreitet. Die verlängerten Kündigungsfristen nach § 622 Abs. 2 können nicht einzelvertraglich abgekürzt werden.

Unberührt bleibt die Möglichkeit, **einzelvertraglich längere** Kündigungsfristen zu vereinbaren, wobei es unzulässig ist, für eine Kündigung des Arbeitsverhältnisses durch den Arbeitnehmer eine längere Kündigungsfrist als für den Arbeitgeber zu vereinbaren (§ 622 Abs. 6 BGB). Eine ausdrückliche Obergrenze für arbeitsvertragliche Kündigungsfristen sieht das Gesetz nicht vor. Allzu lange Fristen erschweren allerdings eine berufliche Bewegungsfreiheit, die durch Art. 12 GG geschützt ist. Erheblich verlängerte und in Allgemeinen Geschäftsbedingungen (AGB) festgeschriebene Kündigungsfristen können eine unangemessene Benachteiligung des Arbeitnehmers darstellen und daher gemäß § 307 Abs. 1 Satz 1 BGB unwirksam sein. Die Prüfung ist nach Abwägung aller Umstände des Einzelfalls, vor allem dann vorzunehmen, wenn die vereinbarte Kündigungsfrist wesentlich länger ist als die gesetzliche Regelfrist des § 622 Abs. 1 BGB.[1]

Beginn und Ende der Kündigungsfrist sind nach §§ 187 ff. BGB zu berechnen. Der Frist**beginn** richtet sich nach § 187 Abs. 1 BGB, d. h. der Zugangstag der Kündigung zählt für den Beginn der Frist nicht mit. Das Frist**ende**, also der Kündigungstermin, ist im Fall der Grundkündigungsfrist nach § 622 Abs. 1 BGB gesetzlich bestimmt auf den Ablauf des 15. bzw. des letzten Tages im Monat (jew. 24:00 Uhr), so dass sich eine Berechnung erübrigt.

Das Fristende verschiebt sich auch dann nicht nach hinten, wenn es auf einen Samstag, Sonntag oder gesetzlichen Feiertag fällt[2]. D. h., auch an Samstagen, Sonntagen und Feiertagen kann der Zugang einer Kündigung bewirkt werden; an diesen Tagen (und damit an jedem Tag im Jahr) kann die Kündigungsfrist auch auslaufen, eine Verlängerung bis zum nächsten Werktag findet nicht statt. Die Grenze bildet der Grundsatz von Treu und Glauben nach § 242 BGB: eine Kündigung zur „Unzeit" ist unwirksam.[3]

---

[1] BAG, Urteil v. 26.10.2017, 6 AZR 158/16.

[2] § 193 BGB ist auf Kündigungsfristen weder unmittelbar noch analog anwendbar: BAG, Urteil v. 5.3.1970, 2 AZR 112/69; BGH, Urteil v. 17.2.2005, III ZR 172/04.

[3] BAG, Urteil v. 5.4.2001, 2 AZR 185/00; BAG, Urteil v. 16.9.2004, 2 AZR 447/03.

Nach der gesetzlichen **Grundkündigungsfrist von 4 Wochen** (§ 622 Abs. 1 BGB) ergeben sich für das **Jahr 2024** die folgenden **Kündigungstermine**:

Kündigung zum	Kündigungszugang spätestens am[4]
15.1.2024	18.12.2023
31.1.2024	3.1.2024
15.2.2024	18.1.2024
29.2.2024	1.2.2024
15.3.2024	16.2.2024
31.3.2024	3.3.2024
15.4.2024	18.3.2024
30.4.2024	2.4.2024
15.5.2024	17.4.2024
31.5.2024	3.5.2024
15.6.2024	18.5.2024
30.6.2024	2.6.2024
15.7.2024	17.6.2024
31.7.2024	3.7.2024
15.8.2024	18.7.2024
31.8.2024	3.8.2024
15.9.2024	18.8.2024
30.9.2024	2.9.2024
15.10.2024	17.9.2024
31.10.2024	3.10.2024
15.11.2024	18.10.2024
30.11.2024	2.11.2024
15.12.2024	17.11.2024
31.12.2024	3.12.2024
15.1.2025	18.12.2024

(Angaben ohne Gewähr)

[4] Fällt der letzte Tag, an dem gekündigt werden kann, auf einen Sonnabend, Sonntag oder staatlich anerkannten Feiertag, so darf die Kündigung abweichend von § 193 BGB nicht erst am nächsten Werktag, sondern muss direkt am betreffenden Sonnabend, Sonntag oder Feiertag zugehen!

Kündigungsrecht: Gesetzliche Beschränkungen

Prof. Dr. Peter Pulte

Gesetz	Geschützter Personenkreis/Sachverhalt
§ 623 BGB	Schriftformerfordernis der Kündigung
§ 622 Abs. 2 BGB	Bei einer ordentlichen Kündigung langjährig beschäftigter Arbeitnehmer gelten längere Kündigungsfristen.
§ 1 Abs. 1 KSchG; § 23 Abs. 1 KSchG	Arbeitnehmer, die länger als 6 Monate beschäftigt sind, fallen in Betrieben mit regelmäßig mehr als 10 Arbeitnehmern unter das KSchG.
§ 15 Abs. 1, Abs. 3 KSchG	Die ordentliche Kündigung eines Mitglieds des Betriebsrats/der Jugend- und Auszubildendenvertretung/des Wahlvorstands/ Wahlbewerbers ist unzulässig. Dies gilt nach § 15 Abs. 3a und b KSchG auch für Initiatoren einer Betriebsratswahl und für Arbeitnehmer, die Vorbereitungshandlungen zur Errichtung eines Betriebsrats unternehmen.
§§ 17, 18 KSchG	Anzeigepflicht vor Massenentlassungen; Entlassungssperre
§ 102 BetrVG	Anhörung des Betriebsrats vor jeder Kündigung
§ 103 Abs. 1 BetrVG	Die außerordentliche Kündigung eines Mitglieds des Betriebsrats/der Jugend- und Auszubildendenvertretung/Wahlvorstands/ Wahlbewerbers bedarf der Zustimmung des Betriebsrats.
§ 29a HAG	Die ordentliche Kündigung eines in Heimarbeit beschäftigten Mitglieds des Betriebsrats/der Jugend- und Auszubildendenvertretung/des Wahlvorstands/Wahlbewerbers ist unzulässig. Die außerordentliche Kündigung dieser Arbeitnehmervertreter bedarf der Zustimmung nach § 103 BetrVG.
§ 179 Abs. 3 SGB IX	Vertrauensleute der schwerbehinderten Menschen genießen den gleichen Schutz wie Mitglieder des Betriebsrats.
§ 613a Abs. 4 BGB	Vom Betriebsübergang betroffene Arbeitnehmer dürfen nicht wegen des Betriebsübergangs gekündigt werden.
§ 11 TzBfG	Arbeitnehmern, die sich weigern, von Vollzeit in Teilzeit zu wechseln oder umgekehrt, darf deshalb nicht gekündigt werden.
§ 15 Abs. 3 TzBfG	Die ordentliche Kündigung bei einer Befristung ist nur möglich, wenn dies vereinbart wurde.
§ 13 Abs. 2 TzBfG	Bei einer Arbeitsplatzteilung kann das Arbeitsverhältnis nicht deshalb gekündigt werden, weil ein Arbeitnehmer aus der Arbeitsplatzteilung ausscheidet.
§ 168 SGB IX	Die Kündigung eines schwerbehinderten Menschen bedarf der vorhergehenden Zustimmung des Integrationsamts.
§ 41 SGB VI	Der Anspruch auf Altersrente ist kein Kündigungsgrund.

Gesetz	Geschützter Personenkreis/Sachverhalt
§ 17 Abs. 1 MuSchG	Während der Schwangerschaft und bis zum Ablauf von 4 Monaten nach der Entbindung oder nach einer Fehlgeburt nach der 12. Schwangerschaftswoche darf der Arbeitgeber das Arbeitsverhältnis nicht kündigen.
§ 18 Abs. 1 BEEG	Vom Verlangen der Elternzeit an sowie während der Elternzeit darf der Arbeitgeber das Arbeitsverhältnis nicht kündigen.
§ 2 Abs. 1 ArbPlSchG	Von der Zustellung des Einberufungsbescheides bis zur Beendigung des Grundwehrdienstes sowie während einer Wehrübung darf der Arbeitgeber das Arbeitsverhältnis nicht kündigen. Das ArbPlSchG ist gemäß § 16 Abs. 7 ArbPlSchG auf den seit dem 1.7.2011 allein vorgesehenen freiwilligen Wehrdienst entsprechend anzuwenden.
§ 2 Abs. 1 EÜG	Der Arbeitgeber darf das Arbeitsverhältnis während der Eignungsübung nicht kündigen.
§ 58 Abs. 2 BImSchG	Die ordentliche Kündigung des Immissionsschutzbeauftragten ist unzulässig.
§§ 58d, 58 Abs. 2 BImSchG	Die ordentliche Kündigung des Störfallbeauftragten ist unzulässig.
§ 60 Abs. 3 KrWG i. V. m. § 58 Abs. 2 BImSchG	Die ordentliche Kündigung des Abfallbeauftragten ist unzulässig.
§ 66 WHG i. V. m. 58 Abs. 2 BImSchG	Die ordentliche Kündigung des Gewässerschutzbeauftragten ist unzulässig.
§ 38 Abs. 2 i. V. m. § 6 Abs. 4 BDSG	Die ordentliche Kündigung des Datenschutzbeauftragten ist unzulässig.
§ 7 Abs. 7 GwG	Die ordentliche Kündigung des Geldwäschebeauftragten und seines Stellvertreters ist unzulässig.
§ 5 PflegeZG	Von der Ankündigung bis zur Beendigung der kurzzeitigen Arbeitsverhinderung nach § 2 oder der Pflegezeit nach § 3 darf der Arbeitgeber das Arbeitsverhältnis nicht kündigen.
§ 2 Abs. 3 FPfZG i. V. m. § 5 PflegeZG	Von der Ankündigung der Freistellung bis zur Beendigung der Familienpflegezeit darf der Arbeitgeber das Arbeitsverhältnis nicht kündigen.
§ 8 Abs. 1 ATZG	Die Beantragung von Altersteilzeitarbeit ist kein Kündigungsgrund.
§ 22 Abs. 2 BBiG	Auszubildenden kann nach der Probezeit nur aus wichtigem Grund und ohne Einhalten einer Kündigungsfrist gekündigt werden.
§ 36 Abs. 1 HinSchG	Gegen hinweisgebende Personen gerichtete Repressalien sind verboten. Hierunter sind insbesondere auch Kündigungen zu verstehen.

Kurzfristige Beschäftigung: Prüfung der Berufsmäßigkeit

Eine Voraussetzung für eine versicherungsfreie kurzfristige Beschäftigung ist, dass diese nicht berufsmäßig ausgeübt wird. Ob Berufsmäßigkeit vorliegt oder nicht, hängt jedoch von verschiedenen Faktoren ab. Hier werden die häufigsten Fallkonstellationen aus der Praxis dargestellt und bewertet, ob sich Berufsmäßigkeit aufgrund des Status der Person ergeben kann. Berufsmäßigkeit aufgrund von anrechenbaren Vorbeschäftigungszeiten im laufenden Kalenderjahr kann sich grundsätzlich immer ergeben.

Wichtig
Die Prüfung der Berufsmäßigkeit ist nur bei Beschäftigungen erforderlich, bei denen das erzielte Arbeitsentgelt die monatliche Geringfügigkeitsgrenze überschreitet. Wird die Beschäftigung für einen kürzeren Zeitraum als einen Monat ausgeübt, ist im jeweiligen Monat dennoch keine anteilige Entgeltgrenze, sondern der monatliche Grenzbetrag anzusetzen.

Berufsmäßigkeit, Fallkonstellationen		
Eine kurzfristige Beschäftigung wird ausgeübt		**Berufsmäßig aufgrund des Status der Person Ja/Nein**
–	während parallel dazu eine **sozialversicherungspflichtige (Haupt-)Beschäftigung** ausgeübt wird.	Nein
–	während parallel dazu eine geringfügig entlohnte Beschäftigung mit einem monatlichen Arbeitsentgelt bis zur Geringfügigkeitsgrenze ausgeübt wird.	Nein

Berufsmäßigkeit, Fallkonstellationen		
Eine kurzfristige Beschäftigung wird ausgeübt		**Berufsmäßig aufgrund des Status der Person Ja/Nein**
–	im unmittelbaren oder auch zeitlich versetzten **Anschluss an bereits ausgeübte Beschäftigungen** mit einem monatlichen Arbeitsentgelt oberhalb der monatlichen Geringfügigkeitsgrenze. Die Addition aller solchen Beschäftigungszeiten im Laufe eines Kalenderjahres beträgt insgesamt mehr als 3 Monate oder 70 Arbeitstage (Zeiträume vor dem Ausscheiden aus dem Berufsleben werden nicht berücksichtigt). Bei der Prüfung der Berufsmäßigkeit stehen Zeiten der Meldung als Ausbildung- oder Arbeitsuchender bei der Agentur für Arbeit (mit oder ohne Leistungsbezug) den Beschäftigungszeiten gleich.	Ja
–	während der **Elternzeit**, unabhängig davon, bei welchem Arbeitgeber die Beschäftigung ausgeübt wird.	Ja
–	während eines **unbezahlten Urlaubs**, unabhängig davon, bei welchem Arbeitgeber die Beschäftigung ausgeübt wird.	Ja
–	während eines **bezahlten Erholungsurlaubs** bei einem anderen Arbeitgeber.	Nein
–	von Personen, die für eine mehr als kurzfristige Beschäftigung als **Ausbildung- oder Arbeitsuchende gemeldet** sind und/oder **Leistungen der Agentur für Arbeit beziehen**.	Ja
–	von Personen, die Hilfen zum Lebensunterhalt beziehen.	Ja
–	während des **Bezugs von Vorruhestandsgeld** (i. S. d. § 3 Satz 1 Nr. 4 SGB VI).	Nein
–	während der Ableistung eines **freiwilligen Wehrdienstes**.	Nein
–	zwischen **Beendigung des freiwilligen Wehrdienstes** und dem **Beginn des Studiums**.	Nein[1]

[1] Mit Einschränkung, s. GeringfRL: Abschn. 2.3.3.3.

Berufsmäßigkeit, Fallkonstellationen		
Eine kurzfristige Beschäftigung wird ausgeübt		**Berufsmäßig aufgrund des Status der Person Ja/Nein**
–	während des **vollzeitlichen Besuchs einer allgemeinbildenden Schule** (z. B. Haupt- oder Realschule oder Gymnasium).	Nein
–	zwischen **Schulentlassung und freiwilligem Wehrdienst.**	Ja
–	zwischen **Schulentlassung** und Beginn eines **freiwilligen sozialen oder ökologischen Jahres.** Dies gilt auch dann, wenn nach der Ableistung des freiwilligen Jahres voraussichtlich ein Studium aufgenommen wird.	Ja
–	zwischen **Schulentlassung und Beginn eines Bundesfreiwilligendienstes.** Dies gilt auch dann, wenn nach der Ableistung des freiwilligen Jahres voraussichtlich ein Studium aufgenommen wird.	Ja
–	während eines **freiwilligen sozialen oder ökologischen Jahres.**	Nein
–	während der **Teilnahme am Bundesfreiwilligendienst.**	Nein
–	zwischen **Schulabschluss** und der **ersten Aufnahme eines Ausbildungsverhältnisses oder anderweitigen Dauerarbeitsverhältnisses.**	Ja
–	zwischen **Schulentlassung** und Beginn eines **Dienstverhältnisses als Beamter.**	Ja
–	zwischen einer (nach dem Abitur ausgeübten) **Berufsausbildung und dem Beginn des Studiums.** Bei welchem Arbeitgeber der befristete Job ausgeübt wird, ist für die Beurteilung unbeachtlich.	Nein
–	zwischen **Schulentlassung** und der **Aufnahme eines praxisintegrierten dualen Studiums.**	Ja
–	zwischen **Schulabschluss** und **beabsichtigter Fachschulausbildung bzw. beabsichtigtem Studium.**	Nein

Berufsmäßigkeit, Fallkonstellationen		
Eine kurzfristige Beschäftigung wird ausgeübt		Berufsmäßig aufgrund des Status der Person Ja/Nein
–	**zwischen Schulabschluss und freiwilligem Wehrdienst**, auch wenn danach nicht die Aufnahme einer Beschäftigung, sondern die **Aufnahme eines Studiums** beabsichtigt ist.	Ja
–	zwischen **Schulentlassung und Beginn des Dienstverhältnisses als Soldat auf Zeit**, auch wenn danach die **Aufnahme eines Studiums** beabsichtigt ist.	Ja
–	während der **Praktikumszeit von Schülern einer Fachoberschule**.	Nein
–	während des **Studiums**.	Nein
–	zwischen dem **Abschluss eines Studiums** und **Aufnahme einer Beschäftigung**.	Ja
–	von Personen, die **aus dem Erwerbsleben ausgeschieden** sind (Rentner, Pensionäre, Hausfrauen).	Nein
–	von **Erntehelfern aus dem Ausland – außerhalb der EU**, welche im Bereich der Landwirtschaft (z. B. im Obst-, Gemüse- und Weinbau) saisonal und zeitlich begrenzt beschäftigt werden.	– Nein, wenn der Erntehelfer beim Arbeitgeber in seinem Herkunftsland (außerhalb der EU) bezahlten Erholungsurlaub genommen hat, oder wenn er dort Schüler, Hausfrau oder selbstständig Tätiger ist. – Ja, wenn der ausländische Erntehelfer beim Arbeitgeber in seinem Heimatland (außerhalb der EU) für die Zeit seiner Erntehelfertätigkeit in Deutschland unbezahlten Urlaub genommen hat.

Berufsmäßigkeit, Fallkonstellationen		
Eine kurzfristige Beschäftigung wird ausgeübt		**Berufsmäßig aufgrund des Status der Person Ja/Nein**
–	von **Erntehelfern aus dem Ausland – innerhalb der EU**, welche im Bereich der Landwirtschaft (z. B. im Obst-, Gemüse- und Weinbau) saisonal und zeitlich begrenzt beschäftigt werden.	– Nein, wenn der Erntehelfer in seinem **EU-Heimatland** weder als Arbeitnehmer beschäftigt noch selbstständig tätig ist (Hausfrauen, Studenten). Deutsches Sozialversicherungsrecht ist nur unter dieser Voraussetzung für diese ausländischen Erntehelfer aus EU-Herkunftsländern relevant. Eine geringfügige kurzfristige Beschäftigung nach deutschem Recht kommt nur unter den o. g. Umständen in Betracht. Ist der Erntehelfer im EU-Heimatland als Hausfrau bzw. Student tätig, so kann Berufsmäßigkeit nicht unterstellt werden. – Sofern der Erntehelfer jedoch im **EU-Heimatland** als Arbeitnehmer bzw. als Selbstständiger tätig ist, ist bei zeitlich befristeten Beschäftigungen in Deutschland nicht das deutsche Sozialversicherungsrecht relevant. Es ist allein das Sozialversicherungsrecht des EU-Heimatlands des Erntehelfers relevant (Vorlage der Bescheinigung „A1" bzw. „E101" des Sozialversicherungsträgers des EU-Heimatlands). Eine geringfügige, d. h. auch kurzfristige Beschäftigung kommt hier nicht in Betracht, denn ausländische Staaten haben keine vergleichbaren Regelungen. In diesen Fällen sind vom deutschen Arbeitgeber Beiträge nach dem Recht des EU-Heimatlands des Erntehelfers zu berechnen und an den ausländischen Sozialversicherungsträger abzuführen.

Ausführung der häufigsten Sachverhalte. Weitere sind denkbar.

Lieferkettensorgfaltspflichtengesetz: To-Do's für Unternehmen

Anna-Lena Glander/Maren Rinkens

Die HR-Abteilung eines Unternehmens und ihr Umgang mit Compliance-Themen kann für die Compliance im Unternehmen eine wichtige Rolle einnehmen. Beispielsweise kann diese in die Ausarbeitung und Einführung von Verhaltensrichtlinien und Arbeitsanweisungen, ebenso wie bei der Gestaltung der Compliance-Kultur im Unternehmen, eingebunden werden. Themen wie Einstellungen, Zuständigkeiten, Personalentwicklung, Schulungen und Beförderungen, aber auch Fehlverhalten von Mitarbeitern und Hinweisgebersysteme führen zu regelmäßigen Berührungspunkten mit der Belegschaft.

Einige der Verpflichtungen nach dem LkSG – je nach Aufbau des Unternehmens – können sinnvollerweise direkt bei der HR verortet werden, wie im Falle eines bei HR angebundenen Menschenrechtsbeauftragten. Auch liegen einige Informationen, die zur Erfüllung des LkSG benötigt werden, direkt bei HR vor, wie bspw. Informationen über die Arbeitsbedingungen im eigenen Unternehmen.

Mitarbeiter der HR in nach dem LkSG verpflichteten Unternehmen sollten somit sicherstellen, die gesetzlichen und bußgeldbewehrten Verpflichtungen umzusetzen und dies zu dokumentieren. Dies gilt, obwohl die derzeitigen gesetzlichen Regelungen teilweise noch offene Punkte hinsichtlich der konkreten und praktikablen Ausgestaltung der entsprechenden Verpflichtungen entlang der Lieferkette enthalten.

Hinweis:

Unternehmen mit (Haupt-)Sitz in Deutschland und in der Regel mind. 3.000 Mitarbeitern sind seit dem 1.1.2023 zur Einhaltung der Pflichten des LkSG verpflichtet. Am 1.1.2024 ist diese Schwelle auf 1.000 Mitarbeiter gesunken. Das BAFA hat als zuständige Aufsichtsbehörde im Juli 2023 einen FAQ-Katalog und eine ergänzende Executive Summary explizit für **kleine und mittlere Unternehmen** veröffentlicht, um diesen eine Hilfestellung für den Umgang mit den Anforderungen des LkSG zu bieten.

Wichtig

Die häufig gestellten Fragen (FAQ) zum Lieferkettengesetz beantwortet das BAFA in Zusammenarbeit mit den zuständigen Ministerien, dem Bundesministerium für Wirtschaft und Klimaschutz (BMWK) und dem Bundesministerium für Arbeit und Soziales (BMAS), im Rahmen eines FAQ-Kataloges, der fortlaufend weiterentwickelt und aktualisiert wird. Auf der Internetseite des BAFA werden neben den Handreichungen auch weitere Unterstützungsangebote zur Umsetzung aufgezeigt.

Vor diesem Hintergrund sollte sichergestellt werden, dass – falls möglich – insbesondere die folgenden Maßnahmen getroffen werden:

[ ] **Bestandsaufnahme** LkSG-relevanter Themenbereiche

Hinweis

Für den Bereich der Kredit- und Versicherungswirtschaft existiert seit August 2023 eine eigene Handreichung des BAFA zur Anwendung des LkSG.

[ ] Klares und ggf. öffentliches Bekenntnis der Unternehmensleitung, Umweltschutz und Menschenrechte im eigenen Geschäftsbereich einzuhalten und dies auch von den Zulieferern zu erwarten. Publikationsort kann und sollte unter Umständen neben der unternehmensinternen Infrastruktur (Intranet, Code of Conduct, Richtlinien etc.) bspw. auch die Website des Unternehmens sein

[ ] Festlegung **betriebsinterner Verantwortlichkeiten und Zuständigkeiten** sowie entsprechende Auswahl **und Benennung des/der Verantwortliche(n)**, bspw. eines Menschenrechtsbeauftragten, sowie der entsprechenden Vertreter

Tipp

In Bezug auf diese(n) Verantwortliche(n) müssen Vorgaben zur konkreten Eingliederung in die Betriebsorganisation gemacht und Zuständigkeiten verankert werden. Detaillierte Stellenbeschreibungen sowie entsprechende Schulungen sind zudem sinnvoll. Dem/den Verantwortlichen müssen die für die Tätigkeit erforderlichen Mittel zur Verfügung gestellt und die Verpflichtung zur Erfüllung der Berichtspflichten klar definiert werden. Eine externe Auslagerung der Position ist nach dem Gesetzeswortlaut nicht möglich!

[ ] Etablierung und Dokumentation eines **Lieferketten-Risikomanagementsystems** und **Umsetzung der Sorgfaltspflichten**, die durch das LkSG etabliert werden. Unternehmen sind gefordert, angemessene und wirksame Prozesse zur Umsetzung ihrer Sorgfaltspflichten einzuführen, zu überwachen und weiterzuentwickeln

Hinweis

Das Prinzip der Angemessenheit setzt den übergreifenden Rahmen für die Umsetzung der Sorgfaltspflichten, die durch das Lieferkettensorgfaltspflichtengesetz (LkSG) etabliert werden. Insoweit kann die im Dezember 2022 veröffentlichte Handreichung des BAFA „zum Prinzip der Angemessenheit nach den Vorgaben des Lieferkettensorgfaltspflichtengesetzes" zu Rate gezogen werden. In dieser Handreichung wird der Begriff der Angemessenheit im Sinne des Gesetzes erläutert und Hinweise zur praktischen Bedeutung gegeben. Dies wird durch Hinweise auf ausgewählte Umsetzungshilfen ergänzt.

Die geforderten Prozesse beinhalten unter anderem:

[ ] Entwicklung von **Risikoanalyseverfahren** (Festlegung Analysekriterien) und Durchführung **regelmäßiger Risikoanalysen**

Hinweis

Insoweit kann die im August 2022 erschienene Handreichung des BAFA „zur Umsetzung einer Risikoanalyse nach den Vorgaben des Lieferkettensorgfaltspflichtengesetzes" zu Rate gezogen werden.

[ ] Einführung von **Präventionsmaßnahmen** im eigenen Betrieb sowie gegenüber den unmittelbaren Zulieferern, beispielsweise durch
- Erlass bzw. Anpassung unternehmensinterner Regelungen, bspw. Code of Conduct, interne (Verhaltens-)Richtlinien zur Lieferantenauswahl o. Ä.
- Kontroll- und Zustimmungsmechanismen in Form von Lieferantenfragebögen, Modifizierung AGB in Lieferantenrahmenverträgen oder aber die Verankerung in Lieferantenkodizes

Tipp

Unternehmen, die bereits vor Inkrafttreten des LkSG Lieferantenrahmenvereinbarungen vorgesehen oder ihre Lieferanten zur Unterzeichnung ihres Supplier Code of Conduct verpflichtet haben, sollten prüfen, ob diese noch, gemessen an den Vorschriften des LkSG, lege artis sind. Dies gilt nicht nur für die Verpflichtung neuer Zulieferer, sondern vielmehr auch hinsichtlich der bereits verpflichteten Bestandszulieferer.

- Due Diligence entlang der Lieferkette
- Audits in der Lieferkette oder Anforderung von Zertifizierungen
- Etablierung von Kontrollmaßnahmen

Hinweis

In diesem Zusammenhang kann die im August 2023 veröffentlichte Handreichung des BAFA zur „Zusammenarbeit in der Lieferkette zwischen verpflichteten Unternehmen und ihren Zulieferern" ebenfalls für Hilfestellungen bezüglich der Umsetzung in der Praxis zurate gezogen werden.

[ ] Ggf. Ergreifen von unverzüglichen **Abhilfemaßnahmen**, ggf. eines **Abhilfekonzepts**, soweit Pflichtverletzungen eingetreten sind oder kurz bevorstehen. Zudem im Falle von – ggf. bußgeldbewehrten – Verstößen frühzeitige unternehmensinterne Aufklärung des Sachverhalts, ggf. unter Einbindung von Spezialisten (insbesondere im Hinblick auf Kommunikation mit Behörden), um die Gefahr weiterer Schäden und behördlicher Verfahren sowie Bußgelder frühestmöglich abzuwenden bzw. zu verringern

[ ] Ggf. Abgabe einer **Grundsatzerklärung** über die Menschenrechtsstrategie des Unternehmens

[ ] Etablierung eines Verfahrens zur Erfüllung von **Dokumentations- und Berichtspflichten** (auch zu Arbeitsbedingungen entlang der gesamten Lieferkette):

Tipp

Unternehmen, mit in der Regel mind. 3.000 Mitarbeitern müssen seit dem 1.1.2023 die Dokumentationspflicht des LkSG erfüllen, seit dem 1.1.2024 trifft diese Pflicht auch Unternehmen mit in der Regel mind. 1.000 Mitarbeitern. Unternehmen mit einer größeren Anzahl von Zulieferern können zu diesem Zweck ein professionelles Dokumentenmanagement- und Datenbanksystem für die Archivierung sowie die Aktualisierung der entsprechenden Dokumente, insbesondere von Nachweisen zur Erfüllung der Sorgfaltspflichten, einführen.

Hinweis

Im Oktober 2022 hat das BAFA einen Fragenkatalog für die Erstellung des Jahresberichts veröffentlicht. Der Fragenkatalog, der aktuell 437 Multiple-Choice-Fragen umfasst, unterstützt Unternehmen bei der Umsetzung der gesetzlichen Anforderungen des LkSG und ermöglicht ihnen zu prüfen, ob und ggf. in welchem Umfang sie die unternehmerischen Sorgfaltspflichten nach dem LkSG bereits erfüllen bzw. wo ggf. Handlungsbedarf besteht. Damit kann der Katalog auch als Kontrolle der eigenen Bemühungen zur Erfüllung der Sorgfaltspflichten genutzt werden.

[ ] Angemessenes und einfach zugängliches **Beschwerdeverfahren nebst öffentlich zugänglicher Verfahrensordnung**

Hinweis

Insoweit kann die im Oktober erschienene Handreichung des BAFA „Beschwerdeverfahren nach dem Lieferkettensorgfaltspflichtengesetz" zu Rate gezogen werden.

Tipp

Das Beschwerdeverfahren kann unter Umständen mit einem eingerichteten Hinweisgebersystem kombiniert werden, um Risiken, Missstände und Verstöße im Unternehmen selbst sowie in der Lieferkette – im Interesse des Unternehmens sowie aller Mitarbeiter – frühestmöglich aufzudecken und abstellen zu können. Im Rahmen der Etablierung des Hinweisgebersystems sind bei verpflichteten Unternehmen allerdings die besonderen Voraussetzungen an das Beschwerdeverfahren zu berücksichtigen, die das LkSG an verpflichtete Unternehmen in der Lieferkette stellt.

[ ] Implementierung einer **unternehmensinternen Infrastruktur**, die u. a. regelmäßige und anlassbezogene **Schulungen** aller betroffenen Mitarbeiter, entsprechende **Richtlinien und Guidelines** sowie **Kontrollmechanismen** enthält. Die Verhaltensregelungen und -erwartungen bedürfen zu ihrer Verbindlichkeit gegenüber den Mitarbeitern zudem der Implementierung in das Arbeitsverhältnis

Tipp

Vorgehalten sollte neben der Grundsatzerklärung und der Verfahrensordnung zum Beschwerdeverfahren auch ein Verhaltenskodex, ggf. ein Lieferantenkodex, Richtlinie(n) zur Beschaffung und Auswahl von Lieferanten sowie dem entsprechenden Freigabeprozess, Fragebögen für die Lieferanten zu Lieferketten- und Compliance-bezogenen Themen, Schulungskonzepte und ggf. Checklisten zu den Lieferketten-Sorgfaltspflichten für die jeweils verantwortlichen Mitarbeiter.

[ ] Laufendes **Monitoring** der nationalen und internationalen Gesetzes- und Regelungsentwicklung (bspw. auch bzgl. Umsetzungshilfen wie Handreichungen) im Hinblick auf die Lieferkette sowie deren Auswirkungen auf das Unternehmen und Anpassung der internen Maßnahmen und Regelungen

[ ] Bei der Etablierung und Durchführung all dieser Maßnahmen ist zudem darauf zu achten, einen etwaigen Betriebsrat bei mitbestimmungspflichtigen Angelegenheiten einzubinden.

Lohn- und einkommensteuerliche Werte 2024

Für die laufende Lohnabrechnung ist es hilfreich, immer die aktuellen Höchst-, Frei- und Pauschbeträge im Blick zu haben. Sortiert nach dem Alphabet enthält die Tabelle alle wichtigen Zahlen und Beträge zur Lohn- und Einkommensteuer. Zur besseren Vergleichbarkeit werden zusätzlich zu den aktuellen Werten auch die Vorjahreswerte dargestellt und Änderungen zum Vorjahr sind gefettet.

	Rechtsgrundlage	2024 EUR	2023 EUR
Altersentlastungsbetrag	§ 24a EStG		
– Höchstbetrag		**608**[1]	646[1]
– Prozentsatz		**12,8 %**[1]	13,6 %[1]
Antragsgrenze für Eintragung eines Freibetrags in den ELStAM	§ 39a Abs. 2 EStG		
Arbeitnehmer-Pauschbetrag			
– Aktivbezüge	§ 9a Nr. 1a EStG	1.230	1.230
– Versorgungsbezüge	§ 9a Nr. 1b EStG	102	102
Aufmerksamkeit	R 19.6 LStR	60	60
Ausbildungsfreibetrag für Kinder ab 18 Jahren bei auswärtiger Unterbringung	§ 33a Abs. 2 EStG	1.200	1.200
BAV (Betriebliche Altersversorgung)			
Beiträge des Arbeitgebers aus dem ersten Dienstverhältnis an einen Pensionsfonds, eine Pensionskasse oder für eine Direktversicherung			
– steuerfrei bis jährlich 8 % der BBG/West	§ 3 Nr. 63 EStG	**7.248**	7.008
– Höchstbetrag bei Beendigung des Dienstverhältnisses (Vervielfältigungsregelung): max. 4 % der BBG/West × Dienstjahre, max. 10 Jahre	§ 3 Nr. 63 Satz 3 EStG	**36.240**	35.040
– Höchstbetrag bei Nachzahlungen (Nachholung): max. 8 % der BBG/West × Dienstjahre, max. 10 Jahre	§ 3 Nr. 63 Satz 4 EStG	**72.480**	70.080

[1] Das Gesetzgebungsverfahren, das eine Änderung des Werts vorsieht, ist noch nicht abgeschlossen. Ggf. wird eine Änderung im Laufe des Jahres 2024 folgen.

	Rechtsgrundlage	2024 EUR	2023 EUR
Beiträge des Arbeitgebers aus dem ersten Dienstverhältnis an eine nicht kapitalgedeckte Pensionskasse			
– steuerfrei bis jährlich 3 % der BBG/West	§ 3 Nr. 56 EStG	**2.718**	2.628
BAV-Förderbetrag (Fördersatz 30 %)	§ 100 EStG		
– Förder-Höchstbetrag		288	288
– Mindestanlagebetrag		240	240
– Arbeitgeberbeitrag steuerfrei bis		960	960
Arbeitslohn des Arbeitnehmers max.			
– jährlich		30.900	30.900
– monatlich		2.575	2.575
– wöchentlich		600,84	600,84
– täglich		85,84	85,84
Behinderten-Pauschbetrag	§ 33b Abs. 3 EStG		
Grad der Behinderung von mind.			
– 20		384	384
– 30		620	620
– 40		860	860
– 50		1.140	1.140
– 60		1.440	1.440
– 70		1.780	1.780
– 80		2.120	2.120
– 90		2.460	2.460
– 100		2.840	2.840
Behinderten-Pauschbetrag für Blinde, Taubblinde und Menschen, die hilflos sind (Merkzeichen „Bl“, „TBl“ und „H“)		7.400	7.400
Behinderungsbedingte Fahrtkosten-Pauschale	§33b Abs. 2a EStG		
– für Menschen mit einem Grad der Behinderung von mind. 80 oder mit einem von mind. 70 und dem Merkzeichen „G“		900	900

	Rechtsgrundlage	2024 EUR	2023 EUR
– für Menschen mit dem Merkzeichen „aG“, „Bl“, „TBl“ oder „H“		4.500	4.500
Beihilfen und Unterstützungen in Notfällen, steuerfrei bis	R 3.11 Abs. 2 LStR	600	600
Berufsausbildungskosten als Sonderausgaben	§ 10 Abs. 1 Nr. 7 EStG	6.000	6.000
Betriebsveranstaltung (Freibetrag je Arbeitnehmer einschl. USt)	§ 19 Abs. 1 Satz 1 Nr. 1a EStG	110[1]	110
Betriebsfeiern für einzelne Arbeitnehmer, z. B. Diensteinführung, Amts- oder Funktionswechsel, Verabschiedung, rundes Arbeitnehmerjubiläum (Frei*grenze* für Sachleistungen je Teilnehmer einschl. USt)	§ 19 EStG, R 19.3 Abs. 2 Nr. 3 LStR	110	110
Betreuungsleistungen zur besseren Vereinbarkeit von Familie und Beruf	§ 3 Nr. 34a EStG		
– Zahlungen des Arbeitgebers an ein Dienstleistungsunternehmen, das einen Mitarbeiter hinsichtlich der Betreuung von Kindern oder von pflegebedürftigen Angehörigen berät oder hierfür Betreuungspersonen vermittelt	Buchst. a)	Leistungen in tatsächlicher Höhe (unbegrenzt)	Leistungen in tatsächlicher Höhe (unbegrenzt)
– Zahlungen an den Arbeitnehmer zur kurzfristigen Betreuung von Kindern und pflegebedürftigen Angehörigen, wenn diese Aufwendungen aus zwingenden und beruflich veranlassten Gründen entstanden sind (Höchstbetragsgrenze)	Buchst. b)	600	600
Doppelte Haushaltsführung	§ 9 Abs. 1 Nr. 5 EStG, R 9.11 Abs. 5–10 LStR		
Fahrtkosten (Pkw)			
– erste und letzte Fahrt je gefahrenen Kilometer		0,30	0,30
– eine Heimfahrt wöchentlich bis zum 20. Entfernungskilometer		0,30	0,30
– eine Heimfahrt wöchentlich ab dem 21. Entfernungskilometer		0,38	0,38

	Rechtsgrundlage	2024 EUR	2023 EUR
Verpflegungsmehraufwendungen für die ersten 3 Monate (nur pauschal, kein Einzelnachweis möglich)			
– Abwesenheit mehr als 8 Stunden		14[1]	14
– An- und Abreisetag[2]		14[1]	14
– Abwesenheit 24 Stunden		28[1]	28
Übernachtungspauschale je Übernachtung (nur Arbeitgeberersatz)			
– 1. bis 3. Monat		20	20
– ab dem 4. Monat		5	5
– monatliche Obergrenze bei Erstattung der tatsächlichen, nachgewiesenen Übernachtungskosten		1.000	1.000
Pauschale bei Berufskraftfahrern		8[1]	8
Elektro-Dienstwagen: Pauschaler Auslagenersatz für das Aufladen eines E-Dienstwagens (nur Pkw) beim Arbeitnehmer zu Hause	BMF, Schreiben v. 29.9.2020, IV C 5 – S 2334/19/10009 :004, BStBl 2020 I S. 972, Rz. 23 und 24		
mit zusätzlicher Lademöglichkeit beim Arbeitgeber			
– für Elektrofahrzeuge		30	30
– für Hybridelektrofahrzeuge		15	15
ohne Lademöglichkeit beim Arbeitgeber			
– für Elektrofahrzeuge		70	70
– für Hybridelektrofahrzeuge		35	35
Entfernungspauschale	§ 9 Abs. 1 Nr. 4 EStG		
– bis zum 20. Entfernungskilometer		0,30	0,30
– ab dem 21. Entfernungskilometer		0,38	0,38
– Höchstbetrag[3]		4.500	4.500

[2] An- und Abreisetag setzen eine Übernachtung voraus und sind daher nur bei mehrtägigen Auswärtstätigkeiten möglich.

[3] Gilt nicht bei Nutzung eines Pkw, bei tatsächlichen ÖPV-Kosten über 4.500 EUR pro Jahr sowie für Menschen mit Behinderung i. S. v. § 9 Abs. 2 EStG.

	Rechtsgrundlage	2024 EUR	2023 EUR
Entlastungsbetrag für Alleinerziehende	§ 24b EStG		
– (Grund-)Entlastungsbetrag für das 1. Kind		4.260	4.260
– Erhöhungsbetrag für das 2. und jedes weitere Kind[4]		240	240
Fehlgeldentschädigung	R 19.3 Abs. 1 Nr. 4 LStR	16	16
Geringwertige Wirtschaftsgüter (Anschaffungskosten ohne USt)	§ 9 Abs. 1 Satz 3 Nr. 7 EStG i. V. m. § 6 Abs. 2 Satz 1 EStG	800[1]	800
Geschenk			
– an Arbeitnehmer (Aufmerksamkeit)	19.6 LStR	60	60
– an Geschäftsfreunde	§ 4 Abs. 5 Satz 1 Nr. 1 EStG	35[1]	35
Gesundheitsförderung, betriebliche (Freibetrag für Arbeitgeberleistungen)	§ 3 Nr. 34 EStG	600	600
Grundfreibetrag	§ 32a EStG	**11.604**[5]	10.908
Haushaltsnahe Beschäftigungsverhältnisse: Aufwendungen für die Inanspruchnahme haushaltsnaher Dienstleistungen und Handwerkerleistungen (Steuerermäßigung)	§ 35a EStG		
– 20 % der Aufwendungen bei geringfügiger Beschäftigung im Sinne des § 8a SGB IV bis höchstens		510	510
– 20 % der Aufwendungen bei sozialversicherungspflichtigen Beschäftigungsverhältnissen in privaten Haushalten und bei der Inanspruchnahme haushaltsnaher Dienstleistungen bis höchstens		4.000	4.000
– 20 % der Aufwendungen bei Handwerkerleistungen in und um die zu Wohnzwecken genutzte Wohnung bis höchstens		1.200	1.200

[4] Der Erhöhungsbetrag ist i. R. d. Lohnsteuer-Ermäßigungsverfahrens vom Arbeitnehmer beim Wohnsitzfinanzamt zu beantragen.

[5] Lt. dem Inflationsausgleichsgesetz v. 8.12.2022. Es wurde aber eine Änderung für das Jahr 2024 angekündigt, die rückwirkend ab 1.1.2024 gelten soll.

	Rechtsgrundlage	2024 EUR	2023 EUR
Hinterbliebenen-Pauschbetrag	§ 33b Abs. 4 EStG	370	370
Kinderbetreuungskosten je Kind unter 14 Jahren ohne weitere Voraussetzungen (Höchstbetrag)	§ 10 Abs. 1 Nr. 5 EStG	2/3 der Aufwendungen, max. 4.000	2/3 der Aufwendungen, max. 4.000
Kinderfreibeträge Freibetrag für den Betreuungs- und Erziehungs- oder Ausbildungsbedarf (sog. BEA-Freibetrag)	§ 32 Abs. 6 EStG		
– je Kind, für das ein Kinderfreibetrag zusteht		1.464	1.464
– je Kind bei Zusammenveranlagung		2.928	2.928
Kinderfreibetrag			
– je Kind		**3.192**[5]	3.012
– je Kind bei Zusammenveranlagung		**6.384**[5]	6.024
= Gesamter Freibetrag für Kinder			
– je Kind bei Einzelveranlagung		**4.656**[5]	4.476
– je Kind bei Zusammenveranlagung		**9.312**[5]	8.952
Kindergeld	§ 66 Abs. 1 EStG		
– für das 1. und 2. Kind		250	250
– für das 3. Kind		250	250
– für das 4. und jedes weitere Kind		250	250
– Einmaliger Kinderbonus			–
Kundenbindungsprogramme, Sachprämien steuerfrei bis	§ 3 Nr. 38 EStG	1.080	1.080
Lohnsteuer-Anmeldungszeitraum	§ 41a Abs. 2 EStG		
– monatliche Abgabe, wenn abzuführende Lohnsteuer des Vorjahres über		5.000	5.000
– vierteljährliche Abgabe, wenn abzuführende Lohnsteuer des Vorjahres über		1.080	1.080
– jährliche Abgabe, wenn abzuführende Lohnsteuer des Vorjahres nicht mehr als		1.080	1.080

	Rechtsgrundlage	2024 EUR	2023 EUR
Nebenberufliche Tätigkeit			
– als Übungsleiter, Ausbilder, Erzieher, Betreuer u. ä. (Freibetrag)	§ 3 Nr. 26 EStG	3.000	3.000
– im gemeinnützigen, mildtätigen kirchlichen Bereich (Freibetrag)	§ 3 Nr. 26a EStG	840	840
Pauschalierung bei Aushilfskräften in der Land- und Forstwirtschaft (Stundenlohngrenze)	§ 40a Abs. 3 EStG	19	19
Pauschalierung bei Direktversicherungen und Pensionskassen	§ 40b Abs. 2 EStG, § 40b Abs. 2 EStG a. F.		
– Höchstbetrag im Kalenderjahr je Arbeitnehmer		1.752	1.752
– Durchschnittsberechnung möglich bis zu (je Arbeitnehmer)		2.148	2.148
Pauschalierung der Einkommensteuer für bestimmte Sachzuwendungen an Arbeitnehmer und Nichtarbeitnehmer (Pauschalierungsgrenze)	§ 37b EStG	10.000	10.000
Pauschalierung bei kurzfristig Beschäftigten (Dauer: 18 Tage)	§ 40a Abs. 1 EStG		
– Arbeitslohn je Kalendertag (Ausnahme: Beschäftigung zu einem unvorhergesehenen Zeitpunkt)		150	150
– Stundenlohngrenze		19	19
Pauschalierung bei geringfügig Beschäftigten (Arbeitslohn im Monat)	§ 40a Abs. 2, 2a EStG	**538**	520
Pauschalierung bei Erholungsbeihilfen (Höchstbetrag)	§ 40 Abs. 2 Nr. 3 EStG		
– für den Arbeitnehmer		156	156
– für den Ehegatten		104	104
– je Kind		52	52

	Rechtsgrundlage	2024 EUR	2023 EUR
Pauschalierung von Fahrtkostenzuschüssen bei Fahrten zw. Wohnung und erster Tätigkeitsstätte mit dem eigenen Pkw des Arbeitnehmers	§ 40 Abs. 2 Satz 2 EStG		
– bis zum 20. Entfernungskilometer		0,30	0,30
– ab dem 21. Entfernungskilometer		0,38	0,38
Pauschalierung bei Gruppenunfallversicherungen (durchschnittliche Höchstgrenze im Kalenderjahr je Arbeitnehmer)	§ 40b Abs. 3 EStG	100[1]	100
Pauschalierung von sonstigen Bezügen je Arbeitnehmer höchstens	§ 40 Abs. 1 EStG	1.000	1.000
Pflege-Pauschbetrag	§ 33b Abs. 6 EStG		
– bei Pflegegrad 2		600	600
– bei Pflegegrad 3		1.100	1.100
– bei Pflegegrad 4 und 5		1.800	1.800
– bei Blinden und Menschen, die hilflos sind		1.800	1.800
Reisekosten			
Fahrtkosten je gefahrenem Kilometer	R 9.5 LStR		
– mit PKW		0,30	0,30
– mit Motorrad/Motorroller		0,20	0,20
– mit Moped/Mofa		0,20	0,20
– Mitnahmeentschädigung		0,00	0,00
Monatspauschale für Fahrrad[6]	§ 5 Abs. 3 BRKG i. V. m. der Allgemeinen Verwaltungsvorschrift zum BRKG	5	5

[6] Kostenersatz wurde im Laufe des Jahres 2022 im öffentlichen Dienst eingeführt und gilt aufgrund gesetzlichen Verweises auch für die lohnsteuerlichen Reisekosten.

	Rechtsgrundlage	2024 EUR	2023 EUR
Verpflegungsmehraufwendungen (nur pauschal, kein Einzelnachweis möglich)	§ 9 Abs. 4a EStG; R 9.6 LStR		
– Abwesenheit mehr als 8 Stunden		14[1]	14
– An- und Abreisetag[7]		14[1]	14
– Abwesenheit 24 Stunden		28[1]	28
Kürzung bei Mahlzeitengestellung			
– für ein Frühstück		5,60[1]	5,60
– für ein Mittag-/Abendessen		11,20[1]	11,20
Übernachtungspauschale im Inland je Übernachtung (nur für Arbeitgeberersatz)	R 9.7 LStR	20	20
Übernachtungspauschale für Berufskraftfahrer	§ 9 Abs. 1 Satz 3 Nr. 5b EStG	8[1]	8
Riester-Förderung	§ 10a ff. EStG, §79 ff. EStG		
– Grundzulage		175	175
– Kinderzulage für ab dem 1.1.2008 geborenen Kinder		300	300
– Kinderzulage für vor dem 1.1.2008 geborenen Kinder		185	185
– Sonderausgabenabzug pro Jahr höchstens		2.100	2.100
Sachbezugswerte	§ 8 Abs. 2 EStG, § 2 SvEV		
– Unterkunft (pro Monat)		**278**	265
Mahlzeiten (pro Tag)			
– Frühstück		**2,17**	2,00
– Mittag-/Abendessen		**4,13**	3,80

[7] An- und Abreisetag setzen eine Übernachtung voraus und sind daher nur bei mehrtägigen Auswärtstätigkeiten möglich.

	Rechtsgrundlage	2024 EUR	2023 EUR
Solidaritätszuschlag (Nullzone) Steuerklasse I, II, IV, V und VI	§ 3 Abs. 2a Satz 1 SolzG 1995		
– jährlich		**18.130**	17.543
– monatlich		**1.510,83**	1.461,92
– täglich		**50,36**	48,73
Steuerklasse III			
– jährlich		**36.260**	35.086
– monatlich		**3.021,68**	2.923,83
– täglich		**100,72**	97,46
Sonderausgaben-Pauschbetrag	§ 10c Abs. 1 EStG		
– Alleinstehende		36	36
– Verheiratete		72	72
Vermögensbeteiligung (Mitarbeiterkapitalbeteiligung)			
– steuerfrei bis jährlich	§ 3 Nr. 39 EStG	**2.000**	1.440
Vermögensbildung (Sparzulage)			
Einkommensgrenze bei Bausparverträgen	§ 13 Abs. 1 5. VermBG		
– Alleinstehende		**40.000**	17.900
– Verheiratete		**80.000**	35.800
Einkommensgrenze bei Vermögensbeteiligungen	§ 13 Abs. 1 Nr. 1 5. VermBG		
– Alleinstehende		**40.000**	20.000
– Verheiratete		**80.000**	40.000
geförderter Höchstbetrag	§ 13 Abs. 2 5. VermBG		
– für Bausparbeiträge, Aufwendungen für den Wohnungsbau		470	470
– für in Vermögensbeteiligungen angelegte vermögenswirksame Leistungen		400	400

	Rechtsgrundlage	**2024 EUR**	**2023 EUR**
Veranlagungspflichtgrenze bei Eintragung eines Freibetrags in den ELStAM	§ 46 Abs. 2 Nr. 4 EStG		
– bei Einzelveranlagung[8]		**12.870**[5]	12.174
– bei Zusammenveranlagung[9]		**24.510**[5]	23.118
Versorgungsfreibetrag[10]	§ 19 Abs. 2 Satz 3 EStG	**960**[1]	1.020[1]
– in % der Versorgungsbezüge		**12,8 %**[1]	13,6 %[1]
– Zuschlag zum Versorgungsfreibetrag		**288**[1]	306[1]
Zinsersparnis bei Arbeitgeberdarlehen	§ 8 Abs. 2 EStG	2.600	2.600

[8] Summe aus Grundfreibetrag, Arbeitnehmer-Pauschbetrag und Sonderausgaben-Pauschbetrag.

[9] Summe aus doppeltem Grundfreibetrag, Arbeitnehmer-Pauschbetrag und doppeltem Sonderausgaben-Pauschbetrag.

[10] Anteilig 1/12 für jeden Monat.

Lohnsteueranmeldung: Abgabe- und Zahlungsfristen

Der Arbeitgeber muss dem Betriebsstättenfinanzamt sowohl die von ihm einbehaltene als auch die zu seinen Lasten pauschal erhobene Lohnsteuer anmelden. Die Lohnsteuer-Anmeldung muss spätestens am 10. Tag nach Ablauf des Lohnsteuer-Anmeldezeitraums abgegeben werden. Die Tabelle enthält alle Fristen zur Abgabe der Lohnsteuer-Anmeldung für das aktuelle Jahr.

Monatliche Abgabe		
Anmeldezeitraum	**Anmeldefrist**	**Dreitägige Zahlungsschonfrist** (bei Überweisung oder Zahlungsanweisung; § 240 Abs. 3 AO)
Dezember (Vorjahr)	**Mi., 10.1.2024**	**Mo. 15.1.2024**[1]
Januar	Mo., 12.2.2024[1]	Do., 15.2.2024
Februar	Mo., 11.3.2024[1]	Do., 14.3.2024
März	**Mi., 10.4.2024**	**Mo., 15.4.2024**[1]
April	Fr., 10.5.2024	Mo., 13.5.2024
Mai	Mo., 10.6.2024	Do., 13.6.2024
Juni	**Mi., 10.7.2024**	**Mo., 15.7.2024**[1]
Juli	Mo., 12.8.2024[1]	Do., 15.8.2024
August	Di., 10.9.2024	Fr., 13.9.2024
September	**Do., 10.10.2024**	**Mo., 14.10.2024**[1]
Oktober	Mo., 11.11.2024[1]	Do., 14.11.2024
November	Di., 10.12.2024	Fr., 13.12.2024
Dezember	**Fr., 10.1.2025**	**Mo., 13.1.2025**

Bei einem **vierteljährlichen** Anmeldezeitraum gelten die **fett** hervorgehobenen Steuertermine. Bei **jährlicher** Abgabe gilt der **Dezember**-Termin.

[1] Verschoben wegen Fristende Samstag, Sonntag oder Feiertag.

Meldesachverhalte und Meldefristen

Im Meldeverfahren zur Sozialversicherung gibt es zahlreiche Sachverhalte, die mit unterschiedlichen Abgabegründen innerhalb bestimmter Fristen zu melden sind. Diese Meldesachverhalte, die entsprechenden Meldungen, Abgabegründe und Fristen werden hier übersichtlich dargestellt.

Anmeldungen			
Meldesachverhalt	**Art der Meldung**	**Abgabegrund**	**Frist**
Beginn der versicherungspflichtigen Beschäftigung	Anmeldung	10	Mit der ersten folgenden Entgeltabrechnung, spätestens innerhalb von 6 Wochen nach Beschäftigungsbeginn
Wechsel der Krankenkasse bei fortbestehendem Beschäftigungsverhältnis	Anmeldung (bei der neuen Krankenkasse)	11	Mit der ersten folgenden Entgeltabrechnung, spätestens innerhalb von 6 Wochen nach Krankenkassenwechsel
Wechsel der Beitragsgruppe bei fortbestehendem Beschäftigungsverhältnis	Anmeldung	12	Mit der ersten folgenden Entgeltabrechnung, spätestens innerhalb von 6 Wochen nach Beitragsgruppenwechsel
Sonstige Gründe/Änderungen im Beschäftigungsverhältnis	Anmeldung	13	Mit der ersten folgenden Entgeltabrechnung, spätestens innerhalb von 6 Wochen
Aufnahme einer Beschäftigung in bestimmten Wirtschaftsbereichen/-zweigen	Sofortmeldung	20	Spätestens am Tag der Beschäftigungsaufnahme

Abmeldungen			
Meldesachverhalt	**Art der Meldung**	**Abgabegrund**	**Frist**
Ende der versicherungspflichtigen Beschäftigung	Abmeldung	30	Mit der nächsten folgenden Entgeltabrechnung, spätestens innerhalb von 6 Wochen nach Beschäftigungsende
Wechsel der Krankenkasse bei fortbestehendem Beschäftigungsverhältnis	Abmeldung (bei der bisherigen Krankenkasse)	31	Mit der nächsten folgenden Entgeltabrechnung, spätestens innerhalb von 6 Wochen nach Krankenkassenwechsel
Wechsel der Beitragsgruppe bei fortbestehendem Beschäftigungsverhältnis	Abmeldung	32	Mit der nächsten folgenden Entgeltabrechnung, spätestens innerhalb von 6 Wochen nach Beitragsgruppenwechsel

Abmeldungen			
Meldesachverhalt	**Art der Meldung**	**Abgabegrund**	**Frist**
Sonstige Gründe/Änderungen im Beschäftigungsverhältnis	Abmeldung	33	Mit der nächsten folgenden Entgeltabrechnung, spätestens innerhalb von 6 Wochen nach der Änderung
Ende der Beschäftigung nach Unterbrechung ohne Fortzahlung des Arbeitsentgelts nach § 7 Abs. 3 Satz 1 SGB IV (z. B. unbezahlter Urlaub von mehr als einem Monat)	Abmeldung	34	Mit der nächsten folgenden Entgeltabrechnung, spätestens innerhalb von 6 Wochen nach Beschäftigungsende
Ende der Beschäftigung bei Unterbrechung wegen Arbeitskampf von mehr als einem Monat	Abmeldung	35	Mit der nächsten folgenden Entgeltabrechnung, spätestens innerhalb von 6 Wochen nach Beschäftigungsende
Wechsel des Entgeltabrechnungssystems (optional)	Abmeldung	36	Mit der nächsten folgenden Entgeltabrechnung, spätestens innerhalb von 6 Wochen nach dem Wechsel
Ende der Beschäftigung wegen Todes	Abmeldung	49	Mit der nächsten folgenden Entgeltabrechnung, spätestens innerhalb von 6 Wochen nach dem Todesfall

An-/Abmeldungen			
Meldesachverhalt	**Art der Meldung**	**Abgabegrund**	**Frist**
Beginn und Ende der versicherungspflichtigen Beschäftigung	Gleichzeitige An-/Abmeldung	40	Mit der ersten folgenden Entgeltabrechnung, spätestens innerhalb von 6 Wochen

Jahresmeldungen/Entgeltmeldungen			
Meldesachverhalt	**Art der Meldung**	**Abgabegrund**	**Frist**
Beschäftigungszeit und Arbeitsentgelt für jeden am 31.12. eines Jahres versicherungspflichtig Beschäftigten	Jahresmeldung	50	Mit der ersten folgenden Entgeltabrechnung, spätestens bis zum 15.2. des Folgejahres

Jahresmeldungen/Entgeltmeldungen			
Meldesachverhalt	**Art der Meldung**	**Abgabegrund**	**Frist**
UV-beitragspflichtiges Arbeitsentgelt für jeden am 31.12. eines Jahres Beschäftigten	UV-Jahresmeldung	92	Spätestens bis zum 16.2. des Folgejahres

Meldungen wegen Unterbrechung der Beschäftigung			
Meldesachverhalt	**Art der Meldung**	**Abgabegrund**	**Frist**
Unterbrechung der Beschäftigung ohne Fortzahlung des Arbeitsentgelts von weniger als einem Monat (z. B. unbezahlter Urlaub, Krankengeldbezug)	keine Meldung		
Unterbrechung der Beschäftigung ohne Fortzahlung des Arbeitsentgelts für mindestens einen Kalendermonat, ohne dass die Mitgliedschaft in der Kranken-/Pflegeversicherung davon berührt wird (z. B. Krankengeldbezug)	Unterbrechungsmeldung	51	2 Wochen nach Ablauf des ersten Kalendermonats der Unterbrechung
Unterbrechung der Beschäftigung wegen Elternzeit für mindestens einen Kalendermonat	Unterbrechungsmeldung	52	2 Wochen nach Ablauf des ersten Kalendermonats der Unterbrechung
Unterbrechung der Beschäftigung wegen Ableistung gesetzlicher Dienstpflicht oder freiwilligem Wehrdienst für mindestens einen Kalendermonat	Unterbrechungsmeldung	53	2 Wochen nach Ablauf des ersten Kalendermonats der Unterbrechung

Änderungsmeldungen			
Meldesachverhalt	**Art der Meldung**	**Abgabegrund**	**Frist**
Änderung des Namens eines Beschäftigten	Namensänderung	60	Mit der nächsten folgenden Entgeltabrechnung, spätestens innerhalb von 6 Wochen nach der Änderung
Änderung der Anschrift eines Beschäftigten	Anschriftenänderung	61	Mit der nächsten folgenden Entgeltabrechnung, spätestens innerhalb von 6 Wochen nach der Änderung
Änderung des Aktenzeichens/der Personalnummer eines Beschäftigten	Änderungsmeldung	62	Mit der nächsten folgenden Entgeltabrechnung, spätestens innerhalb von 6 Wochen nach der Änderung
Änderung der Staatsangehörigkeit	Änderungsmeldung	63	Mit der nächsten folgenden Entgeltabrechnung, spätestens innerhalb von 6 Wochen nach der Änderung

Meldungen in Insolvenzfällen			
Meldesachverhalt	**Art der Meldung**	**Abgabegrund**	**Frist**
Weiterbeschäftigung nach Eröffnung des Insolvenzverfahrens oder Nichteroffnung mangels Masse	Anmeldung	10	Mit der ersten folgenden Entgeltabrechnung, spätestens innerhalb von 6 Wochen nach Insolvenztag
Abmeldung weiterbeschäftigter Arbeitnehmer	Abmeldung	30	Mit der nächsten folgenden Entgeltabrechnung, spätestens innerhalb von 6 Wochen nach Beschäftigungsende
Freistellung von der Beschäftigung bei Eröffnung des Insolvenzverfahrens oder Nichteröffnung mangels Masse	Abmeldung zum Tag vor dem Insolvenztag	71	Mit der nächsten folgenden Entgeltabrechnung, spätestens innerhalb von 6 Wochen nach Insolvenztag
Rechtliches Ende der Beschäftigung während des Insolvenzverfahrens bei freigestellten Arbeitnehmern	Abmeldung (ohne erneute Anmeldung)	72	Mit der nächsten folgenden Entgeltabrechnung, spätestens innerhalb von 6 Wochen nach rechtlichem Ende

Meldungen in Insolvenzfällen			
Meldesachverhalt	**Art der Meldung**	**Abgabegrund**	**Frist**
Jahresmeldung für freigestellte Arbeitnehmer während des Insolvenzverfahrens	Jahresmeldung	70	Mit der ersten folgenden Entgeltabrechnung, spätestens bis zum 15.2. des Folgejahres

Meldungen für geringfügig Beschäftigte			
Meldesachverhalt	**Art der Meldung**	**Abgabegrund**	**Frist**
Beginn einer geringfügigen Beschäftigung	Anmeldung	10	Mit der ersten folgenden Entgeltabrechnung, spätestens innerhalb von 6 Wochen nach Beschäftigungsbeginn
Ende einer geringfügigen Beschäftigung	Abmeldung	30	Mit der nächsten folgenden Entgeltabrechnung, spätestens innerhalb von 6 Wochen nach Beschäftigungsende
Wechsel in der Art der geringfügigen Beschäftigung (§ 8 Abs. 1 Nr. 1 SGB IV nach § 8 Abs. 1 Nr. 2 SGB IV oder umgekehrt) beim selben Arbeitgeber	1. Meldung: Abmeldung	32	Mit der ersten bzw. nächsten folgenden Entgeltabrechnung, spätestens innerhalb von 6 Wochen nach der Änderung der Beschäftigung
	2. Meldung: Anmeldung	12	
Befreiung von der Rentenversicherungspflicht im laufenden Beschäftigungsverhältnis	1. Meldung: Abmeldung (BGR RV: 1)	32	Mit der ersten bzw. nächsten folgenden Entgeltabrechnung, spätestens innerhalb von 6 Wochen Wechsel der Beitragsgruppe
	2. Meldung: Anmeldung (BGR RV: 5)	12	
Beginn und Ende einer geringfügigen Beschäftigung	Gleichzeitige An-/Abmeldung	40	Mit der ersten folgenden Entgeltabrechnung, spätestens innerhalb von 6 Wochen

Weitere Meldungen			
Meldesachverhalt	**Art der Meldung**	**Abgabegrund**	**Frist**
Einmalig gezahltes Arbeitsentgelt (z. B. in beitragsfreien Zeiten)	Sondermeldung	54	Mit der ersten folgenden Entgeltabrechnung, spätestens innerhalb von 6 Wochen nach der Auszahlung
Meldung von nicht vereinbarungsgemäß verwendetem Wertguthaben (Störfall) im Rahmen flexibler Arbeitszeitregelungen	Sondermeldung	55	Mit der ersten folgenden Entgeltabrechnung, spätestens innerhalb von 6 Wochen nach dem Störfall
Meldung des Unterschiedsbetrags bei Entgeltersatzleistungen während Altersteilzeitarbeit	Sondermeldung	56	Mit der nächsten folgenden Entgeltabrechnung, spätestens innerhalb von 6 Wochen
Gesonderte Meldung über die beitragspflichtigen Einnahmen vor Rentenbeginn (§ 194 SGB VI) bei Rentenantragstellung	Sondermeldung	57	Mit der nächsten folgenden Entgeltabrechnung nach Antrag des Arbeitnehmers, frühestens 3 Monate vor Rentenbeginn
Meldung von Arbeitsentgelten bei Mehrfachbeschäftigung mit vermuteter Überschreitung der Beitragsbemessungsgrenze auf Anforderung der Krankenkasse (GKV-Monatsmeldung)	Sondermeldung	58	Mit der ersten folgenden Entgeltabrechnung, spätestens innerhalb von 6 Wochen nach Anforderung der Krankenkasse

Meldeverfahren (DEUV): Abgabegründe und Beitragsgruppen (Schlüsselzahlen)

Die Tabelle gibt einen Überblick über die Meldetatbestände und die Schlüsselzahlen der Abgabegründe (Meldegründe), wie sie sich aufgrund der Datenerfassungs- und übermittlungsverordnung (DEÜV) ergeben. Ferner ist eine Übersicht der Schlüsselzahlen für die Beitragsgruppen nach der DEÜV enthalten.

Der Inhalt dieser Tabelle ist die Anlage 1 (Stand: 28.06.2023) des GR v. 29.06.2016 zum Meldeverfahren zur Sozialversicherung.

Teil 1: Abgabegründe – Meldungen der Arbeitgeber	
Anmeldungen	
10	Anmeldung wegen Beginn einer Beschäftigung
11	Anmeldung wegen Krankenkassenwechsel
12	Anmeldung wegen Beitragsgruppenwechsel
13	Anmeldung wegen sonstiger Gründe/Änderungen im Beschäftigungsverhältnis z. B. – Anmeldung nach unbezahltem Urlaub oder Streik von mehr als einem Monat nach § 7 Abs. 3 Satz 1 SGB IV – Anmeldung wegen Rechtskreiswechsel ohne Krankenkassenwechsel – Anmeldung wegen Wechsel des Entgeltabrechnungssystems (optional) – Anmeldung wegen Änderung des Personengruppenschlüssels ohne Beitragsgruppenwechsel – Anmeldung wegen Währungsumstellung während eines Kalenderjahres
17	Meldung über den Beginn einer Elternzeit (ab 1.1.2024)
20	Sofortmeldung bei Aufnahme einer Beschäftigung nach § 28a Abs. 4 SGB IV

Abmeldungen	
30	Abmeldung wegen Ende einer Beschäftigung
31	Abmeldung wegen Krankenkassenwechsel
32	Abmeldung wegen Beitragsgruppenwechsel
33	Abmeldung wegen sonstiger Gründe/Änderungen im Beschäftigungsverhältnis
34	Abmeldung wegen Ende des Fortbestehens eines sozialversicherungsrechtlichen Beschäftigungsverhältnisses nach § 7 Abs. 3 Satz 1 SGB IV
35	Abmeldung wegen Arbeitskampf von länger als einem Monat
36	Abmeldung wegen – Wechsel des Entgeltabrechnungssystems (optional) – Währungsumstellung während eines Kalenderjahres
37	Meldung über das Ende einer Elternzeit (ab 1.1.2024)
40	Gleichzeitige An- und Abmeldung wegen Ende der Beschäftigung
49	Abmeldung wegen Tod

Jahresmeldungen/Unterbrechungsmeldungen/sonstige Entgeltmeldungen	
50	Jahresmeldung
51	Unterbrechungsmeldung wegen Bezug von bzw. Anspruch auf Entgeltersatzleistungen
52	Unterbrechungsmeldung wegen Elternzeit
53	Unterbrechungsmeldung wegen gesetzlicher Dienstpflicht oder freiwilligem Wehrdienst
54	Meldung von einmalig gezahltem Arbeitsentgelt (Sondermeldung)

Jahresmeldungen/Unterbrechungsmeldungen/sonstige Entgeltmeldungen	
55	Meldung von nicht vereinbarungsgemäß verwendetem Wertguthaben (Störfall)
56	Meldung des Unterschiedsbetrags bei Entgeltersatzleistungen während Altersteilzeitarbeit
57	Gesonderte Meldung nach § 194 Abs. 1 SGB VI
58	GKV-Monatsmeldung
92	UV-Jahresmeldung

Änderungsmeldungen	
62	Änderung des Aktenzeichens/der Personalnummer des Beschäftigten (optional)
63	Änderung der Staatsangehörigkeit

Meldungen in Insolvenzfällen	
70	Jahresmeldung für freigestellte Arbeitnehmer
71	Meldung des Vortages der Insolvenz/der Freistellung
72	Entgeltmeldung zum rechtlichen Ende der Beschäftigung

Meldungen der Einzugsstellen/Rentenversicherungsträger	
Jahresmeldungen/Unterbrechungsmeldungen/sonstige Entgeltmeldungen	
59	Entgeltmeldung für unständig Beschäftigte[1]

Überschneidungsmeldungen der Rentenversicherungsträger an die Einzugsstellen nach der Anlage 14	
80	Rückmeldung an die Minijob-Zentrale bei Überschneidungen mit geringfügigen Beschäftigungen

Sonstige Meldungen	
90	Anforderung eines Versicherungsnummernachweises
94	Jahresmeldung bei Schließung der Mitgliedschaft durch die Krankenkasse
95	Abmeldung wegen Schließung der Mitgliedschaft durch die Krankenkasse
99	Vergabe oder Rückmeldung einer Versicherungsnummer

[1] Nur noch für Meldezeiträume vor dem 1.1.2011 zulässig.

Teil 2: Beitragsgruppen		
Die Beitragsgruppen sind so zu verschlüsseln, dass für jeden Beschäftigten in der Reihenfolge Kranken-, Renten-, Arbeitslosen- und Pflegeversicherung, die jeweils zutreffende Ziffer anzugeben ist.		
Beitrag zur Krankenversicherung		
–	kein Beitrag	0
–	allgemeiner Beitrag	1
–	erhöhter Beitrag (zulässig nur für Meldezeiträume bis 31.12.2008)	2
–	ermäßigter Beitrag	3
–	Beitrag zur landwirtschaftlichen Krankenversicherung	4
–	Arbeitgeberbeitrag zur landwirtschaftlichen Krankenversicherung	5
–	Pauschalbeitrag für geringfügig Beschäftigte	6

Beitrag zur freiwilligen Krankenversicherung		
–	Firmenzahler	9

Beitrag zur Rentenversicherung (Meldezeiträume bis 31.12.2004)		
–	kein Beitrag	0
–	voller Beitrag zur Arbeiterrentenversicherung	1
–	voller Beitrag zur Angestelltenrentenversicherung	2
–	halber Beitrag zur Arbeiterrentenversicherung	3
–	halber Beitrag zur Angestelltenrentenversicherung	4
–	Pauschalbeitrag zur Arbeiterrentenversicherung für geringfügig Beschäftigte	5
–	Pauschalbeitrag zur Angestelltenrentenversicherung für geringfügig Beschäftigte	6

Beitrag zur Rentenversicherung (Meldezeiträume ab 1.1.2005)		
–	kein Beitrag	0
–	voller Beitrag	1
–	halber Beitrag	3
–	Pauschalbeitrag für geringfügig Beschäftigte	5

Beitrag zur Arbeitslosenversicherung		
–	kein Beitrag	0
–	voller Beitrag	1
–	halber Beitrag	2

Beitrag zur Pflegeversicherung[2]		
–	kein Beitrag	0
–	voller Beitrag	1
–	halber Beitrag	2

[2] Bei freiwillig in der gesetzlichen Krankenversicherung versicherten Personen ist die Pflegeversicherung – unabhängig davon, ob für die Krankenversicherung der Schlüssel „0" oder „9" verwendet wird – stets mit „1" oder „2" zu verschlüsseln, wenn Versicherungspflicht in der sozialen Pflegeversicherung besteht. Der Schlüssel „0" für die Pflegeversicherung kommt nur für solche Personen in Betracht, die in der privaten Pflegeversicherung versichert oder die geringfügig beschäftigt sind. Entsprechendes gilt für Personen, die weder in der sozialen noch in der privaten Pflegeversicherung versichert sind.

Pauschalierungsfähige Arbeitslohnbestandteile

Die Besteuerung des Arbeitslohns richtet sich grundsätzlich nach den persönlichen Lohnsteuerabzugsmerkmalen des Arbeitnehmers. Für bestimmte Teile des Arbeitslohns kann die Lohnsteuer pauschaliert werden.

Arbeitslohnbestandteil	Rechtsgrundlage	Steuersatz
A		
Auszahlung tarifvertraglicher Ansprüche durch Dritte als sonstiger Bezug	§§ 39c Abs. 5, 38 Abs. 3a Satz 1 EStG	20 %
B		
Betriebsveranstaltung – Steuerpflichtige Zuwendungen können pauschal versteuert werden	§ 40 Abs. 2 Satz 1 Nr. 2 EStG	25 %
Betriebliche Altersversorgung – Sonderzahlungen an umlagefinanzierte Pensionskassen	§ 40b Abs. 4 EStG	15 %
D		
Datenverarbeitungsgeräte – Schenkung von Datenverarbeitungsgeräten (z. B. PC, Smartphone, Tablet etc.) und Internet-Zuschüsse – Aus Vereinfachungsgründen kann der Arbeitgeber den vom Arbeitnehmer angegebenen Betrag für die laufende Internetnutzung ohne weitere Prüfung pauschal besteuern, soweit dieser 50 EUR monatlich nicht übersteigt	§ 40 Abs. 2 Satz 1 Nr. 5 EStG	25 %

Arbeitslohnbestandteil	Rechtsgrundlage	Steuersatz
Dienstrad Übereignung eines Dienstrads zusätzlich zum ohnehin geschuldeten Arbeitslohn.	§ 40 Abs. 2 Satz 1 Nr. 7 EStG	25 %
Direktversicherung – Alt-Zusage vor 2005	§ 40b EStG a. F.	20 %
E		
Elektrofahrzeuge – Schenkung einer Ladevorrichtung/-station für (Hybrid-)Elektrofahrzeuge und Zuschüsse für den Betrieb der Station; bei Entgeltumwandlung ist die Pauschalierung ausgeschlossen – Übereignung eines betrieblichen E-Bikes, das kein Kfz ist, zusätzlich zum ohnehin geschuldeten Arbeitslohn	§ 40 Abs. 2 Satz 1 Nr. 6 EStG § 40 Abs. 2 Satz 1 Nr. 7 EStG	25 %
Erholungsbeihilfen – Steuerpflichtige Erholungsbeihilfen können pauschal besteuert werden, wenn sie bestimmte Freigrenzen nicht übersteigen: – für den Arbeitnehmer 156 EUR; – für den Ehe-/Lebenspartner 104 EUR; – für jedes Kind 52 EUR.	§ 40 Abs. 2 Satz 1 Nr. 3 EStG	25 %
Essenmarken	§ 40 Abs. 2 Satz 1 Nr. 1 EStG	25 %
F		
Fahrtkostenzuschüsse für Fahrten zwischen Wohnung und erster Tätigkeitsstätte – bei Anrechnung auf Entfernungspauschale – ohne Anrechnung auf Entfernungspauschale	 § 40 Abs. 2 Satz 2 EStG § 40 Abs. 2 Satz 3 EStG	 15 % 25 %
Firmenwagen – Sachbezug aufgrund der Nutzung des Fahrzeugs für Fahrten zwischen Wohnung und Arbeitsstätte	§ 40 Abs. 2 Satz 2 EStG	15 %

Arbeitslohnbestandteil	Rechtsgrundlage	Steuersatz
G		
Geringfügige Beschäftigung		
– mit pauschaler Rentenversicherung	§ 40a Abs. 2 EStG	2 %[1]
– ohne pauschale Rentenversicherung	§ 40a Abs. 2a EStG	20 %
Gruppenunfallversicherung	§ 40b Abs. 3 EStG	20 %
I		
Incentivereisen bis 10.000 EUR	§ 37b EStG	30 %
Internetnutzung Zuschüsse zu den Aufwendungen des Arbeitnehmers für die Internetnutzung	§ 40 Abs. 2 Nr. 5 Satz 2 EStG	25 %
J		
Jobtickets		
– ohne Anrechnung auf Entfernungspauschale	§ 40 Abs. 2 Satz 3 EStG	25 %
– bei Entgeltumwandlung mit Anrechnung auf Entfernungspauschale	§ 40 Abs. 2 Satz 2 EStG	15 %
K		
Kurzfristig Beschäftigte		
– Aushilfskräfte (i. S. d. Lohnsteuer)	§ 40a Abs. 1 EStG	25 %
– Aushilfskräfte in der Land- und Forstwirtschaft	§ 40a Abs. 3 EStG	5 %
– und beschränkt steuerpflichtige Arbeitnehmer[2]	§ 40a Abs. 7 EStG	30 %
M		
Mahlzeiten		
– Kostenlose oder verbilligte arbeitstägliche Mahlzeiten	§ 40 Abs. 2 Satz 1 Nr. 1 EStG	25 %
– Gestellung bei Auswärtstätigkeit	§ 40 Abs. 2 Satz 1 Nr. 1a EStG	25 %
N		
Nachholung bzw. Nacherhebung von Lohnsteuer	§ 40 Abs. 1 Satz 1 Nr. 2 EStG	Durchschnittlicher Steuersatz

[1] Inkl. Solidaritätszuschlag und Kirchensteuer.

[2] Betrifft nur Arbeitnehmer, die einer ausländischen Betriebsstätte zugeordnet sind.

Arbeitslohnbestandteil	Rechtsgrundlage	Steuersatz
P		
Pensionskasse – Alt-Zusage vor 2005 mit Kapitaldeckung – Laufende Zuwendungen mit Umlageverfahren	 § 40b EStG a. F. § 40b EStG	 20 % 20 %
S		
Sachprämien aus Kundenbindungsprogrammen	§ 37a Abs. 1 EStG	2,25 %
Sachzuwendungen an Dritte und deren Arbeitnehmer bis 10.000 EUR (unter weiteren Voraussetzungen)	§ 37b Abs. 1 EStG	30 %
Sachzuwendungen an eigene Arbeitnehmer bis 10.000 EUR (unter weiteren Voraussetzungen)	§ 37b Abs. 2 EStG	30 %
Sonderzahlungen des Arbeitgebers an Pensionskassen mit Umlageverfahren	§ 40b Abs. 4 EStG	15 %
Sonstige Bezüge bis 1.000 EUR je Arbeitnehmer und Kalenderjahr	§ 40 Abs. 1 Satz 1 Nr. 1 EStG	Durchschnittlicher Steuersatz
V		
Verpflegungsmehraufwendungen Vergütungen für Verpflegungsmehraufwendungen soweit sie die steuerfreien Pauschalen um nicht mehr als 100 % übersteigen	 § 40 Abs. 2 Satz 1 Nr. 4 EStG	 25 %

Personengruppenschlüssel (DEUV-Meldeverfahren)

Die DEÜV schreibt 3-stellige Personengruppenschlüssel in Meldungen zur Sozialversicherung vor. Diese Schlüssel dienen der Krankenkasse als Identifikationsmerkmal, um welche Art von Arbeitnehmer bzw. Beschäftigung es sich bei dem gemeldeten Beschäftigungsverhältnis handelt.

Meldungen der Arbeitgeber		
Schlüsselzahl	**Personenkreis**	**Beschreibung der Personengruppe**
101	Sozialversicherungspflichtig Beschäftigte ohne besondere Merkmale	Beschäftigte, die kranken-, pflege-, renten- oder arbeitslosenversicherungspflichtig sind sowie Beschäftigte, für die Beitragsanteile zur Renten- oder Arbeitslosenversicherung zu zahlen sind, sofern sie nicht den nachfolgenden Personengruppen zugeordnet werden können.
102	Auszubildende ohne besondere Merkmale	Auszubildende sind Personen, die aufgrund eines Ausbildungsvertrages nach dem BBiG eine betriebliche Berufsausbildung in einem anerkannten Ausbildungsberuf durchlaufen. Berufsausbildung ist die Ausbildung im Rahmen rechtsverbindlicher Ausbildungsrichtlinien für einen staatlich anerkannten Ausbildungsberuf. Darüber hinaus ist Berufsausbildung auch die Ausbildung für einen Beruf, für den es zwar noch keine rechtsverbindlichen Ausbildungsrichtlinien gibt, die vorgesehene Ausbildung jedoch üblich und allgemein anerkannt ist. Sind für die Ausbildung Ausbildungsverträge abgeschlossen und von der zuständigen Stelle oder der Handwerkskammer in das Verzeichnis der Ausbildungsverhältnisse eingetragen worden, ist von einer Berufsausbildung auszugehen. Ist ein schriftlicher Ausbildungsvertrag nicht abgeschlossen, kommt es auf die tatsächliche Gestaltung des Ausbildungsverhältnisses und die Umstände des Einzelfalles an. Unbeachtlich für die Annahme einer Berufsausbildung ist, ob die Ausbildung abgeschlossen bzw. ein formeller Abschluss überhaupt vorgesehen ist. Teilnehmer an dualen Studiengängen und an Ausbildungen mit Abschnitten des schulischen Unterrichts und der praktischen Ausbildung, für die ein Ausbildungsvertrag und Anspruch auf Ausbildungsvergütung besteht (praxisintegrierte Ausbildungen), stehen nach § 5 Abs. 4a Satz 1 SGB V, § 1 Satz 5 SGB VI und § 25 Abs. 1 Satz 2 SGB III den Beschäftigten zur Berufsausbildung gleich. Insofern ist der PGR 102 auch zu verwenden bei Teilnehmenden an dualen Studiengängen. Übersteigt das Arbeitsentgelt die Geringverdienergrenze nach § 20 Abs. 3 Satz 1 Nr. 1 SGB IV nicht, sind Teilnehmer an dualen Studiengängen mit dem PGR 121 zu melden. Rentenversicherungspflichtige Praktikanten sind mit dem Personengruppenschlüssel 105 zu melden. Auszubildende, deren Arbeitsentgelt die Geringverdiener-

Meldungen der Arbeitgeber		
Schlüsselzahl	**Personenkreis**	**Beschreibung der Personengruppe**
		grenze nach § 20 Abs. 3 Satz 1 Nr. 1 SGB IV nicht übersteigt, sind mit dem Personengruppenschlüssel 121 zu melden. Dies gilt nicht für Auszubildende ohne Arbeitsentgelt. Auszubildende in einer außerbetrieblichen Einrichtung sind mit dem Personengruppenschlüssel 122 zu melden. Bei Meldungen für [akt.] Menschen mit Behinderungen, die in einer anerkannten Werkstatt für Menschen mit Behinderungen im Eingangsverfahren oder im Berufsbildungsbereich tätig sind, ist der Personengruppenschlüssel 107 zu verwenden.
103	Beschäftigte in Altersteilzeit	Beschäftigter in Altersteilzeit ist, wer das 55. Lebensjahr vollendet hat, nach dem 14.2.1996 aufgrund einer Vereinbarung mit seinem Arbeitgeber, die sich zumindest auf die Zeit bis zu einem Altersrentenanspruch erstrecken muss, seine Arbeitszeit auf die Hälfte der bisherigen wöchentlichen Arbeitszeit vermindert hat und versicherungspflichtig i. S. d. SGB III ist (Altersteilzeitarbeit) und innerhalb der letzten 5 Jahre vor Beginn der Altersteilzeitarbeit mindestens 1.080 Kalendertage in einer die Beitragspflicht begründenden Beschäftigung i. S. d. § 25 SGB III gestanden hat bzw. Anspruch auf Arbeitslosengeld, *Arbeitslosenhilfe*, Arbeitslosengeld II hatte bzw. Versicherungspflicht nach § 26 Abs. 2 SGB III vorlag. Außerdem muss der Arbeitgeber das Arbeitsentgelt für die Altersteilzeitarbeit um mindestens 20 % dieses Arbeitsentgelts, jedoch mindestens auf 70 % des um die bei dem Arbeitnehmer gewöhnlich anfallenden gesetzlichen Abzüge verminderten bisherigen Arbeitsentgelts aufstocken und für den Arbeitnehmer zusätzlich Beiträge zur gesetzlichen Rentenversicherung mindestens in Höhe des Beitrags zahlen, der auf den Unterschiedsbetrag zwischen 90 % des Vollzeitarbeitsentgelts und dem Arbeitsentgelt aus der Altersteilzeitarbeit entfällt (§§ 2 und 3 AltersTZG). Bei Beginn der Altersteilzeitarbeit seit dem 1.7.2004 muss der Arbeitgeber das Arbeitsentgelt für die Altersteilzeitarbeit um mindestens 20 % des Regelarbeitsentgelts aufstocken und für den Arbeitnehmer zusätzliche Beiträge zur gesetzlichen Rentenversicherung mindestens in Höhe des Betrags zahlen, der sich aus 80 % des Regelarbeitsentgelts, begrenzt auf 90 % der Beitragsbemessungsgrenze, ergibt.

Meldungen der Arbeitgeber		
Schlüssel-zahl	**Personenkreis**	**Beschreibung der Personengruppe**
104	Hausgewerbe-treibende	Hausgewerbetreibender ist, wer in eigener Arbeitsstätte im Auftrag und für Rechnung von Gewerbetreibenden, gemeinnützigen Unternehmen oder öffentlich-rechtlichen Körperschaften arbeitet, auch wenn er Roh- oder Hilfsstoffe selbst beschafft oder vorübergehend für eigene Rechnung tätig ist (§ 12 Abs. 1 SGB IV).
105	Praktikanten	Praktikanten sind Personen, die eine in Studien- oder Prüfungsordnungen vorgeschriebene berufspraktische Tätigkeit im Rahmen eines rentenversicherungspflichtigen Vor- oder Nachpraktikums verrichten. Praktikanten, deren Arbeitsentgelt die Geringverdienergrenze nach § 20 Abs. 3 Satz 1 Nr. 1 SGB IV nicht übersteigt, sind mit dem Personengruppenschlüssel 121 zu melden. Praktikanten, die ein vorgeschriebenes Zwischenpraktikum absolvieren, sind ausschließlich in der Unfallversicherung versicherungspflichtig und daher mit dem Personengruppenschlüssel 190 zu melden.
106	Werkstudenten	Werkstudenten sind Personen, die in der vorlesungsfreien Zeit und/oder der Vorlesungszeit eine Beschäftigung ausüben und darin in der Kranken-, Pflege- und Arbeitslosenversicherung versicherungsfrei, jedoch in der Rentenversicherung versicherungspflichtig sind.
107	[akt.] Menschen mit Behinderungen in anerkannten Werkstätten [Anstalten, Heimen] oder gleichartigen Einrichtungen	– Menschen mit körperlichen, geistigen oder seelischen Behinderungen, die in nach dem SGB IX anerkannten Werkstätten für Menschen mit Behinderungen oder in [akt.] Blindenwerkstätten i. S. d. § 226 SGB IX oder für diese Einrichtungen in Heimarbeit tätig sind (§ 1 Satz 1 Nr. 2 Buchst. a SGB VI, § 5 Abs. 1 Nr. 7 SGB V, § 20 Abs. 1 Satz 2 Nr. 7 i. V. m. Satz 1 SGB XI) und – Menschen mit körperlichen, geistigen oder seelischen Behinderungen, die in Anstalten, Heimen oder gleichartigen Einrichtungen tätig sind (§ 1 Satz 1 Nr. 2 Buchst. b SGB VI, § 5 Abs. 1 Nr. 8 SGB V, § 20 Abs. 1 Satz 2 Nr. 8 i. V. m. Satz 1 SGB XI). Der Personengruppenschlüssel 107 ist auch bei Meldungen für [akt.] Menschen mit Behinderungen zu verwenden, die in einer anerkannten Werkstatt für Menschen mit Behinderungen im Eingangsverfahren oder im Berufsbildungsbereich tätig sind.

Meldungen der Arbeitgeber		
Schlüssel-zahl	**Personenkreis**	**Beschreibung der Personengruppe**
108	Bezieher von Vorruhestandsgeld	Vorruhestandsgeldbezieher unterliegen dann der Kranken-, Pflege- und Rentenversicherungspflicht, wenn nach dem übereinstimmenden Willen der Vertragspartner mit der Vorruhestandsvereinbarung das Ausscheiden des Arbeitnehmers aus dem Erwerbsleben erfolgt, d. h. die Parteien darüber einig sind, dass das bisherige Arbeitsverhältnis beendet und kein neues Arbeitsverhältnis (bei einem anderen Arbeitgeber) aufgenommen wird. Im Übrigen wird für die Versicherungspflicht vorausgesetzt, dass das Vorruhestandsgeld bis zum frühestmöglichen Beginn der Altersrente oder ähnlicher Bezüge öffentlich-rechtlicher Art oder, wenn keine dieser Leistungen beansprucht werden kann, bis zum Ablauf des Kalendermonats gewährt wird, in dem der ausgeschiedene Arbeitnehmer die (individuelle) Regelaltersgrenze erreicht (§ 5 Abs. 3 SGB V, § 3 Satz 1 Nr. 4 SGB VI).
109	Geringfügig entlohnte Beschäftigte nach § 8 Abs. 1 Nr. 1 SGB IV	Eine geringfügig entlohnte Beschäftigung liegt vor, wenn das erzielte Arbeitsentgelt regelmäßig die Geringfügigkeitsgrenze nicht übersteigt (§ 8 Abs. 1 Nr. 1 SGB IV). Wird die Arbeitsentgeltgrenze durch die Zusammenrechnung mehrerer geringfügig entlohnter Beschäftigungen bzw. mehr als einer geringfügig entlohnten Beschäftigung mit einer nicht geringfügigen Beschäftigung überschritten, liegt keine geringfügige Beschäftigung mehr vor, so dass grundsätzlich der Personengruppenschlüssel 101 zu verwenden ist. Für Auszubildende und Personen, die ein freiwilliges soziales, ein freiwilliges ökologisches Jahr oder einen Bundesfreiwilligendienst leisten, gelten die besonderen Vorschriften für geringfügig Beschäftigte nicht. Darüber hinausgehende Besonderheiten, die im Rahmen des Meldeverfahrens zu berücksichtigen sind, können den Richtlinien für die versicherungsrechtliche Beurteilung von geringfügigen Beschäftigungen (GeringfügRL) in der jeweils gültigen Fassung entnommen werden.
110	Kurzfristig Beschäftigte nach § 8 Abs. 1 Nr. 2 SGB IV	Eine kurzfristige Beschäftigung liegt vor, wenn die Beschäftigung innerhalb eines Kalenderjahres auf längstens drei Monate oder 70 Arbeitstage nach ihrer Eigenart begrenzt zu sein pflegt oder im Voraus vertraglich begrenzt ist, es sei denn, dass die Beschäftigung berufsmäßig ausgeübt wird und ihr Entgelt die Geringfügigkeitsgrenze über-

Meldungen der Arbeitgeber		
Schlüssel-zahl	Personenkreis	Beschreibung der Personengruppe
		steigt (§ 8 Abs. 1 Nr. 2 SGB IV). Eine kurzfristige Beschäftigung liegt auch dann vor, wenn gleichzeitig die Kriterien einer geringfügig entlohnten Beschäftigung erfüllt sind.
111	Personen in Einrichtungen der Jugendhilfe, Berufsbildungswerken oder ähnlichen Einrichtungen für [akt.] Menschen mit Behinderungen	– Personen, die in Einrichtungen der Jugendhilfe für eine Erwerbstätigkeit befähigt werden sollen (§ 1 Satz 1 Nr. 3 SGB VI, § 26 Abs. 1 Nr. 1 SGB III, § 5 Abs. 1 Nr. 5 SGB V, § 20 Abs. 1 Satz 2 Nr. 5 i. V. m. Satz 1 SGB XI) und – Personen, die in Berufsbildungswerken oder ähnlichen Einrichtungen für [akt.] Menschen mit Behinderungen ([akt.] § 51 SGB IX) für eine Erwerbstätigkeit befähigt werden sollen (§ 1 Satz 1 Nr. 3 SGB VI, § 26 Abs. 1 Nr. 1 SGB III) Für Personen, die in Berufsbildungswerken oder ähnlichen Einrichtungen für [akt.] Menschen mit Behinderungen (§ 51 SGB IX) für eine Erwerbstätigkeit befähigt werden sollen, besteht Kranken- und Pflegeversicherungspflicht nur, wenn die Befähigung im Rahmen einer Leistung zur Teilhabe am Arbeitsleben durch einen Rehabilitationsträger i. S. d. § 6 Abs. 1 SGB IX erfolgt. In diesen Fällen ist der Personengruppenschlüssel 204 zu verwenden. Bedient sich der Rehabilitationsträger für die Durchführung der Leistung zur Teilhabe am Arbeitsleben der Einrichtung (Berufsbildungswerk oder ähnliche Einrichtung für [akt.] Menschen mit Behinderungen), erfolgt die Meldung durch den Träger der Einrichtung mit Personengruppenschlüssel 111.
112	Mitarbeitende Familienangehörige in der Landwirtschaft	Mitarbeitende Familienangehörige in der Landwirtschaft sind Verwandte bis zum dritten Grad und Verschwägerte bis zum zweiten Grad sowie Pflegekinder eines landwirtschaftlichen Unternehmers oder seines Ehegatten/Lebenspartners. Der in einem abhängigen Beschäftigungsverhältnis stehende Ehegatte/Lebenspartner eines landwirtschaftlichen Unternehmers gilt als mitarbeitender Familienangehöriger (ohne Auszubildende).
113	Nebenerwerbslandwirte	Nebenerwerbslandwirte sind Personen, die ein landwirtschaftliches Unternehmen bewirtschaften und daneben in einer abhängigen Dauerbeschäftigung (nicht saisonal) außerhalb der Landwirtschaft stehen.
114	Nebenerwerbslandwirte	Es handelt sich um landwirtschaftliche Unternehmer, die entsprechend ihrem Erscheinungsbild bei der LKK versichert sind und daneben eine befristete Beschäftigung

Meldungen der Arbeitgeber		
Schlüsselzahl	**Personenkreis**	**Beschreibung der Personengruppe**
	– saisonal beschäftigt	ausüben, deren Dauer voraussichtlich 26 Wochen nicht überschreitet.
116	Ausgleichsgeldempfänger nach dem FELEG	Es handelt sich um ehemalige landwirtschaftliche Arbeitnehmer und rentenversicherungspflichtige mitarbeitende Familienangehörige in der Landwirtschaft.
117	Nicht berufsmäßig unständig Beschäftigte	Es handelt sich um Personen, die einer unständigen Beschäftigung nicht berufsmäßig nachgehen, in der sie versicherungspflichtig sind. Unständig ist die Beschäftigung, die auf weniger als eine Woche entweder nach der Natur der Sache befristet zu sein pflegt oder im Voraus durch den Arbeitsvertrag befristet ist.
118	Berufsmäßig unständig Beschäftigte	Es handelt sich um Personen, die einer unständigen Beschäftigung berufsmäßig nachgehen, in der sie versicherungspflichtig sind. Unständig ist die Beschäftigung, die auf weniger als eine Woche entweder nach der Natur der Sache befristet zu sein pflegt oder im Voraus durch den Arbeitsvertrag befristet ist.
119	Versicherungsfreie Altersvollrentner und Versorgungsbezieher wegen Alters	Es handelt sich um Personen, die nach Erreichen der Regelaltersgrenze eine Vollrente wegen Alters aus der gesetzlichen Rentenversicherung oder eine entsprechende Versorgung von einer berufsständischen Versorgungseinrichtung oder eine Versorgung nach beamtenrechtlichen Vorschriften oder Grundsätzen wegen Erreichens einer Altersgrenze beziehen (§ 5 Abs. 4 Nr. 1 und 2 SGB VI) oder vor Erreichen der Regelaltersgrenze eine Vollrente wegen Alters aus der gesetzlichen Rentenversicherung beziehen und aufgrund des Bestandsschutzes versicherungsfrei bleiben (§ 230 Abs. 9 Satz 1 SGB VI).
120[1]	Versicherungspflichtige Altersvollrentner und Versorgungsbezieher wegen Alters	Es handelt sich um Personen, – die vor Erreichen der Regelaltersgrenze eine Vollrente wegen Alters aus der gesetzlichen Rentenversicherung beziehen oder – nach Erreichen der Regelaltersgrenze eine Vollrente wegen Alters aus der gesetzlichen Rentenversicherung oder nach beamtenrechtlichen Vorschriften oder entsprechenden kirchenrechtlichen Regelungen oder nach den Regelungen einer berufsständischen Versorgungs-

[1] Nur für Meldezeiträume ab 1.1.2017.

Meldungen der Arbeitgeber		
Schlüssel-zahl	**Personenkreis**	**Beschreibung der Personengruppe**
		einrichtung eine Versorgung wegen Erreichens einer Altersgrenze beziehen und auf die Rentenversicherungsfreiheit nach § 5 Abs. 4 Satz 2 SGB VI verzichten oder – vor Erreichen der Regelaltersgrenze eine Vollrente wegen Alters aus der gesetzlichen Rentenversicherung beziehen und in einer vor dem 1.1.2017 aufgenommenen Beschäftigung auf die weiterbestehende Versicherungsfreiheit nach § 230 Abs. 9 Satz 2 SGB VI (Bestandsschutzregelung) verzichten.
121	Auszubildende, deren Arbeitsentgelt die Geringverdienergrenze nach § 20 Abs. 3 Satz 1 Nr. 1 SGB IV nicht übersteigt	Es handelt sich um die zu ihrer Berufsausbildung beschäftigten Personen, für die ihr Arbeitgeber wegen der niedrigen Höhe des Arbeitsentgelts (auf den Monat bezogen bis zu 325 EUR) verpflichtet ist, den Gesamtsozialversicherungsbeitrag allein zu tragen (§ 20 Abs. 3 Satz 1 Nr. 1 SGB IV). Der Personengruppenschlüssel ist selbst dann anzuwenden, wenn die Geringverdienergrenze infolge einmalig gezahlten Arbeitsentgelts überschritten wird. Auszubildende ohne Arbeitsentgelt sind mit dem Personengruppenschlüssel 102 zu melden.
122	Auszubildende in einer außerbetrieblichen Einrichtung	Eine außerbetriebliche Berufsausbildung liegt vor, wenn die Ausbildung von verselbstständigten, nicht einem Betrieb angegliederten Bildungseinrichtungen durchgeführt wird. Auszubildende, die im Rahmen eines Ausbildungsvertrages nach dem BBiG in einer außerbetrieblichen Einrichtung ausgebildet werden, stehen nach § 5 Abs. 4a Satz 1 SGB V, § 1 Satz 1 Satz 5 SGB VI und § 25 Abs. 1 Satz 2 SGB III den Beschäftigten zur Berufsausbildung gleich.
123	Personen, die ein freiwilliges soziales, ein freiwilliges ökologisches Jahr oder einen Bundesfreiwilligendienst leisten	Es handelt sich um die Personen, die ein freiwilliges soziales oder ökologisches Jahr i. S. d. JFDG leisten und für die ihr Arbeitgeber verpflichtet ist, den Gesamtsozialversicherungsbeitrag allein zu tragen (§ 20 Abs. 3 Satz 1 Nr. 2 SGB IV). Personen, die einen Bundesfreiwilligendienst leisten, sind sozialversicherungsrechtlich dem Personenkreis der Teilnehmer an einem freiwilligen sozialen oder freiwilligen ökologischen Jahr gleichgestellt (§ 13 Abs. 2 Satz 1 BFDG).
124	Heimarbeiter ohne Anspruch auf	Es handelt sich um Erwerbstätige mit selbst gewählter Arbeitsstätte ohne unmittelbare Weisungsgebundenheit und ohne Eingliederung in den Betrieb, die im Auftrag

Meldungen der Arbeitgeber		
Schlüsselzahl	**Personenkreis**	**Beschreibung der Personengruppe**
	Entgeltfortzahlung im Krankheitsfall	und für Rechnung von Gewerbetreibenden, gemeinnützigen Unternehmen oder öffentlich-rechtlichen Körperschaften arbeiten; aufgrund ihrer wirtschaftlichen Abhängigkeit zum Auftraggeber gelten sie als abhängig Beschäftige (§ 12 Abs. 2 SGB IV). Die Meldungen sind entweder vom Arbeitgeber oder, sofern der Heimarbeiter seinen Gesamtsozialversicherungsbeitrag zahlt, vom Heimarbeiter zu erstellen (§ 28m Abs. 2 und 3 SGB IV). Soweit Heimarbeiter aufgrund tarifvertraglicher Regelungen einen Anspruch auf Entgeltfortzahlung im Krankheitsfall haben (§ 10 Abs. 4 EFZG), ist der Personengruppenschlüssel 124 nicht anzuwenden. Heimarbeiter, die in der Kranken-, Pflege-, Renten-, und Arbeitslosenversicherung aufgrund einer geringfügigen Beschäftigung nach § 8 Abs. 1 Nr. 1 SGB IV versicherungsfrei sind, werden mit dem Personengruppenschlüssel 109 gemeldet.
127	[korr.] Menschen mit Behinderungen, die im Anschluss an eine Beschäftigung in einer anerkannten Werkstatt in einem Integrationsprojekt beschäftigt sind	Es handelt sich um [korr.] Menschen mit körperlichen, geistigen oder seelischen Behinderungen, die im Anschluss an eine Beschäftigung in einer nach dem SGB IX anerkannten Werkstatt für Menschen mit Behinderungen (§ 1 Satz 1 Nr. 2 Buchst. a SGB VI, § 5 Abs. 1 Nr. 7 SGB V, § 20 Abs. 1 Satz 2 Nr. 7 i. V. m. Satz 1 SGB XI) in einem Integrationsprojekt tätig sind. – Inklusionsbetriebe sind rechtlich und wirtschaftlich selbstständige Unternehmen oder unternehmensinterne oder von öffentlichen Arbeitgebern i.S.d. § 154 Abs. 2 SGB IX geführte Betriebe oder Abteilungen zur Beschäftigung schwerbehinderter Menschen auf dem allgemeinen Arbeitsmarkt, deren Teilhabe an einer sonstigen Beschäftigung auf dem allgemeinen Arbeitsmarkt auf Grund von Art oder Schwere der Behinderung oder wegen sonstiger Umstände voraussichtlich trotz Ausschöpfens aller Fördermöglichkeiten und des Einsatzes von Integrationsfachdiensten auf besondere Schwierigkeiten stößt (§ 215 Abs. 1 SGB IX).
190	Beschäftigte, die ausschließlich in der gesetzlichen Unfallversicherung versichert sind	Es handelt sich um versicherte Beschäftigte nach § 2 Abs. 1 Nr. 1 SGB VII mit beitragspflichtigem Entgelt.

Meldungen für die See-Sozialversicherung		
Schlüssel-zahl	**Personenkreis**	**Beschreibung der Personengruppe**
140	Seeleute	Seeleute sind Kapitäne und Besatzungsmitglieder von Seeschiffen sowie sonstige Arbeitnehmer, die an Bord von Seeschiffen während der Reise im Rahmen des Schiffsbetriebs beschäftigt sind, mit Ausnahme der Lotsen (§ 13 Abs. 1 und 2 SGB IV).
141	Auszubildende in der Seefahrt ohne besondere Merkmale	Vergleiche Beschreibung zu Personengruppenschlüssel 102 und 140.
142	Seeleute in Altersteilzeit	Vergleiche Beschreibung zu Personengruppenschlüssel 103 und 140.
143	Seelotsen	Seelotsen sind rentenversicherungspflichtige Selbstständige, für die Meldungen nach § 28a SGB IV zu erstatten sind (§ 191 SGB VI).
144	Auszubildende in der Seefahrt, deren Arbeitsentgelt die Geringverdiener grenze nach § 20 Abs. 3 Satz 1 Nr. 1 SGB IV nicht übersteigt	Es handelt sich um die zu ihrer Berufsausbildung beschäftigten Personen, für die ihr Arbeitgeber wegen der niedrigen Höhe des Arbeitsentgelts (auf den Monat bezogen bis zu 325 EUR) verpflichtet ist, den Gesamtsozialversiche rungsbeitrag allein zu tragen (§ 20 Abs. 3 Satz 1 Nr. 1 SGB IV). Der Personengruppenschlüssel ist selbst dann anzuwenden, wenn die Geringverdienergrenze infolge einmalig gezahlten Arbeitsentgelts überschritten wird.
149	In der Seefahrt beschäftigte versicherungsfreie Altersvollrentner und Versorgungsbezieher wegen Alters	Vergleiche Beschreibung zu Personengruppenschlüssel 119 und 140.
150[1]	In der Seefahrt beschäftigte versicherungspflichtige Altersvollrentner und Versorgungsbezieher wegen Alters	Vergleiche Beschreibung zu Personengruppenschlüssel 120 und 140.

Meldungen der Einzugsstellen, der Künstlersozialkasse und der Rehabilitationsträger (nicht für AG)		
Schlüsselzahl	**Personenkreis**	**Beschreibung der Personengruppe**
203	Versicherungspflichtige Künstler und Publizisten	Künstler und Publizisten, die nach näherer Bestimmung des KSVG versicherungspflichtig sind. Die Meldungen werden von der Künstlersozialkasse erstattet.
204	Teilnehmer an Leistungen zur Teilhabe am Arbeitsleben	Teilnehmer an Leistungen zur Teilhabe am Arbeitsleben sowie an Abklärung der beruflichen Eignung oder Arbeitserprobung, wenn die Maßnahme von einem Rehabilitationsträger i. S. d. § 6 Abs. 1 SGB IX (Versorgungsverwaltung ausgenommen) erbracht wird (§ 5 Abs. 1 Nr. 6 SGB V, § 20 Abs. 1 Satz 2 Nr. 6 i. V. m. Satz 1 SGB XI); hiervon erfasst sind nur Meldungen zur Kranken- und Pflegeversicherung.
205[2]	Unständig Beschäftigte	Zusammengefasste Meldungen für unständig Beschäftigte.
207	Pflegepersonen i. S. d. § 19 SGB XI ohne Beihilfeberechtigung des Pflegebedürftigen	Personen, die eine oder mehrere pflegebedürftige Personen ohne Beihilfeberechtigung mit mindestens Pflegegrad 2 wenigstens zehn Stunden wöchentlich, verteilt auf regelmäßig mindestens zwei Tage in der Woche, in ihrer häuslichen Umgebung nicht erwerbsmäßig pflegen (nicht erwerbsmäßig tätige Pflegepersonen), wenn der Pflegebedürftige Anspruch auf Leistungen aus der sozialen oder einer privaten Pflegekasse hat (§ 3 Satz 1 Nr. 1a SGB VI).
208	Pflegepersonen i. S. d. § 19 SGB XI mit Beihilfeberechtigung des Pflegebedürftigen	Personen, die eine oder mehrere pflegebedürftige Personen mit Beihilfeberechtigung mit mindestens Pflegegrad 2 wenigstens zehn Stunden wöchentlich, verteilt auf regelmäßig mindestens zwei Tage in der Woche, in ihrer häuslichen Umgebung nicht erwerbsmäßig pflegen (nicht erwerbsmäßig tätige Pflegepersonen), wenn der Pflegebedürftige Anspruch auf Leistungen aus der sozialen oder einer privaten Pflegekasse hat (§ 3 Satz 1 Nr. 1a SGB VI).
209	Mit Haushaltsscheckverfahren gemeldete geringf. entl. Beschäftigte	Im Privathaushalt geringfügig entlohnte Beschäftigte, die mit dem Haushaltsscheckverfahren gemeldet werden (§ 8a Abs. 7 SGB IV).
210	Mit Haushaltsscheckverfahren gemeldete kurzfristig Beschäftigte	Im Privathaushalt kurzfristig Beschäftigte, die mit dem Haushaltsscheckverfahren gemeldet werden (§ 28a Abs. 7 SGB IV).

[2] Nur noch für Meldezeiträume vor dem 1.1.2011 zulässig.

Meldungen der Wehr- und Zivildienstverwaltung an die RV (nicht für AG)		
Schlüsselzahl	**Personenkreis**	**Beschreibung der Personengruppe**
301	Grundwehrdienstleistende und Ableistende des freiwilligen Wehrdienstes	Personen, die aufgrund gesetzlicher Pflicht Grundwehrdienst oder den freiwilligen Wehrdienst ableisten (§ 3 Satz 1 Nr. 2 SGB VI).
302	Wehrübungsleistende	Personen, die aufgrund gesetzlicher Pflicht oder freiwilliger Verpflichtung Wehrdienst leisten (§ 3 Satz 1 Nr. 2 SGB VI). Für Zeiträume mit einem Bis-Datum < 30.4.2005 lag Versicherungspflicht nur für Wehrübungen von mehr als drei Tagen vor.
303	Zivildienstleistende	Personen, die aufgrund gesetzlicher Pflicht Zivildienst leisten (§ 3 Satz 1 Nr. 2 SGB VI).
304	Ableistende eines freiwilligen sozialen bzw. ökologischen Jahres	Personen, die gemäß § 14c ZDG als anerkannter Kriegsdienstverweigerer ein freiwilliges soziales bzw. ökologisches Jahr anstelle des Zivildienstes leisten.
305	Wehrdienstleistende besonderer Art	Personen, die sich in einem Wehrdienstverhältnis besonderer Art befinden (§ 3 Satz 1 Nr. 2a SGB VI)
306	Personen im Rahmen einer besonderen Auslandsverwendung	Personen, die aufgrund einer besonderen Auslandsverwendung nach § 63c Abs. 1 SVG oder § 31a Abs. 1 BeamtVG Zuschläge an Entgeltpunkte i. S. d. § 76e Abs. 1 SGB VI erhalten.
307	Bezieher von Übergangsgebührnissen	Personen, die als ehemalige Soldaten auf Zeit Übergangsgebührnisse beziehen (§ 3 Satz 1 Nr. 2b SGB VI)

Praktikant: Sozialversicherungsrechtliche Beurteilung einer Beschäftigung

Harald Janas/Michael Becker

Bei der sozialversicherungsrechtlichen Beurteilung von Praktikanten müssen verschiedene Aspekte berücksichtigt werden. Die Versicherungspflicht hängt u. a. davon ab, um was für ein Praktikum es sich handelt, ob dieses in der Studien- oder Prüfungsordnung vorgeschrieben ist und ob der Arbeitgeber dafür ein Entgelt zahlt. Ein schneller Überblick wird hier vermittelt.

Sachverhalt Beschäftigung von Arbeitnehmern im			KV und PV		ALV und RV		UV	Insolvenzgeldumlage	U1/U2[1]
Vor- oder Nachpraktikum außerhalb der Einschreibung als Student	**vorgeschrieben**	**ohne** Entgelt	**frei**[2]	Keine Beiträge durch den Arbeitgeber	**pflichtig**	Beiträge aus 1 % der mtl. Bezugsgröße	ja	nein	nein[3]
		mit Entgelt	**pflichtig**[4]	Beiträge wie Auszubildende, Geringverdienergrenze (325 EUR) beachten, kein Übergangsbereich, keine Geringfügigkeit bzw. keine Pauschalbeiträge.	**pflichtig**	Beiträge wie Auszubildende, Geringverdienergrenze (325 EUR) beachten, kein Übergangsbereich, keine Geringfügigkeit.	ja	ja	ja[3]
	nicht vorgeschrieben[5]	**ohne** Entgelt	**frei**	Keine Beiträge durch den Arbeitgeber	**frei**	Keine Beiträge durch den Arbeitgeber	nein	nein	nein

---

1 Die Angabe bezieht sich auf die Umlagepflicht des Entgelts und nicht auf die Zählung der im Betrieb beschäftigten Arbeitnehmer für die Teilnahme am U1-Verfahren.

2 Aber: Versicherungspflicht als Praktikant, soweit kein Anspruch auf eine Familienversicherung besteht.

3 Keine Berücksichtigung bei der Prüfung, ob ein Arbeitgeber nicht mehr als 30 Arbeitnehmer beschäftigt, da als Beschäftigung zur Berufsausbildung anzusehen (§ 1 Abs. 1 AAG).

4 Die Vorschriften über die Versicherungsfreiheit geringfügig Beschäftigter dürfen nicht angewendet werden (§ 7 Abs. 1 Satz 1 Nr. 1 SGB V; § 5 Abs. 2 Satz 3 SGB VI; § 27 Abs. 2 Satz 2 Nr. 1 SGB III; § 20 Abs. 1 Satz 1 SGB XI).

5 Die Teilnehmer gelten nicht als Auszubildende.

Sachverhalt Beschäftigung von Arbeitnehmern im			**KV und PV**		**ALV und RV**		**UV**	**Insolvenzgeldumlage**	**U1/ U2[1]**
		mit Entgelt **bis** 538 EUR	**frei**	Pauschalbeiträge zur KV[6]	**ALV: frei** **RV: pflichtig**[7]	ALV: Keine Beiträge durch den Arbeitgeber RV: Pflichtbeiträge[8], bei Befreiung von der RV-Pflicht Pauschalbeiträge	ja	ja	ja
		mit Entgelt **über** 538 EUR	**pflichtig**	Beiträge wie Arbeitnehmer, Übergangsbereich bei Entgelt bis 2.000 EUR beachten	**pflichtig**	Beiträge wie Arbeitnehmer, Übergangsbereich bei Entgelt bis 2.000 EUR beachten	ja	ja	ja
Zwischenpraktikum während der Einschreibung als Student	**vorgeschrieben**	**ohne** Entgelt	**frei**[9]	Keine Beiträge durch den Arbeitgeber	**frei**	Keine Beiträge durch den Arbeitgeber	ja	nein	nein[3]
		mit Entgelt	**frei**	Keine Beiträge durch den Arbeitgeber	**frei**	Keine Beiträge durch den Arbeitgeber	ja	ja	ja[3]

[6] Sofern der Praktikant gesetzlich krankenversichert ist. Bei einer kurzfristigen Beschäftigung besteht Versicherungsfreiheit und es sind keine Sozialversicherungsbeiträge zu entrichten.

[7] Geringfügig entlohnt Beschäftigte sind rentenversicherungspflichtig. Der Praktikant kann sich jedoch von der RV-Pflicht befreien lassen (§ 6 Abs. 1b SGB VI).

[8] Der Beitragsanteil des Arbeitgebers beträgt 15 %. Der Arbeitnehmer trägt den Unterschiedsbetrag von 3,6 % zum vollen RV-Beitrag (18,6 %).

[9] In den meisten Fällen besteht eine Versicherungspflicht zur Kranken- und Pflegeversicherung der Studenten, soweit kein Anspruch auf eine Familienversicherung besteht.

Sachverhalt Beschäftigung von Arbeitnehmern im			**KV und PV**		**ALV und RV**		**UV**	**Insolvenzgeldumlage**	**U1/ U2[1]**
	nicht vorgeschrieben	**ohne** Entgelt	**frei**	Keine Beiträge durch den Arbeitgeber	**frei**	Keine Beiträge durch den Arbeitgeber	nein	nein	nein
		mit Entgelt **bis** 538 EUR, **bis zu** 20 Std./ Woche	**frei**	Pauschalbeiträge zur KV[6]	**ALV: frei RV: pflichtig[7]**	ALV: Keine Beiträge durch den Arbeitgeber RV: Pflichtbeiträge[8], bei Befreiung von der RV-Pflicht keine Pauschalbeiträge zur RV[10]	ja	ja	ja
		mit Entgelt **bis** 538 EUR, **mehr als** 20 Std./ Woche	**frei**	Pauschalbeiträge zur KV[6]	**ALV: frei RV: pflichtig[7]**	ALV: Keine Beiträge durch den Arbeitgeber RV: Pflichtbeiträge[8], bei Befreiung von der RV-Pflicht keine Pauschalbeiträge zur RV[10]	ja	ja	ja

[10] § 172 Abs. 3 Satz 2 SGB VI.

Sachverhalt Beschäftigung von Arbeitnehmern im			KV und PV		ALV und RV		UV	Insolvenzgeldumlage	U1/U2[1]
		mit Entgelt **über** 538 EUR, **bis zu** 20 Std./Woche	**frei**	Keine Beiträge durch den Arbeitgeber, auch keine Pauschalbeiträge. zur KV	**ALV: frei RV: pflichtig**	ALV: keine Beiträge durch den Arbeitgeber RV: Beiträge wie Arbeitnehmer, Übergangsbereich bei Entgelt bis 2.000 EUR beachten	ja	ja	ja
		mit Entgelt **über** 538 EUR, **mehr als** 20 Std./Woche	**pflichtig**	Beiträge wie Arbeitnehmer, Übergangsbereich bei Entgelt bis 2.000 EUR beachten	**pflichtig**	Beiträge wie Arbeitnehmer, Übergangsbereich bei Entgelt bis 2.000 EUR beachten	ja	ja	ja

Reisekostenpauschalen: Ausland

Die Tabelle zeigt die Pauschbeträge für Verpflegungsmehraufwendungen und Übernachtungen für beruflich und betrieblich veranlasste Auslandsreisen.

Die für Reisetage in den einzelnen Ländern geltenden Auslandsreisepauschalen[1] können Sie dieser Tabelle entnehmen. **Fettgedruckte Zahlenwerte kennzeichnen Änderungen** gegenüber dem Vorjahr. Soweit einzelne Länder in dieser Tabelle nicht genannt sind, ist der für Luxemburg geltende Pausch- und Höchstbetrag anzusetzen. Sind Übersee- und Außengebiete eines Landes nicht gesondert aufgeführt, gilt der für das Mutterland maßgebliche Pausch- und Höchstbetrag.

Bei **eintägigen Reisen** ins Ausland ist der entsprechende Pauschbetrag des letzten Tätigkeitsortes im Ausland maßgebend.

---

1 Für 2024 s. BMF, Schreiben v. 21.11.2023, IV C 5 – S 2353/19/10010 :005.

Bei **mehrtägigen Reisen** in verschiedenen Staaten gilt für die Ermittlung der Verpflegungspauschalen am An- und Abreisetag sowie an den Zwischentagen (Tagen mit 24 Stunden Abwesenheit) insbesondere Folgendes:

- Bei der **Anreise** vom Inland in das Ausland oder vom Ausland ins Inland jeweils ohne Tätigwerden ist der entsprechende Pauschbetrag des Ortes maßgebend, der vor 24 Uhr Ortszeit erreicht wird.
- Bei der **Abreise** vom Ausland ins Inland oder vom Inland ins Ausland ist der entsprechende Pauschbetrag des letzten Tätigkeitsortes maßgebend
- Für die **Zwischentage** ist in der Regel der entsprechende Pauschbetrag des Ortes maßgebend, den der Arbeitnehmer vor 24 Uhr Ortszeit erreicht.

Die Pauschbeträge für **Übernachtungskosten** sind ausschließlich in den Fällen der Arbeitgebererstattung anwendbar. Für den Werbungskostenabzug sind nur die tatsächlichen Übernachtungskosten maßgebend.

Diese Ausführungen gelten entsprechend für **doppelte Haushaltsführungen** im Ausland.

Pauschbeträge 2024 für Verpflegungsmehraufwendungen und Übernachtungskosten im Ausland

Quelle: BMF, Schreiben v. 21.11.2023, IV C 5 – S 2353/19/10010 :005

Land	Pauschbeträge für Verpflegungsmehraufwendungen bei einer Abwesenheitsdauer je Kalendertag von			Pauschbetrag für Übernachtungskosten
	mindestens 24 Std.	weniger als 24 Std., aber mehr als 8 Std.	An- und Abreisetage[2]	
	EUR	EUR	EUR	EUR
Afghanistan	30	20	20	95
Ägypten	**50**	**33**	**33**	**112**
Äthiopien	39	26	26	130
Äquatorialguinea	**42**	**28**	**28**	166
Albanien	27	18	18	112
Algerien	47	32	32	120
Andorra	41	28	28	91
Angola	52	35	35	299

[2] An- und Abreisetage setzen eine Übernachtung voraus und sind daher nur bei mehrtägigen Auswärtstätigkeiten möglich. Eine Mindestabwesenheit ist an diesen Tagen nicht erforderlich.

Land	Pauschbeträge für Verpflegungsmehraufwendungen bei einer Abwesenheitsdauer je Kalendertag von			Pauschbetrag für Übernachtungskosten
	mindestens 24 Std.	weniger als 24 Std., aber mehr als 8 Std.	An- und Abreisetage[2]	
	EUR	EUR	EUR	EUR
Argentinien	35	24	24	113
Armenien	24	16	16	59
Aserbaidschan	44	29	29	88
Australien				
– Canberra	**74**	**49**	**49**	**186**
– Sydney	**57**	**38**	**38**	**173**
– im Übrigen	**57**	**38**	**38**	**173**
Bahrain	48	32	32	153
Bangladesch	50	33	33	165
Barbados	**54**	**36**	**36**	**206**
Belgien	59	40	40	141
Benin	52	35	35	115
Bolivien	46	31	31	108
Bosnien und Herzegowina	23	16	16	75
Botsuana	46	31	31	176
Brasilien				
– Brasilia	**51**	**34**	**34**	**88**
– Rio de Janeiro	**69**	**46**	**46**	**140**
– Sao Paulo	**46**	**31**	**31**	**151**
– im Übrigen	**46**	**31**	**31**	**88**
Brunei	52	35	35	106
Bulgarien	22	15	15	115
Burkina Faso	38	25	25	174
Burundi	36	24	24	138
Chile	44	29	29	154

Land	Pauschbeträge für Verpflegungsmehraufwendungen bei einer Abwesenheitsdauer je Kalendertag von			Pauschbetrag für Übernachtungskosten
	mindestens 24 Std.	weniger als 24 Std., aber mehr als 8 Std.	An- und Abreisetage[2]	
	EUR	EUR	EUR	EUR
China				
– Chengdu	41	28	28	131
– Hongkong	**71**	**48**	**48**	**169**
– Kanton	36	24	24	150
– Peking	30	20	20	185
– Shanghai	58	39	39	217
– im Übrigen	48	32	32	112
Costa Rica	47	32	32	93
Côte d'Ivoire	59	40	40	166
Dänemark	75	50	50	183
Dominikanische Republik	**50**	**33**	**33**	**167**
Dschibuti	**77**	**52**	**52**	**255**
Ecuador	27	18	18	103
El Salvador	65	44	44	161
Eritrea	50	33	33	91
Estland	29	20	20	85
Fidschi	**32**	**21**	**21**	**183**
Finnland	**54**	**36**	**36**	**171**
Frankreich				
– Paris[3]	58	39	39	159
– im Übrigen	53	36	36	105
Gabun	52	35	35	183
Gambia	40	27	27	161
Georgien	**45**	**30**	**30**	**87**
Ghana	46	31	31	148

[3] Sowie die Departements 77 (Seine-et-Marne), 78 (Yvelines), 91 (Essonne) bis 95 (Val-d'Oise).

Land	Pauschbeträge für Verpflegungsmehraufwendungen bei einer Abwesenheitsdauer je Kalendertag von			Pauschbetrag für Übernachtungskosten
	mindestens 24 Std.	weniger als 24 Std., aber mehr als 8 Std.	An- und Abreisetage[2]	
	EUR	EUR	EUR	EUR
Griechenland				
– Athen	40	27	27	139
– im Übrigen	36	24	24	150
Guatemala	34	23	23	90
Guinea	**59**	**40**	**40**	**140**
Guinea-Bissau	32	21	21	113
Haiti	58	39	39	130
Honduras	57	38	38	198
Indien				
– Bangalore	42	28	28	155
– Chennai	32	21	21	85
– Kalkutta	35	24	24	145
– Mumbai	50	33	33	146
– Neu Delhi	38	25	25	185
– im Übrigen	32	21	21	85
Indonesien	36	24	24	134
Iran	33	22	22	196
Irland	58	39	39	129
Island	62	41	41	187
Israel	66	44	44	190
Italien				
– Mailand	**42**	**28**	**28**	**191**
– Rom	**48**	**32**	**32**	**150**
– im Übrigen	**42**	**28**	**28**	**150**
Jamaika	**39**	**26**	**26**	**171**
Japan				
– Tokio	**50**	**33**	**33**	**285**
– im Übrigen	52	35	35	190
Jemen	24	16	16	95

Land	Pauschbeträge für Verpflegungsmehraufwendungen bei einer Abwesenheitsdauer je Kalendertag von			Pauschbetrag für Übernachtungskosten
	mindestens 24 Std.	weniger als 24 Std., aber mehr als 8 Std.	An- und Abreisetage[2]	
	EUR	EUR	EUR	EUR
Jordanien	57	38	38	134
Kambodscha	38	25	25	94
Kamerun	**56**	**37**	**37**	**275**
Kanada				
– Ottawa	**62**	**41**	**41**	**214**
– Toronto	**54**	**36**	**36**	**392**
– Vancouver	**63**	**42**	**42**	**304**
– im Übrigen	**54**	**36**	**36**	**214**
Kap Verde	**38**	**25**	**25**	**90**
Kasachstan	45	30	30	111
Katar	56	37	37	149
Kenia	51	34	34	219
Kirgisistan	27	18	18	74
Kolumbien	46	31	31	115
Kongo, Republik	62	41	41	215
Kongo, Demokratische Republik	70	47	47	190
Korea, Demokratische Volksrepublik	28	19	19	92
Korea, Republik	48	32	32	108
Kosovo	24	16	16	71
Kroatien	35	24	24	107
Kuba	**51**	**34**	**34**	**170**
Kuwait	56	37	37	241
Laos	**35**	**24**	**24**	**71**
Lesotho	28	19	19	104
Lettland	35	24	24	76
Libanon	**69**	**46**	**46**	**146**
Libyen	63	42	42	135

Land	Pauschbeträge für Verpflegungsmehraufwendungen bei einer Abwesenheitsdauer je Kalendertag von			Pauschbetrag für Übernachtungskosten
	mindestens 24 Std.	weniger als 24 Std., aber mehr als 8 Std.	An- und Abreisetage[2]	
	EUR	EUR	EUR	EUR
Liechtenstein	56	37	37	190
Litauen	26	17	17	109
Luxemburg	63	42	42	139
Madagaskar	**33**	**22**	**22**	**116**
Malawi	41	28	28	109
Malaysia	36	24	24	86
Malediven	52	35	35	170
Mali	38	25	25	120
Malta	46	31	31	114
Marokko	**41**	28	28	**87**
Marshall Inseln	63	42	42	102
Mauretanien	35	24	24	86
Mauritius	**44**	**29**	**29**	**172**
Mazedonien	29	20	20	95
Mexiko	48	32	32	177
Moldau, Republik	26	17	17	73
Monaco	52	35	35	187
Mongolei	**23**	**16**	**16**	92
Montenegro	32	21	21	85
Mosambik	**51**	**34**	**34**	**208**
Myanmar	35	24	24	155
Namibia	30	20	20	112
Nepal	36	24	24	126
Neuseeland	**58**	**39**	**39**	**148**
Nicaragua	46	31	31	105
Niederlande	47	32	32	122
Niger	42	28	28	131
Nigeria	46	31	31	182

Land	Pauschbeträge für Verpflegungsmehraufwendungen bei einer Abwesenheitsdauer je Kalendertag von			Pauschbetrag für Übernachtungskosten
	mindestens 24 Std.	weniger als 24 Std., aber mehr als 8 Std.	An- und Abreisetage[2]	
	EUR	EUR	EUR	EUR
Nordmazedonien	27	18	18	89
Norwegen	**75**	**50**	**50**	**139**
Österreich	**50**	**33**	**33**	**117**
Oman	64	43	43	141
Pakistan				
– Islamabad	23	16	16	238
– im Übrigen	34	23	23	122
Palau	51	34	34	179
Panama	41	28	28	82
Papua-Neuguinea	59	40	40	159
Paraguay	**39**	**26**	**26**	**124**
Peru	34	23	23	143
Philippinen	**41**	**28**	**28**	**140**
Polen				
– Breslau	33	22	22	117
– Danzig	30	20	20	84
– Krakau	27	18	18	86
– Warschau	29	20	20	109
– im Übrigen	29	20	20	60
Portugal	32	21	21	111
Ruanda	44	29	29	117
Rumänien				
– Bukarest	32	21	21	92
– im Übrigen	27	18	18	89
Russische Föderation				
– Jekatarinenburg	28	19	19	84
– Moskau	30	20	20	110
– St. Petersburg	26	17	17	114
– im Übrigen	24	16	16	58

Land	Pauschbeträge für Verpflegungsmehraufwendungen bei einer Abwesenheitsdauer je Kalendertag von			Pauschbetrag für Übernachtungskosten
	mindestens 24 Std.	weniger als 24 Std., aber mehr als 8 Std.	An- und Abreisetage[2]	
	EUR	EUR	EUR	EUR
Sambia	38	25	25	105
Samoa	39	26	26	105
San Marino	34	23	23	79
São Tomé – Principe	47	32	32	80
Saudi-Arabien				
– Djidda	57	38	38	181
– Riad	56	37	37	186
– im Übrigen	56	37	37	181
Schweden	66	44	44	140
Schweiz				
– Genf	66	44	44	186
– im Übrigen	64	43	43	180
Senegal	42	28	28	190
Serbien	27	18	18	97
Sierra Leone	**57**	**38**	**38**	**145**
Simbabwe	45	30	30	140
Singapur	54	36	36	197
Slowakische Republik	33	22	22	121
Slowenien	38	25	25	126
Spanien				
– Barcelona	34	23	23	**144**
– Kanarische Inseln	**36**	**24**	**24**	**103**
– Madrid	**42**	**28**	**28**	**131**
– Palma de Mallorca	**44**	**29**	**29**	**142**
– im Übrigen	34	23	23	**103**
Sri Lanka	**36**	**24**	**24**	**112**
Sudan	33	22	22	195

Land	Pauschbeträge für Verpflegungsmehraufwendungen bei einer Abwesenheitsdauer je Kalendertag von			Pauschbetrag für Übernachtungskosten
	mindestens 24 Std.	weniger als 24 Std., aber mehr als 8 Std.	An- und Abreisetage[2]	
	EUR	EUR	EUR	EUR
Südafrika				
– Kapstadt	33	22	22	130
– Johannisburg	36	24	24	129
– im Übrigen	29	20	20	109
Südsudan	**51**	**34**	**34**	**159**
Syrien	38	25	25	140
Tadschikistan	27	18	18	118
Taiwan	46	31	31	143
Tansania	44	29	29	97
Thailand	38	25	25	110
Togo	39	26	26	118
Tonga	39	26	26	94
Trinidad und Tobago	**66**	**44**	**44**	**203**
Tschad	**42**	**28**	**28**	**155**
Tschechische Republik	32	21	21	77
Türkei				
– Istanbul	26	17	17	120
– Izmir	29	20	20	55
– im Übrigen	17	12	12	95
Tunesien	40	27	27	**144**
Turkmenistan	33	22	22	108
Uganda	41	28	28	143
Ukraine	26	17	17	98
Ungarn	32	21	21	85
Uruguay	48	32	32	90
Usbekistan	34	23	23	104
Vatikanstaat	**48**	**32**	**32**	**150**
Venezuela	45	30	30	127
Vereinigte Arabische Emirate	65	44	44	156

Land	Pauschbeträge für Verpflegungsmehraufwendungen bei einer Abwesenheitsdauer je Kalendertag von			Pauschbetrag für Übernachtungskosten
	mindestens 24 Std.	weniger als 24 Std., aber mehr als 8 Std.	An- und Abreisetage[2]	
	EUR	EUR	EUR	EUR
Vereinigte Staaten von Amerika				
– Atlanta	77	52	52	182
– Boston	63	42	42	333
– Chicago	65	44	44	233
– Houston	62	41	41	204
– Los Angeles	64	43	43	262
– Miami	65	44	44	256
– New York City	66	44	44	308
– San Francisco	59	40	40	327
– Washington, D.C.	66	44	44	203
– im Übrigen	59	40	40	182
Vereinigtes Königreich von Großbritannien und Nordirland				
– London	66	44	44	163
– im Übrigen	52	35	35	99
Vietnam	41	28	28	86
Weißrussland	20	13	13	98
Zentralafrikanische Republik	**53**	**36**	**36**	**210**
Zypern	42	28	28	125

Reisekostenpauschalen: Inland

Die Tabelle enthält die aktuellen steuerfreien inländischen Reisekostensätze für Verpflegungs- und Übernachtungskosten. Außerdem werden die Kürzungsbeträge bei Mahlzeitengestellung auf Dienstreisen durch den Arbeitgeber aufgeführt.

Verpflegungsmehraufwand	Pauschbetrag (in EUR)
Eintägige vorübergehende Auswärtstätigkeit[1]	
– Abwesenheit mindestens 24 Stunden	28[2]
– Abwesenheit mehr als 8 Stunden	14[2]
– Abwesenheit bis 8 Stunden	–
Mehrtägige vorübergehende Auswärtstätigkeit	
– An- und Abreisetag je (keine Mindestabwesenheit)[3]	14[2]
– Zwischentag/e (= Abwesenheit mindestens 24 Stunden)	28[2]
Tätigkeit an wechselnden Einsatzstellen	
– Abwesenheit[5] mindestens 24 Stunden[4]	28[2]
– Abwesenheit mehr als 8 Stunden	14[2]
– An- und Abreisetag[3] je	–
Tätigkeit auf Fahrzeugen	
– Abwesenheit[5] mindestens 24 Stunden[4]	28[2]
– Abwesenheit mehr als 8 Stunden	14[2]
– An- und Abreisetag[3] je	–
Kürzung bei Mahlzeitengestellung	
– Frühstück	5,60
– Mittag- und Abendessen je	11,20

[1] Eine berufliche Auswärtstätigkeit liegt vor, wenn ein Arbeitnehmer vorübergehend außerhalb seiner Wohnung und seiner ersten Tätigkeitsstätte beruflich tätig wird. Auch Arbeitnehmer, die bei ihrer beruflichen Tätigkeit typischerweise nur an ständig wechselnden **Einsatzstellen** oder auf einem **Fahrzeug** tätig werden, fallen unter die reisekostenrechtlich relevante Auswärtstätigkeit.
Der Reisekostenbegriff *berufliche Auswärtstätigkeit* umfasst auch Arbeitnehmer **ohne** erste Tätigkeitsstätte, die weder durch das Aufsuchen des Arbeitgebers mit einer gewissen Nachhaltigkeit noch aufgrund des Umfangs der dort verrichteten Arbeiten eine ortsfeste Tätigkeit begründen.

[2] Das Gesetzgebungsverfahren, das eine Änderung des Werts vorsieht, ist noch nicht abgeschlossen. Ggf. wird eine Änderung im Laufe des Jahres 2024 folgen.

[3] An- und Abreisetag setzen eine Übernachtung voraus und sind daher nur bei **mehrtägigen** Auswärtstätigkeiten möglich. Eine Mindestabwesenheit ist an diesen Tagen nicht erforderlich.

[4] Die Pauschale von 28 EUR gilt dem Grundsatz nach auch für eintägige Reisen; wegen der zeitlichen Grenze beschränkt sich ihre praktische Bedeutung allerdings auf mehrtägige Reisen.

[5] Die Abwesenheitsdauer berechnet sich in Bezug auf die Wohnung und erste Tätigkeitsstätte, bei Tätigkeit an wechselnden Einsatzstellen oder auf Fahrzeugen nur in Bezug auf die Wohnung.

Verpflegungsmehraufwand	Pauschbetrag (in EUR)
Übernachtungskosten bei Auswärtstätigkeiten	
– Pauschbetrag je Übernachtung[6]	20
– Übernachtungspauschale für Berufskraftfahrer[7]	8[2]

[6] Die Übernachtungspauschale gilt nur für steuerfreie Erstattungen durch den **Arbeitgeber**. Der Arbeitnehmer muss dagegen für den Werbungskostenabzug seine Übernachtungskosten durch Rechnungsbelege nachweisen. Das Gleiche gilt für Übernachtungen eines Selbstständigen.

[7] Zum 1.1.2020 eingeführt mit dem Gesetz zur weiteren steuerlichen Förderung der Elektromobilität und zur Änderung weiterer steuerlicher Vorschriften.

Sachbezugswerte

Die Übersichten enthalten die Sachbezugswerte für 2024. Abzulesen sind die monatlichen oder kalendertäglichen Werte für freie Unterkunft und/oder Verpflegung.

Freie Verpflegung					
Personenkreis		Frühstück	Mittag-essen	Abend-essen	Verpflegung insgesamt
		EUR	EUR	EUR	EUR
volljährige Arbeitnehmer	mtl.	65,00	124,00	124,00	313,00
	ktgl.	2,17	4,13	4,13	10,43
Jugendliche und Auszubildende	mtl.	65,00	124,00	124,00	313,00
	ktgl.	2,17	4,13	4,13	10,43
volljährige Familienangehörige	mtl.	65,00	124,00	124,00	313,00
	ktgl.	2,17	4,13	4,13	10,43
Familienangehörige vor Vollendung des 18. Lebensjahres	mtl.	52,00	99,20	99,20	250,40
	ktgl.	1,74	3,30	3,30	8,34
Familienangehörige vor Vollendung des 14. Lebensjahres	mtl.	26,00	49,60	49,60	125,20
	ktgl.	0,87	1,65	1,65	4,17
Familienangehörige vor Vollendung des 7. Lebensjahres	mtl.	19,50	37,20	37,20	93,90
	ktgl.	0,65	1,24	1,24	3,13

Wert der an Familienangehörige abgegebenen Sachbezüge: Anzusetzen sind ausschließlich die o. g. Beträge für Angehörige. Es erfolgt keine Addition mit dem Sachbezugswert für Beschäftigte. Lediglich für unmittelbar dem Arbeitnehmer selbst zur Verfügung gestellte Verpflegung werden die Sachbezugswerte „volljährige Arbeitnehmer“ bzw. „Jugendliche und Auszubildende“ angesetzt.

Freie Unterkunft				
Sachverhalt			**Unterkunft allgemein**	**Aufnahme im Arbeitgeberhaushalt / Gemeinschaftsunterkunft**
Unterkunft belegt mit			**EUR**	**EUR**
A[1]	1 Beschäftigtem	mtl.	278,00	236,30
		ktgl.	9,27	7,88
	2 Beschäftigten	mtl.	166,80	125,10
		ktgl.	5,56	4,17
	3 Beschäftigten	mtl.	139,00	97,30
		ktgl.	4,63	3,24
	mehr als 3 Beschäftigten	mtl.	111,20	69,50
		ktgl.	3,71	2,32
B[2]	1 Beschäftigtem	mtl.	236,30	194,60
		ktgl.	7,88	6,49
	2 Beschäftigten	mtl.	125,10	83,40
		ktgl.	4,17	2,78
	3 Beschäftigten	mtl.	97,30	55,60
		ktgl.	3,24	1,85
	mehr als 3 Beschäftigten	mtl.	69,50	27,80
		ktgl.	2,32	0,93

Erläuterungen

Sachbezüge im Teilmonat

Wird der anzusetzende Sachbezugswert für einen Teil-Entgeltabrechnungszeitraum ermittelt, sind die jeweiligen Tagesbeträge mit der Anzahl der Kalendertage zu multiplizieren.

---

[1] A = Volljährige Arbeitnehmer.
[2] B = Jugendliche und Auszubildende.

Beispiel

Ein Arbeitnehmer (19 Jahre) nimmt am 15.1. eine Beschäftigung in den alten Bundesländern auf und wird bei freier Verpflegung und freier Unterkunft in den Arbeitgeberhaushalt aufgenommen.

Verpflegung	10,43 × 17 Tage =	177,31 EUR
Unterkunft	7,88 × 17 Tage =	133,96 EUR
Sachbezugswert insgesamt		311,27 EUR

Besonderheiten bei freier Unterkunft

Wäre es nach Lage des Einzelfalls unbillig, den Wert der Unterkunft nach den Tabellenwerten zu bestimmen, kann die Unterkunft nach § 2 Abs. 3 SvEV mit dem ortsüblichen Mietpreis bewertet werden.

Der Wert der Unterkunft wird für das gesamte Bundesgebiet einheitlich festgelegt.

Eine **Aufnahme in den Arbeitgeberhaushalt** liegt vor, wenn der Arbeitnehmer sowohl in die Wohnungs- als auch in die Verpflegungsgemeinschaft des Arbeitgebers aufgenommen wird. Wird ausschließlich die Unterkunft zur Verfügung gestellt, liegt dagegen keine „Aufnahme" in den Arbeitgeberhaushalt vor und der ungekürzte Unterkunftswert ist anzusetzen.

Eine **Gemeinschaftsunterkunft** stellen z. B. Lehrlingswohnheime, Schwesternwohnheime, Kasernen etc. dar. Charakteristisch für Gemeinschaftsunterkünfte sind gemeinschaftlich zu nutzende Wasch- bzw. Duschräume, Toiletten und eine Gemeinschaftsküche oder Kantine. Allein eine Mehrfachbelegung einer Unterkunft hat dagegen nicht die Bewertung als Gemeinschaftsunterkunft zur Folge; vielmehr wird der Mehrfachbelegung bereits durch gesonderte Abschläge Rechnung getragen.

Abgrenzung Unterkunft und Wohnung

Eine Wohnung ist im Gegensatz zur Unterkunft eine in sich geschlossene Einheit von Räumen, in denen ein selbstständiger Haushalt geführt werden kann. Es muss eine Wasserversorgung und -entsorgung, eine Kochgelegenheit, vergleichbar einer Küche, sowie eine Toilette vorhanden sein. Ein 1-Zimmer-Appartement mit Küchenzeile und WC als Nebenraum stellt somit eine Wohnung dar, während bei Mitbenutzung von Bad, Toilette und Küche lediglich eine Unterkunft vorliegt. Können mehrere Arbeitnehmer eine

Wohnung zur gemeinsam nutzen (Wohngemeinschaft), stellt dies keine freie Wohnung, sondern lediglich freie Unterkunft dar.

Ortsüblicher Mietpreis oder Quadratmeterpauschale

Ab 1.1.2021 unterbleibt der Ansatz eines Sachbezugs für eine dem Arbeitnehmer vom Arbeitgeber zu eigenen Wohnzwecken überlassene Wohnung, soweit das vom Arbeitnehmer gezahlte Entgelt mindestens 2/3 des ortsüblichen Mietwerts und dieser nicht mehr als 25 EUR/qm ohne umlagefähige Kosten im Sinne der Verordnung über die Aufstellung von Betriebskosten beträgt. Beträgt die ortsübliche Kaltmiete mehr als 25 Euro/qm, ist der Bewertungsabschlag nicht anzuwenden.

Ist die Feststellung des ortsüblichen Mietpreises mit außerordentlichen Schwierigkeiten verbunden, kann im Jahr 2024 die Wohnung mit 4,89 EUR monatlich je Quadratmeter bzw. bei einfacher Ausstattung (ohne Sammelheizung oder ohne Bad oder Dusche) mit 4,00 EUR monatlich je Quadratmeter bewertet werden.

Betriebsverpflegung

Bei der Gewährung von unentgeltlichen oder verbilligten Mahlzeiten im Betrieb[1] sind sowohl für volljährige Arbeitnehmer als auch für Jugendliche und Auszubildende nachstehende Beträge anzusetzen:

Frühstück	2,17 EUR
Mittag-/Abendessen	4,13 EUR

[1] § 40 Abs. 2 Satz 1 Nr. 1 EStG.

Schüler/Schulentlassene: Versicherungsrechtliche Beurteilung

Harald Janas

Hier werden unterschiedliche Konstellationen einer Beschäftigung von Schülern bzw. Schulentlassenen aufgelistet. Je nach Ausgestaltung der Beschäftigung hat dies unterschiedliche sozialversicherungsrechtliche Konsequenzen.

Schüler: Versicherungsrechtliche Beurteilung der ausgeübten Beschäftigung		
Personenkreis	**Bedingung/Voraussetzung**	**Beurteilung**
Schüler von allgemeinbildenden Schulen (Haupt-, Realschulen, Gymnasien)[1,2]	Das Beschäftigungsverhältnis wird **unbefristet** (bzw. länger als auf 3 Monate oder 70 Arbeitstage im Kalenderjahr befristet) ausgeübt, das monatliche Entgelt beträgt regelmäßig **mehr als 538 EUR** (bis 31.12.2023: 520 EUR)[3].	**Versicherungspflicht** zur – KV – PV – RV **Versicherungsfreiheit** zur – ALV
	Die Beschäftigungsdauer ist innerhalb eines Kalenderjahres auf längstens 3 Monate oder 70 Arbeitstage **befristet**. Die Höhe des Entgelts ist in diesem Fall unbedeutend.	**Versicherungsfreiheit** zur – KV – PV – RV – ALV
	Das monatliche Entgelt beträgt regelmäßig **nicht mehr als 538 EUR** (bis 31.12.2023: 520 EUR).[5]	**Versicherungsfreiheit** zur – KV – PV – ALV **Versicherungspflicht** zur – RV[4]

[1] Hiermit ist der vollzeitliche Besuch einer gewöhnlichen Schule (mit Unterrichtszeit während der allgemein üblichen Arbeitszeiten) gemeint.

[2] Zu den allgemeinbildenden (öffentlichen oder privaten) Schulen gehören (in der Mehrzahl der Länder): Hauptschule, Realschule, Gymnasium, Gesamtschule (in einzelnen Ländern), Förderstufe (Hessen), Orientierungsstufe (Niedersachsen), Schulzentrum (Bayern), Mittelschule (Sachsen), Regelschule (Thüringen), Erweiterte Realschule (Saarland), Sekundarschule (Sachsen-Anhalt), Integrierte Haupt- und Realschule (Hamburg), Verbundene Haupt- und Realschule (Hessen, Mecklenburg-Vorpommern), Regionale Schule (Rheinland-Pfalz). Zudem gehören dazu in allen Ländern: Sonderschule, Schule für Behinderte, Förderschule.

[3] Wird die Beschäftigung für einen kürzeren Zeitraum als einen Monat ausgeübt, ist im jeweiligen Monat dennoch keine anteilige Entgeltgrenze, sondern die monatliche Geringfügigkeitsgrenze anzusetzen.

[4] Der Arbeitnehmer kann sich von der Rentenversicherungspflicht befreien lassen.

[5] Hier geht es nicht um die Tätigkeit als Praktikant im Rahmen der Ausbildung, sondern um eine daneben ausgeübte, weitere Beschäftigung.

Schüler: Versicherungsrechtliche Beurteilung der ausgeübten Beschäftigung		
Personenkreis	**Bedingung/Voraussetzung**	**Beurteilung**
Schüler von Fachoberschulen[5]	Das Beschäftigungsverhältnis wird **unbefristet** (bzw. länger als auf 3 Monate befristet) ausgeübt, das monatliche Entgelt beträgt regelmäßig **mehr als 538 EUR** (bis 31.12.2023: 520 EUR).	**Versicherungspflicht** zur – KV – PV – RV – ALV
	Die Beschäftigung ist innerhalb eines Kalenderjahres seit ihrem Beginn auf längstens 3 Monate oder 70 Arbeitstage **befristet.** Die Höhe des Entgelts ist in diesem Fall unbedeutend, denn die Versicherungsfreiheit tritt im Rahmen der Kurzfristigkeit ein.	**Versicherungsfreiheit** zur – KV – PV – RV – ALV
	Das monatliche Entgelt beträgt regelmäßig **nicht mehr als 538 EUR** (bis 31.12.2023: 520 EUR).[5]	**Versicherungsfreiheit** zur – KV – PV – ALV **Versicherungspflicht** zur – RV[6]
Personen, die sich außerhalb der üblichen Arbeitszeit an einer allgemeinbildenden Schule fortbilden (Abendschüler)	Das monatliche Entgelt beträgt regelmäßig **mehr als 538 EUR** (bis 31.12.2023: 520 EUR).	**Versicherungspflicht** zur – KV – PV – RV – ALV
	Das monatliche Entgelt beträgt regelmäßig **nicht mehr als 538 EUR** (bis 31.12.2023: 520 EUR).[5]	**Versicherungsfreiheit** zur – KV – PV – ALV **Versicherungspflicht** zur – RV[6]

[6] Berufsmäßigkeit ist auch dann anzunehmen, wenn nach Ableistung der freiwilligen Dienste ein Studium aufgenommen wird.

Schüler: Versicherungsrechtliche Beurteilung der ausgeübten Beschäftigung		
Personenkreis	**Bedingung/Voraussetzung**	**Beurteilung**
	Die Beschäftigung ist innerhalb eines Kalenderjahres auf längstens 3 Monate oder 70 Arbeitstage **befristet.** Die Höhe des Entgelts ist in diesem Fall unbedeutend, denn die Versicherungsfreiheit tritt im Rahmen der Kurzfristigkeit ein.	**Versicherungsfreiheit** zur – KV – PV – RV – ALV

Schulentlassene: Versicherungsrechtliche Beurteilung der ausgeübten Beschäftigung		
Zeitpunkt und Merkmal der Beschäftigung	**Bedingung/Voraussetzung**	**Beurteilung**
Befristete Beschäftigung zwischen der Schulentlassung und dem Beginn – der Berufsausbildung – der Ableistung eines freiwilligen sozialen, diakonischen oder ökologischen Jahres oder eines vergleichbaren Freiwilligendienstes – der Teilnahme an einem Bundesfreiwilligendienst – des freiwilligen Wehrdienstes	Das monatliche Entgelt beträgt regelmäßig **mehr als 538 EUR** (bis 31.12.2023: 520 EUR). Die evtl. Befristung der Beschäftigungsdauer ist hier völlig unbedeutend: Für diesen Personenkreis ist es nicht möglich, infolge der Ausübung einer kurzfristigen Beschäftigung Versicherungsfreiheit zu erlangen, da für ihn stets die **berufsmäßige** Ausübung solcher Beschäftigungen unterstellt wird.[6]	**Versicherungspflicht** zur – KV – PV – RV – ALV
– der ersten Aufnahme einer Dauerbeschäftigung oder eines Dienstverhältnisses als Beamter	Das monatliche Entgelt beträgt regelmäßig **nicht mehr als 538 EUR** (bis 31.12.2023: 520 EUR).[5]	**Versicherungsfreiheit** zur – KV – PV – RV (nur bei kurzfristiger Beschäftigung, sonst pflichtig) – ALV
Befristete oder unbefristete Beschäftigung während/neben – der Ableistung eines freiwilligen sozialen, diakonischen oder ökologischen Jahres oder eines vergleichbaren Freiwilligendienstes	Das monatliche Entgelt beträgt regelmäßig **nicht mehr als 538 EUR** (bis 31.12.2023: 520 EUR).[5]	**Versicherungsfreiheit** zur – KV – PV – RV (nur bei kurzfristiger Beschäftigung,

Schulentlassene: Versicherungsrechtliche Beurteilung der ausgeübten Beschäftigung		
Zeitpunkt und Merkmal der Beschäftigung	**Bedingung/Voraussetzung**	**Beurteilung**
– der Teilnahme an einem Bundesfreiwilligendienst – dem freiwilligen Wehrdienst		sonst pflichtig) – ALV
Befristete Beschäftigung während/neben – der Ableistung eines freiwilligen sozialen, diakonischen oder ökologischen Jahres oder eines vergleichbaren Freiwilligendienstes – der Teilnahme an einem Bundesfreiwilligendienst – dem freiwilligen Wehrdienst	Das monatliche Entgelt beträgt regelmäßig **mehr als 538 EUR** (bis 31.12.2023: 520 EUR).[5] Allerdings ist die Beschäftigung innerhalb eines Kalenderjahres auf längstens 3 Monate oder 70 Arbeitstage befristet und ist damit **kurzfristig.** Diese Personen sind dem Status grundsätzlich Beschäftigte im sozialversicherungsrechtlichen Sinne. Daher ist bei einer kurzfristigen Nebenbeschäftigung nicht von Berufsmäßigkeit auszugehen.[7]	**Versicherungsfreiheit** zur – KV – PV – RV – ALV
Beschäftigung zwischen Abitur und Studium	Das Beschäftigungsverhältnis wird **unbefristet** (bzw. länger als auf 3 Monate befristet) ausgeübt. Das monatliche Entgelt beträgt regelmäßig **mehr als 538 EUR** (bis 31.12.2023: 520 EUR).	**Versicherungspflicht** zur – KV – PV – RV – ALV
	Das Beschäftigungsverhältnis wird unbefristet (bzw. länger als auf 3 Monate oder 70 Arbeitstage im Kalenderjahr befristet) ausgeübt. Das monatliche Entgelt beträgt regelmäßig **nicht mehr als 538 EUR** (bis 31.12.2023: 520 EUR).[5]	**Versicherungsfreiheit** zur – KV – PV – ALV **Versicherungspflicht** zur – RV – RV[6]
	Die Beschäftigung ist innerhalb eines Kalenderjahres auf längstens 3 Monate oder 70 Arbeitstage befristet. Die Höhe des Entgelts ist in diesem Fall unbedeutend. Berufsmäßigkeit liegt nicht vor.	**Versicherungsfreiheit** zur – KV – PV – RV – ALV

[7] GeringfügRL (Abschn. B 2.3.3.1).

Schwerbehindertenvertretung

Prof. Dr. Peter Pulte

Die Tabelle gibt einen Überblick über die Voraussetzungen für die Wahlvorschriften einer Schwerbehindertenvertretung entsprechend der Anzahl der schwerbehinderten (einschließlich der gleichgestellten Arbeitnehmer) im Betrieb tätigen Menschen.

Voraussetzungen	
wenigstens 5 schwerbehinderte Menschen	es werden eine Vertrauensperson und wenigstens eine stellvertretende Person gewählt, das die die Vertrauensperson im Falle der Verhinderung vertritt (§ 177 Abs. 1 Satz 1 SGB IX)
bei jedem Überschreiten des Schwellenwerts von 100 weiteren schwerbehinderten Menschen	ein weiteres stellvertretendes Mitglied kann zur Entlastung der Vertrauensperson herangezogen werden (§ 178 Abs. 1 Satz 5 SGB IX)
wenigstens 100 schwerbehinderte Menschen	die Vertrauensperson wird auf ihren Wunsch von der Arbeit freigestellt (§ 179 Abs. 4 Satz 2 SGB IX)
Ist für mehrere Betriebe eines Arbeitgebers ein Gesamtbetriebsrat oder für den Geschäftsbereich mehrerer Dienststellen ein Gesamtpersonalrat errichtet, so wählen die Schwerbehindertenvertretungen der einzelnen Betriebe oder Dienststellen eine Gesamtschwerbehindertenvertretung (§ 180 Abs. 1 SGB IX). In Großunternehmen, in denen ein Konzernbetriebsrat errichtet ist, ist die Schaffung einer Konzernschwerbehindertenvertretung vorgesehen (§ 180 Abs. 2 SGB IX).	
Wahlverfahren	
weniger als 50 wahlberechtigte schwerbehinderte Menschen	es findet ein vereinfachtes Wahlverfahren statt (§ 177 Abs. 6 Satz 3 SGB IX)
mindestens 3 wahlberechtigte schwerbehinderte Arbeitnehmer	die Wahl der Vertrauensperson kann angefochten werden (§ 177 Abs. 6 Satz 2 SGB IX i. V. m. § 19 Abs. 2 BetrVG)
Wahlvorstand	
Wahlvorstand aus 3 volljährigen im Betrieb Beschäftigten und einer von ihnen als Vorsitzender	Zusammensetzung des Wahlvorstands (§ 1 Abs. 1 SchwbVWO)
3 schwerbehinderte und diesen gleichgestellten behinderten Menschen	können zu einer Versammlung einladen, auf der ein Wahlvorstand gewählt wird, wenn eine Schwerbehindertenvertretung nicht vorhanden ist (§ 1 Abs. 2 SchwbVWO)
Übergangsmandat der Schwerbehindertenvertretung	
Die Regelungen des § 21a BetrVG gelten entsprechend mit der Folge, dass die Schwerbehindertenvertretung ein Übergangsmandat ausüben kann.	

Inklusionsbeauftragter
Der Arbeitgeber bestellt einen Inklusionsbeauftragten, der ihn in Angelegenheiten schwerbehinderter Menschen verantwortlich vertritt; falls erforderlich, können mehrere Inklusionsbeauftragte bestellt werden (§ 181 SGB IX).

Bergmannsversorgungsscheininhaber

Wegen der besonderen Belastungen, die der bergmännische Beruf mit sich bringt, besteht in den Ländern Nordrhein-Westfalen und Saarland für Bergleute ein besonderer Schutz. Diesem Schutz dienen die Regelungen über einen Bergmannsversorgungsschein im Land Nordrhein-Westfalen, im Saarland und in Niedersachsen. In Nordrhein-Westfalen und im Saarland sind mit der Anzahl der Arbeitsplätze Beschäftigungspflichten verbunden:

ab 50 Arbeitsplätze	die Landesregierung kann durch Rechtsverordnung bestimmen, dass Arbeitgeber 2 vom Hundert der Arbeitsplätze mit Inhabern von Bergmannsversorgungsscheinen zu besetzen haben (§ 5 BergVSG SL)
ab 100 Arbeitsplätze	Pflicht des Arbeitgebers, 1 vom Hundert der Arbeitsplätze mit Inhabern von Bergmannsversorgungsscheinen zu besetzen (§ 5 BVSG NW)

Werkstätten für Menschen mit Behinderungen

Eine Werkstatt für Menschen mit Behinderungen ist eine Einrichtung zur Eingliederung von Menschen mit Behinderungen in das Arbeitsleben. Die Werkstattbeschäftigten haben gesetzlich vorgeschriebene Mitwirkungsrechte. In allen Werkstätten werden Werkstatträte gewählt, die als Interessenvertretung der Beschäftigten fungieren und ihre Anliegen mit der Werkstattleitung beraten.

Größe des Werkstattrats	
bis 200 Wahlberechtigte	der Werkstattrat besteht aus mindestens 3 Mitgliedern (§ 3 Abs. 1 Nr. 1 MWVO)
201 – 400 Wahlberechtigte	der Werkstattrat besteht aus 5 Mitgliedern (§ 3 Abs. 1 Nr. 2 MWVO)
401 – 700 Wahlberechtigte	der Werkstattrat besteht aus 7 Mitgliedern (§ 3 Abs. 1 Nr. 3 MWVO)
701 – 1000 Wahlberechtigte	der Werkstattrat besteht aus 9 Mitgliedern (§ 3 Abs. 1 Nr. 4 MWVO)
1001 – 1500 Wahlberechtigte	der Werkstattrat besteht aus 11 Mitgliedern (§ 3 Abs. 1 Nr. 5 MWVO)

Größe des Werkstattrats	
ab 1501 Wahlberechtigte	der Werkstattrat besteht aus 13 Mitgliedern (§ 3 Abs. 1 Nr. 6 MWVO)
Wahlvorstand	
3 Wahlberechtigte oder sonstige der Werkstatt angehörige Personen	Zusammensetzung des Wahlvorstands (§ 13 Abs. 1 MWVO)
3 Wahlberechtigte	3 Wahlberechtigte können zu einer Versammlung der Wahlberechtigten einladen, die zum Ziel hat, den Wahlvorstand zu wählen (§ 13 Abs. 2 MWVO)
Wahlanfechtung	
3 Wahlberechtigte	die Wahl kann angefochten werden (§ 27 MWVO)

Sozialversicherungswerte: Versicherungs- und Beitragsrecht

Diese Übersicht enthält alle Rechengrößen, Grenzwerte, Beitragssätze und Bezugsgrößen im Versicherungs- und Beitragsrecht der Sozialversicherung. Die Sozialversicherungswerte sind für Arbeitgeber und Versicherte (Arbeitnehmer) gleichermaßen relevant, da sie z. B. über die Versicherungspflicht entscheiden sowie die Höhe der zu zahlenden Beiträge beeinflussen.

Versicherungs- und Beitragsrecht: Werte für das Kalenderjahr 2024			
		West	**Ost**
Beitragsbemessungsgrenzen			
• Kranken-/Pflegeversicherung	jährlich	62.100,00 EUR	62.100,00 EUR
	monatlich	5.175,00 EUR	5.175,00 EUR
• Rentenversicherung (allgemein)	jährlich	90.600,00 EUR	89.400,00 EUR
	monatlich	7.550,00 EUR	7.450,00 EUR
• Knappschaftliche Rentenversicherung	jährlich	111.600,00 EUR	110.400,00 EUR
	monatlich	9.300,00 EUR	9.200,00 EUR
• Arbeitslosenversicherung	jährlich	90.600,00 EUR	89.400,00 EUR
	monatlich	7.550,00 EUR	7.450,00 EUR
Beitragssätze			
• Krankenversicherung			
• Allgemeiner Beitragssatz		14,6 %	
• Ermäßigter Beitragssatz		14,0 %	

Versicherungs- und Beitragsrecht: Werte für das Kalenderjahr 2024			
		West	Ost
• Durchschnittlicher Zusatzbeitrag		1,7 %	
• Pflegeversicherung		3,4 %	
• Beitragszuschlag für Kinderlose		0,6 %	
• Beitragsabschlag bei 2 Kindern		0,25 %	
• Beitragsabschlag bei 3 Kindern		0,5 %	
• Beitragsabschlag bei 4 Kindern		0,75 %	
• Beitragsabschlag bei 5 oder mehr Kindern		1,0 %	
• Rentenversicherung (allgemein)		18,6 %	
• Knappschaftliche Rentenversicherung		24,7 %	
• Arbeitslosenversicherung		2,6 %	
Beitragszuschüsse (§ 257 SGB V/§ 61 SGB XI)			
Höchstzuschuss zur freiwilligen Krankenversicherung			
• Versicherte mit Anspruch auf Krankengeld	monatlich	377,78 EUR[1]	
• Versicherte ohne Anspruch auf Krankengeld	monatlich	362,25 EUR[1]	
Höchstzuschuss zur Pflegeversicherung			
• bundeseinheitlich (außer Sachsen) (§ 61 Abs. 3 SGB XI) (1,7 % der monatlichen Beitragsbemessungsgrenze)	monatlich	87,98 EUR	
• Bundesland Sachsen (§ 61 Abs. 3 SGB XI) (1,2 % der monatlichen Beitragsbemessungsgrenze)	monatlich	62,10 EUR	
Höchstzuschuss zur privaten Versicherung			
• Krankenversicherung			
• Versicherte mit Anspruch auf Krankengeld	monatlich	421,76 EUR	
• Versicherte ohne Anspruch auf Krankengeld	monatlich	406,24 EUR	

[1] zzgl. halber individueller Zusatzbeitrag.

Versicherungs- und Beitragsrecht: Werte für das Kalenderjahr 2024			
		West	**Ost**
• Pflegeversicherung	monatlich	87,98 EUR	
• Pflegeversicherung (Sachsen)	monatlich	62,10 EUR	
Bezugsgrößen			
In der Kranken-/Pflegeversicherung gilt für die neuen Bundesländer die Bezugsgröße West			
		West	Ost
• Bezugsgrößen	jährlich	42.420,00 EUR	41.580,00 EUR
	monatlich	3.535,00 EUR	3.465,00 EUR
Familienversicherung			
• Gesamteinkommensgrenze (1/7 der monatlichen Bezugsgröße)	monatlich	505,00 EUR	
• Familienangehörige mit geringfügiger Beschäftigung	monatlich	538,00 EUR	
Freiwillige Krankenversicherung			
• Mindestbemessungsgrundlage	monatlich	1.178,33 EUR	
• Regelbemessungsgrenze (hauptberuflich Selbstständige)	monatlich	5.175,00 EUR	
Freiwillige Rentenversicherung			
• Mindestbeitrag	monatlich	100,07 EUR	
• Höchstbeitrag	monatlich	1.404,30 EUR	
Geringfügigkeitsgrenze	monatlich	538,00 EUR	
Geringverdienergrenze (Auszubildende)			
• Der Arbeitgeber trägt neben seinem eigenen Beitragsanteil auch die Arbeitnehmerbeitragsanteile inkl. Zusatzbeitrag	monatlich	325,00 EUR	
Höchstbeiträge versicherungspflichtiger Arbeitnehmer			
		West	Ost
• Krankenversicherung	monatlich	755,55 EUR[1]	755,55 EUR[1]
• Pflegeversicherung	monatlich	175,95 EUR[2]	175,95 EUR[2]
• Arbeitslosenversicherung	monatlich	196,30 EUR	193,70 EUR
• Rentenversicherung	monatlich	1.404,30 EUR	1.385,70 EUR

[2] zzgl. Beitragszuschlag für Kinderlose (0,6 %) oder Beitragsabschläge von jeweils 0,25 % für das 2. bis 5. berücksichtigungsfähige Kind.

Versicherungs- und Beitragsrecht: Werte für das Kalenderjahr 2024			
		West	Ost
Jahresarbeitsentgeltgrenzen in der Krankenversicherung			
• Allgemeine Jahresarbeitsentgeltgrenze (§ 6 Abs. 6 SGB V)	jährlich	69.300,00 EUR	
• Besondere Jahresarbeitsentgeltgrenze (§ 6 Abs. 7 SGB V)	jährlich	62.100,00 EUR	
Künstlersozialabgabe		5,0 %	
Mindestarbeitsentgelte			
		West	Ost
• Menschen mit Behinderungen (Kranken-/Pflegeversicherung)	monatlich	707,00 EUR	707,00 EUR
• Menschen mit Behinderungen (Rentenversicherung)	monatlich	2.828,00 EUR	2.772,00 EUR
• Azubis/Praktikanten ohne Arbeitsentgelt (Renten-/Arbeitslosenversicherung)	monatlich	35,35 EUR	34,65 EUR
Mindestbeitrag für geringfügig Beschäftigte (Rentenversicherung)			
• Mindestbeitrag	monatlich	32,55 EUR	
Mindestbemessungsgrundlage für geringfügig Beschäftigte (Rentenversicherung)			
• Mindestbemessungsgrundlage	monatlich	175,00 EUR	
Mindesteinnahmegrenze für Beiträge aus Versorgungsbezügen (Kranken-/Pflegeversicherung)			
• Mindesteinnahmegrenze	monatlich	176,75 EUR	
Selbstständige (Rentenversicherung, versicherungspflichtig)			
		West	Ost
• Regelbeitrag	monatlich	657,51 EUR	644,49 EUR
• Mindestbeitrag	monatlich	100,07 EUR	100,07 EUR
• Höchstbeitrag	monatlich	1.404,30 EUR	1.385,70 EUR

Versicherungs- und Beitragsrecht: Werte für das Kalenderjahr 2024		West	Ost
Studentenbeitrag			
• Krankenversicherung	monatlich	82,99 EUR[3]	
• Pflegeversicherung[4]	monatlich	27,61 EUR	
• Pflegeversicherung (kinderlos)	monatlich	32,48 EUR	
Übergangsbereich			
• Gesamtsozialversicherungsbeitrag		40,9 %	
• Faktor F		0,6846	
• Wert für vereinfachte Formel (Gesamtbeitrag)		1,116063748	
• Wert für vereinfachte Formel (Arbeitnehmeranteil)		1,367989056	
• Festbetrag für vereinfachte Formel (Gesamtbeitrag)		232,12749658 EUR	
• Festbetrag für vereinfachte Formel (Arbeitnehmeranteil)		735,9781122 EUR	
• Midijob		538,01 bis 2.000,00 EUR	
Umlagesätze			
• U1 (Aufwendungen bei Entgeltfortzahlung)		individuell nach Satzung der Kasse/ der Minijob-Zentrale	
• U2 (Aufwendungen bei Mutterschaft)			
• Insolvenzgeldumlage (U3)		0,06 %	

[3] zzgl. Zusatzbeitrag.

[4] Beitragssatz seit 1.7.2023: 3,4 % (Gilt bis zum vollendeten 22. Lebensjahr oder ab dem 23. Lebensjahr mit einem Kind). Verminderung des Beitragssatzes bei 2 Kindern auf 3,15 % (= 25,58 EUR), bei 3 Kindern auf 2,9 % (= 23,55 EUR), bei 4 Kindern 2,65 % (= 21,52 EUR) und bei 5 und mehr Kindern auf 2,4 % (= 19,49 EUR). Der Beitragsabschlag für das 2. bis 5. Kind gilt jeweils nur bis zu deren 25. Geburtstag.

Studentenjob: Versicherungsrechtliche Beurteilung

Harald Janas

Die versicherungsrechtliche Beurteilung von Studentenjobs, Semesterferien- und Werkstudentenjobs bereitet in der Praxis oft Schwierigkeiten. Einen schnellen Überblick verschafft Ihnen diese Arbeitshilfe.

Studentenjobs									
Sachverhalt[1]			**KV und PV**		**ALV und RV**		**UV[2]**	**Insolvenzgeldumlage**	**U1/ U2[3]**
Beschäftigung **bis zu** 20 Std./ Woche[4]	**Während der Vorlesungszeit**	Entgelt **bis** 538 EUR[5]	**frei**	KV: Minijob-Pauschalbeiträge[6] PV: Keine Beiträge	**ALV: frei RV: pflichtig[7]**	ALV: keine Beiträge RV: Minijob-Pflichtbeiträge[8]	ja	ja	ja

---

[1] Sonderfälle wie Fortsetzung einer bereits vor dem Studium bestehenden Beschäftigung o. ä. werden hier nicht dargestellt.

[2] Zur Unfallversicherung ist Entgelt grundsätzlich beitragspflichtig.

[3] Bezieht sich auf die Umlagepflicht der Vergütung, nicht auf die Zählung der im Betrieb beschäftigten Arbeitnehmer für die Teilnahme an der U1.

[4] Auch, wenn mehr als 20 Std./Woche gearbeitet wird, aber in den Abend- oder Nachtstunden oder an den Wochenenden und insgesamt nicht mehr als 26 Wochen innerhalb eines Jahres.

[5] Unter Einhaltung des gesetzlichen Mindestlohns. Die Geringfügigkeitsgrenze von 538 EUR legt eine Wochenarbeitszeit von 10 Stunden in Höhe des Mindestlohns von 12,41 EUR/Std. zugrunde.

[6] Die Pauschalbeiträge von 13 % des Arbeitsentgelts sind nur zu zahlen, wenn der Student gesetzlich krankenversichert ist.

[7] Der Arbeitnehmer kann sich von der RV-Pflicht befreien lassen.

[8] Beitragsanteile: 15 % Arbeitgeber und 3,6 % Arbeitnehmer. Im Falle der Befreiung zahlt nur der Arbeitgeber Pauschalbeiträge von 15 %.

Studentenjobs									
Sachverhalt[1]			**KV und PV**		**ALV und RV**		**UV**[2]	**Insolvenzgeldumlage**	**U1/U2**[3]
Beschäftigung **bis zu** 20 Std./Woche		Entgelt **über** 538 EUR	**frei**	Keine Beiträge durch den Arbeitgeber	**ALV: frei RV: pflichtig**[9]	ALV: keine Beiträge RV: Beiträge wie Arbeitnehmer, Übergangsbereich beachten	ja	ja	ja
	Während der Semesterferien[10]	Entgelt **bis** 538 EUR[5]	**frei**	KV: Minijob-Pauschalbeiträge[6] PV: Keine Beiträge	**ALV: frei RV: pflichtig**[7]	ALV: keine Beiträge RV: Minijob-Pflichtbeiträge[8]	ja	ja	ja
		Entgelt **über** 538 EUR	**frei**[11]	Keine Beiträge durch den Arbeitgeber	**ALV: frei**[11] **RV: pflichtig**	ALV: keine Beiträge RV: Beiträge wie Arbeitnehmer, Übergangsbereich beachten	ja	ja	ja

9 In der Rentenversicherung erfolgt die versicherungsrechtliche Beurteilung nach den allgemeinen Grundsätzen. Eine Beschäftigung während des Studiums ist danach grundsätzlich versicherungspflichtig.

10 Wenn Prüfung ergeben hat, dass keine versicherungsfreie kurzfristige Beschäftigung vorliegt.

11 Die Studenteneigenschaft und damit die Versicherungsfreiheit in der KV-, PV- und ALV bestehen, wenn der Student im Laufe des Jahres insgesamt nicht mehr als 26 Wochen in einem Umfang von mehr als 20 Stunden wöchentlich beschäftigt ist.

Studentenjobs									
Sachverhalt[1]			KV und PV		ALV und RV		UV[2]	Insolvenzgeldumlage	U1/ U2[3]
Beschäftigung **über** 20 Std./ Woche	**Während der Vorlesungszeit**	Entgelt **bis** 538 EUR[12]	**frei**	KV: Minijob-Pauschalbeiträge[6] PV: Keine Beiträge	**ALV: frei RV: pflichtig**[7]	ALV: keine Beiträge RV: Minijob-Pflichtbeiträge[8]	ja	ja	ja
		Entgelt **über** 538 EUR	**pflichtig**	Beiträge wie Arbeitnehmer, Übergangsbereich beachten	**pflichtig**[9]	Beiträge wie Arbeitnehmer, Übergangsbereich beachten	ja	ja	ja
	Während der Semesterferien[10]	Entgelt **bis** 538 EUR	**frei**	KV: Minijob-Pauschalbeiträge[6] PV: Keine Beiträge	**ALV: frei RV: pflichtig**[7]	ALV: keine Beiträge RV: Minijob-Pflichtbeiträge[8]	ja	ja	ja
		Entgelt **über** 538 EUR	**frei**[11]	Keine Beiträge durch den Arbeitgeber	**ALV: frei**[11] **RV: pflichtig**	ALV: keine Beiträge RV: Beiträge wie Arbeitnehmer, Übergangsbereich beachten	ja	ja	ja

12 Kann nur Beschäftigungen betreffen, für die der gesetzliche Mindestlohn nicht gilt.

Teilzeitarbeit: Anspruch

Ein Teilzeitarbeitsverhältnis liegt vor, wenn nach dem Arbeitsvertrag die regelmäßige Wochenarbeitszeit des Arbeitnehmers kürzer ist als die eines vergleichbaren vollzeitbeschäftigten Arbeitnehmers. Ist eine regelmäßige Wochenarbeitszeit nicht vereinbart, ist ein Teilzeitarbeitsverhältnis dann anzunehmen, wenn die regelmäßige Arbeitszeit des Arbeitnehmers im Durchschnitt eines bis zu einem Jahr reichenden Beschäftigungszeitraums unter der eines vergleichbaren vollzeitbeschäftigten Arbeitnehmers liegt (§ 2 TzBfG). Ein Arbeitnehmer, dessen Arbeitsverhältnis **länger als 6 Monate** bestanden hat, kann verlangen, dass seine vertraglich vereinbarte Arbeitszeit verringert wird (§ 8 Abs. 1 TzBfG). Das gilt auch für einen Teilzeitbeschäftigten, der eine Verringerung seiner Arbeitszeit wünscht. Ein Anspruch auf Verringerung der Arbeitszeit besteht aber nur gegenüber Arbeitgebern, die in ihrem Unternehmen – unabhängig von der Zahl der Auszubildenden – in der Regel mehr als 15 Arbeitnehmer beschäftigen.

Seit dem 1.1.2019 besteht für Arbeitnehmer unter den besonderen Voraussetzungen des § 9a TzBfG die Möglichkeit, befristet in Teilzeit zu gehen und im Anschluss wieder zu ihrer vorherigen Arbeitszeit zurückzukehren (**Brückenteilzeit**).

Wirksamkeit eines Anspruchs auf unbefristete Teilzeit nach dem TzBfG

	Check		OK	Bemerkung
1	Sonderregelung	Der Anspruch auf Teilzeit ergibt sich nicht aus einer Sonderregelung, aus Tarifvertrag oder einer Betriebsvereinbarung. In diesen Fällen sind die dort genannten Voraussetzungen zu prüfen.		
2	Elternzeit	Der Arbeitnehmer befindet sich nicht in Elternzeit. Für diesen Anspruch bestehen besondere Voraussetzungen (§ 15 BEEG).		
3	Wartezeit	Der Arbeitnehmer ist seit mehr als **6 Monaten** im Betrieb des Arbeitgebers beschäftigt (§ 8 Abs. 1 TzBfG). Elternzeit zählt als Zeit der Betriebszugehörigkeit.		
4	Größe des Arbeitnehmers	Das Arbeitgeber beschäftigt in der Regel **mehr als 15 Personen** (Teilzeit- wie Vollzeitbeschäftigte) in seinem Betrieb. Auszubildende werden nicht mitgerechnet (§ 8 Abs. 7 TzBfG).		

	Check		OK	Bemerkung
5	Unbefristete Teilzeit	Der Antrag auf Teilzeit ist **nicht befristet**. Für die Brückenteilzeit gelten besondere Voraussetzungen.		
6	Frist des Antrags	Der Antrag auf Verringerung der Arbeitszeit wurde spätestens **3 Monate** vor dem gewünschten Beginn des Teilzeitverhältnisses gestellt (§ 8 Abs. 2 Satz 1 TzBfG).		
7	Form des Antrags	Der Antrag auf Verringerung der Arbeitszeit wurde in **Textform** gestellt werden (§ 8 Abs. 2 Satz 1 TzBfG; § 126 BGB). Der Umfang der Verringerung muss, die gewünschte Verteilung soll im Antrag angeben werden.		
8	Sperrfrist	In den letzten **2 Jahren** wurde kein Antrag auf Verringerung der Arbeitszeit gestellt (§ 8 Abs. 6 TzBfG).		
9	Betriebliche Gründe	Dem Antrag des Arbeitnehmers stehen keine **betrieblichen Gründe** entgegen, die etwa die Organisation, den Arbeitsablauf oder die Sicherheit im Betrieb wesentlich beeinträchtigen oder unverhältnismäßig hohe Kosten verursachen (§ 8 Abs. 4 TzBfG).		

Urlaub: Gesetzliche Regelung

Stephan Wilcken

Diese Tabelle gibt einen Überblick über die wichtigsten gesetzlichen Urlaubsregelungen. Die Mindestbedingungen über den Erholungsurlaub von Arbeitnehmern und seine Voraussetzungen sind im Bundesurlaubsgesetz (BUrlG) geregelt. Hierauf bezieht sich diese Übersicht. Darüber hinaus sind jedoch auch etwaige Regelungen zum Urlaub in anwendbaren Tarifverträgen und in den Arbeitsverträgen zu beachten.

Urlaubsdauer	Nach der gesetzlichen Regelung hat jeder Arbeitnehmer einen Urlaubsanspruch von 24 Werktagen (= Montag bis Samstag) je Urlaubsjahr (**gesetzlicher Urlaub**). In der Regel sehen (zulässigerweise) Tarifverträge, betriebliche Regelungen oder Einzelarbeitsverträge einen längeren Urlaubsanspruch vor und gehen meist von Arbeitstagen (= 5 Tage pro Woche) aus (**vertraglicher Urlaub**).
Wartezeit	Der Arbeitnehmer erwirbt den Anspruch auf den vollen Jahresurlaub nach **6-monatigem Bestehen des Arbeitsverhältnisses.** Beginnt das Arbeitsverhältnis beispielsweise am 1.4. eines Jahres, ist die Wartezeit am 30.9. erfüllt und der volle Jahresurlaub kann ab dem 1.10. beansprucht werden.
Teilurlaub	Teilurlaub (1/12 für jeden vollen Monat des Beschäftigungsverhältnisses) kann der Arbeitnehmer beanspruchen, – wenn er wegen **Beginn des Arbeitsverhältnisses in der 2. Jahreshälfte** die Wartezeit nicht erfüllen kann oder – wenn er **vor Erfüllung der Wartezeit** aus dem Arbeitsverhältnis **ausscheidet** oder – wenn er nach Erfüllung der Wartezeit **in der 1. Jahreshälfte ausscheidet.** Ausnahme: Für einen übergesetzlichen Urlaubsanspruch kann einzelvertraglich, in betrieblichen Regelungen oder in Tarifverträgen auch bei Ausscheiden in der zweiten Jahreshälfte Teilurlaub vereinbart werden.
Krankheit	Erkrankt der Arbeitnehmer während des Urlaubs, werden die durch ärztliche Bescheinigung nachgewiesenen Tage der Arbeitsunfähigkeit **nicht** auf den Urlaub **angerechnet.** Der **Urlaubsanspruch** des Arbeitnehmers **mindert sich nicht** dadurch, dass er infolge Krankheit während des Urlaubsjahres nur teilweise oder überhaupt keine Arbeitsleistung erbringen konnte. Tarifverträge oder betriebliche Regelungen können hier abweichend eine Kürzung des Urlaubsanspruchs vorsehen, der gesetzliche Anspruch darf durch die Kürzung aber nicht unterschritten werden. Auch während einer länger andauernden Arbeitsunfähigkeit des Arbeitnehmers entsteht der Urlaubsanspruch mit der Folge, dass nach ggf. längerer Arbeitsunfähigkeit entstandene Urlaubsansprüche offenstehen können und durch Freistellung zu gewähren sind.

	Nach der Rechtsprechung von EuGH und dann folgend des BAG verfällt der Urlaub nicht, wenn der Arbeitnehmer den Urlaub wegen seiner Krankheit nicht bis zum Ende des Kalenderjahrs und/oder des Übertragungszeitraums nehmen konnte. Vielmehr bleibt dem arbeitsunfähig erkrankten Arbeitnehmer zunächst sein Urlaubsanspruch erhalten. Urlaubsansprüche verfallen aber nach der Rechtsprechung des BAG **15 Monate nach Ablauf des Urlaubsjahres** unabhängig von der Arbeits(un)fähigkeit eines Arbeitnehmers, s. u.
Quarantäne	Wird während des Urlaubs behördlich eine Quarantäne für den Arbeitnehmer angeordnet, werden die Tage der Absonderung/Quarantäne **nicht** auf den Urlaubsanspruch **angerechnet**, d. h. er mindert sich nicht.
Kurzarbeit	Für Zeiträume, in denen Arbeitnehmer wegen sog. Kurzarbeit Null durchgehend nicht gearbeitet haben, entsteht **kein Urlaubsanspruch**. Für diesen Zeitraum kann der Urlaubsanspruch anteilig gekürzt werden.
Übertragung	Der Urlaubsanspruch ist grundsätzlich an das Urlaubsjahr gebunden und muss bis zum Jahresende gewährt und genommen werden. **Ausnahmen:** – bei **dringenden betrieblichen oder in der Person des Arbeitnehmers liegenden Gründen** ist eine Übertragung bis zum 31.3. des Folgejahres möglich – bei Krankheit auch noch darüber hinaus (s. u.). – **Mutterschutz:** Hat die Frau ihren Urlaub vor Beginn der Beschäftigungsverbote noch nicht oder nicht vollständig erhalten, so kann sie nach Ablauf der Fristen den Resturlaub im laufenden oder nächsten Urlaubsjahr beanspruchen. – bei Antritt von **Elternzeit** noch zustehender Erholungsurlaub ist nach Beendigung der Elternzeit im laufenden oder im nächsten Urlaubsjahr zu gewähren. Schließt sich unmittelbar an die erste Elternzeit eine zweite Elternzeit an, wird der Urlaub bis nach der zweiten Elternzeit übertragen. – bei **Arbeitsunfähigkeit** wird der nicht genommene Urlaub dann übertragen, wenn gerade wegen der Arbeitsunfähigkeit der Urlaub bis zum Ende des Kalenderjahres bzw. bis zum Ende des Übertragungszeitraumes (= 31.3. des Folgejahres) nicht genommen werden konnte.
Verfall	Wird der Urlaub durch den Arbeitnehmer innerhalb des Kalenderjahres oder bei Übertragung spätestens innerhalb des Übertragungszeitraumes bis zum 31.3. des Folgejahres nicht genommen, verfällt der Urlaubsanspruch ersatzlos, wenn nicht einer der o. g. Gründe für eine weitere Übertragung vorliegt. Voraussetzung für den Verfall ist laut BAG-Rechtsprechung, dass der Arbeitgeber seine Mitarbeiter zuvor konkret aufgefordert hat, den Urlaub zu nehmen, und sie klar und rechtzeitig darauf hingewiesen hat, dass der

	Urlaub anderenfalls mit Ablauf des Urlaubsjahres oder Übertragungszeitraums erlischt (sog. **Mitwirkungsobliegenheit**). **Ausnahme:** Kann der Beschäftigte den Urlaub auch bis zum Ende des Übertragungszeitraumes nicht nehmen auf Grund einer Arbeitsunfähigkeit, verfällt der Urlaubsanspruch als Freizeitanspruch zunächst nicht. Um dem so ermöglichten unbegrenzten Ansammeln von Urlaubsansprüchen eine Grenze zu setzen, lässt das BAG den Urlaubsanspruch jeweils 15 Monate nach Ablauf des Urlaubsjahres auch bei langjährig arbeitsunfähig erkrankten Arbeitnehmern verfallen. Über diese Begrenzung hinaus ist kein Sammeln möglich.
Abgeltung:	Kann der Urlaub **wegen Beendigung des Arbeitsverhältnisses** ganz oder teilweise nicht mehr gewährt werden, so ist er abzugelten. Die Erben eines verstorbenen Arbeitnehmers können von dessen ehemaligem Arbeitgeber eine finanzielle Vergütung für den von dem Arbeitnehmer nicht genommenen bezahlten Jahresurlaub verlangen.

Urlaub: Verfall und Mitwirkungsobliegenheit des Arbeitgebers

Arbeitnehmer müssen grundsätzlich bis zum Jahresende ihren Urlaub nehmen, ansonsten verfällt er. Der Urlaubsverfall setzt aber voraus, dass der Arbeitgeber seinen Mitwirkungsobliegenheiten nachgekommen ist. Für unterschiedliche Konstellationen, z. B. bei langandauernder Erkrankung oder Elternzeit, sehen das Gesetz und die Rechtsprechung jedoch abweichende Regelungen vor. Diese Übersicht führt die verschiedenen Verfallsfristen und jeweils zu erfüllenden Mitwirkungsobliegenheiten auf.

	Verfallsfrist	Mitwirkungsobliegenheit des Arbeitgebers
Grundfall (§ 7 Abs. 3 BUrlG)	Grundsätzlich muss Urlaub im laufenden Kalenderjahr gewährt werden, also **bis zum 31.12.** Eine **Übertragung** in das darauffolgende Jahr ist möglich, wenn • dringende betriebliche (z. B. saisongebundene Aufträge) oder • in der Person des Arbeitnehmers liegende Gründe (z. B. Arbeitsunfähigkeit des Arbeitnehmers) dies rechtfertigen. In diesem Fall verfällt der Resturlaub aber grund-	Voraussetzung für den Verfall von Urlaubsansprüchen ist, dass der Arbeitgeber seine Mitarbeiter zuvor **konkret aufgefordert** hat, den Urlaub zu nehmen, und sie **klar und rechtzeitig** darauf hingewiesen hat, dass der Urlaub andernfalls erlischt.[1] Abstrakte Angaben, z. B. in Merkblättern oder im Arbeitsvertrag, genügen nicht; sondern der Hinweis muss **auf den einzelnen Arbeitnehmer** und die Anzahl seiner Urlaubstage **bezogen**

1 BAG, Urteil v. 19.2.2019, 9 AZR 423/16.

	Verfallsfrist	Mitwirkungsobliegenheit des Arbeitgebers
	sätzlich am **31.3.** des Folgejahres. Die Urlaubsübertragung erfolgt automatisch; ein Antrag ist nicht notwendig. **Vertraglich** können für die Übertragungszeiträume abweichende Regelungen getroffen werden.	sein (z. B. auf der Entgeltabrechnung). In der Regel dürfte ein Hinweis **zu Beginn des Jahres** genügen. Ohne Vorliegen besonderer Umstände (wie z.B. Betriebsferien) erfordert dies die Erfüllung der Mitwirkungsobliegenheit innerhalb einer (Urlaubs-)Woche nach Jahresbeginn.[2] Der Arbeitgeber muss also dafür Sorge tragen, dass Mitarbeiter ihren Urlaub im laufenden Jahr nehmen. Er muss sie aber **nicht zwingen**, den Anspruch wahrzunehmen.[3] Erfüllt der Arbeitgeber diese Pflicht nicht, verfällt der Urlaub nicht, sondern **tritt zu dem Urlaubsanspruch** hinzu, der am 1.1. **des Folgejahres** neu entsteht. Für diesen Urlaubsanspruch gelten dann wiederum, wie auch für den neu entstandenen Urlaubsanspruch, die normalen gesetzlichen Regelungen des § 7 BUrlG. Der Arbeitgeber kann daher seine Mitwirkungsobliegenheit für den Urlaub aus vergangenen Jahren im aktuellen Urlaubsjahr nachholen und damit das uneingeschränkte Kumulieren von Urlaubsansprüchen aus mehreren Jahren vermeiden. **Hinweis:** Die Mitwirkungsobliegenheit des Arbeitgebers besteht auch während eines Kündigungsschutzprozesses.[4]

[2] BAG, Urteil v. 19.2.2019, 9 AZR 541/15, konkretisiert und verschärft durch BAG, Urteil v. 31.1.2023, 9 AZR 107/20.

[3] EuGH, Urteil v. 6.11.2018, C-684/16.

[4] BAG, Urteil v. 19.2.2019, 9 AZR 321/16.

	Verfallsfrist	Mitwirkungsobliegenheit des Arbeitgebers
Verjährung (§§ 194 ff. BGB)	Grundsätzlich unterliegen alle Ansprüche einer **Verjährung**, somit auch der Urlaubsanspruch. Ansprüche verjähren grundsätzlich 3 Jahre nach dem Schluss des Jahres, in dem der Anspruch entstanden ist.	Die dreijährige Verjährungsfrist der Urlaubsverjährung beginnt erst am Ende des Kalenderjahres, in dem der Arbeitgeber den Arbeitnehmer über seinen konkreten Urlaubsanspruch und die Verfallfristen belehrt und der Arbeitnehmer den Urlaub dennoch aus freien Stücken nicht genommen hat. Der Arbeitgeber muss also auch hier seiner Mitwirkungsobliegenheit nachkommen.[5] **Achtung:** Dies gilt nur für Urlaubsansprüche und hier auch nur für den gesetzlichen Urlaub. **Urlaubsabgeltungsansprüche** nach § 7 Abs. 4 BUrlG unterliegen als reine Entgeltansprüche Ausschlussfristen bzw. der gesetzlichen Verjährung.[6] Auch für vertragliche Urlaubsansprüche können gesonderte Regelungen getroffen werden.
Langzeiterkrankung	Kann der Beschäftigte den Urlaub auch bis zum Ende des Übertragungszeitraumes (31.3.) auf Grund einer Arbeitsunfähigkeit nicht nehmen, verfällt der Urlaubsanspruch zunächst nicht. Um dennoch ein unbegrenztes Ansammeln von Urlaubsansprüchen zu verhindern, verfallen sie jeweils **15 Monate nach Ablauf des Urlaubsjahres** (also bis zum 31.3. des übernächsten Jahres).[7]	Ob ein Arbeitgeber auch einen langzeiterkrankten Mitarbeiter auf den Verfall seines Urlaubsanspruchs hinweisen muss, hat die Rechtsprechung in folgenden Situationen unterschiedlich entschieden: Ist der Arbeitnehmer **im Urlaubsjahr durchgehend erkrankt** und kann daher den Urlaub nicht mehr nehmen, verfällt der Urlaub auch nach 15 Monaten, wenn der Arbeitgeber seiner Mitwirkungsobliegenheit nicht nachkommt. Denn auch bei der Erfüllung der Mitwirkungsobliegenheit hätte der Zweck nicht erreicht werden kön-

[5] EuGH, Urteil v. 22.9.2022, C-120/21; Vorgaben des EuGH umgesetzt durch BAG, Urteil v. 20.12.2022, 9 AZR 266/20.

[6] BAG Urteil v. 24.5.2022, 9 AZR 461/21.

[7] BAG, Urteil v. 18.9.2012, 9 AZR 623/10.

	Verfallsfrist	Mitwirkungsobliegenheit des Arbeitgebers
		nen, dem Arbeitnehmer zu ermöglichen, den Urlaub zu nehmen.[8] Hat der Arbeitnehmer aber noch einen Teil des Jahres gearbeitet und hätte den Urlaub **bis zum Beginn der Arbeitsunfähigkeit daher zumindest noch teilweise nehmen können**, besteht hingegen die Hinweispflicht des Arbeitgebers. Der Urlaub erlischt regelmäßig nur dann nach Ablauf eines Übertragungszeitraums von 15 Monaten, wenn der Arbeitgeber ihn rechtzeitig in die Lage versetzt hat, seinen Urlaub in Anspruch zu nehmen.[9] Erfüllt der Arbeitgeber diese nicht ordnungsgemäß, tritt der Urlaub zu dem Urlaubsanspruch hinzu, der am 1.1. des Folgejahres neu entsteht. **Ausnahme**: Die 15-monatige Verfallfrist beginnt ausnahmsweise unabhängig von der Erfüllung der Mitwirkungsobliegenheit, wenn die Arbeitsunfähigkeit so früh eintritt, dass es dem Arbeitgeber tatsächlich nicht möglich war, zuvor seinen Obliegenheiten nachzukommen.[10]

---

[8] BAG, Urteil v. 7.9.2021, 9 AZR 3/21.

[9] EuGH, Urteil v. 22.9.2022, C-518/20, C-727/20; Vorgaben des EuGH umgesetzt durch BAG, Urteil v. 20.12.2022, 9 AZR 245/19.

[10] BAG, Urteil v. 31.1.2023, 9 AZR 107/20.

	Verfallsfrist	Mitwirkungsobliegenheit des Arbeitgebers
Zusatz-urlaub für schwer-behinderte Menschen	Der gesetzliche Zusatzurlaub für schwerbehinderte Menschen (§ 208 Abs. 1 SGB IX) teilt grundsätzlich das rechtliche Schicksal des Mindesturlaubs nach dem BUrlG. Für seine Entstehung gelten **dieselben allgemeinen Voraussetzungen** des Mindesturlaubs wie für seine Erteilung, Anrechnung und seinen Wegfall.[11]	Wie beim gesetzlichen Mindesturlaub nach dem BUrlG setzt der Verfall von Zusatzurlaub voraus, dass der Arbeitgeber den Arbeitnehmer durch Erfüllung seiner Hinweisobliegenheiten über den Verfall des Urlaubs belehrt hat. **Achtung:** Hat der Arbeitgeber **keine Kenntnis von der Schwerbehinderung** und ist diese auch **nicht offenkundig**, ist der Urlaubsverfall nicht von der ordnungsgemäßen Erfüllung der Mitwirkungsobliegenheit des Arbeitgebers abhängig.[12] Der Arbeitgeber hat unter diesen Voraussetzungen keinen Anlass, vorsorglich auf einen Zusatzurlaub hinzuweisen und den Arbeitnehmer aufzufordern, diesen in Anspruch zu nehmen. Dies gilt auch, wenn der Arbeitnehmer einen Antrag auf Anerkennung der Eigenschaft als schwerbehinderter Mensch gestellt hat, ohne seinen Arbeitgeber darüber zu unterrichten. Unterrichtet der Arbeitnehmer den Arbeitgeber jedoch über seinen (noch nicht beschiedenen) Antrag auf Anerkennung der Schwerbehinderteneigenschaft, setzt der Verfall des Anspruchs auf Zusatzurlaub die Erfüllung der Hinweisobliegenheiten durch den Arbeitgeber voraus.[13] Er sollte dann für den Fall, dass dem Anerkennungsantrag stattgegeben wird, den Arbeitnehmer über den Verfall des Urlaubs am Jahresende belehren.

[11] BAG, Urteil v. 7.8.2012, 9 AZR 353/10; BAG, Urteil v. 23.3.2010, 9 AZR 128/09.

[12] BAG, Urteil v. 30.11.2021, 9 AZR 143/21.

[13] BAG, Urteil v. 26.4.2022, 9 AZR 367/21.

	Verfallsfrist	Mitwirkungsobliegenheit des Arbeitgebers
Elternzeit (§ 17 Abs. 2 BEEG)	Das Gesetz sieht eine von § 7 Abs. 3 BUrlG abweichende Übertragungsregelung für den Urlaub vor, der **vor** dem Beginn der Elternzeit nicht genommen werden konnte (§ 17 Abs. 2 BEEG). Dieser Urlaub überträgt sich ohne besondere Erklärung des Arbeitnehmers auf das Jahr, in dem die Elternzeit beendet wird und das darauffolgende Kalenderjahr (**„erweitertes Urlaubsjahr“**). Der Urlaub kann also nach Rückkehr an den Arbeitsplatz nachgeholt werden. **Achtung:** Die Regelung bezieht sich nicht auf den Urlaub, der **während** der Elternzeit entstanden ist und daher nicht genommen werden konnte. Dieser wird aber in der Regel vom Arbeitgeber gekürzt (§ 17 Abs. 1 BEEG).	Wird Urlaub aus der Zeit vor der Elternzeit an das Ende der Elternzeit übertragen, muss der Arbeitgeber über den geänderten Verfall des Urlaubs **belehren.** Er hat dem Arbeitnehmer mitzuteilen, wie viel Urlaubstage ihm nach Ende der Elternzeit zustehen. Er hat dabei also zu **unterscheiden**: 1. Urlaubstage des Jahres, **in dem die Elternzeit geendet hat**, verfallen am Ende dieses Jahres. 2. Urlaubstage aus der Zeit **vor Beginn der Elternzeit**, die nach § 17 Abs. 2 übertragen werden, verfallen erst am Ende des nächsten Jahres nach der Elternzeit. Erfolgt keine ordnungsgemäße Belehrung, verfällt der Urlaub nicht und wird dem Urlaub des laufenden Urlaubsjahres zugerechnet.
Mutterschutz (§ 24 Satz 2 MuSchG)	Auch für Urlaub vor Beginn eines Beschäftigungsverbotes, der nicht oder nicht vollständig genommen werden konnte, ist ein vom 7 Abs. 3 BUrlG abweichender Übertragungszeitraum vorgesehen. Nach § 24 Satz 2 MuSchG kann die Arbeitnehmerin den Resturlaub nach dem Ende des Beschäftigungsverbots (z. B. Mutterschutz) **im laufenden oder im nächsten Urlaubsjahr beanspruchen.** Die Übertragung des Urlaubs erfolgt automatisch, ein Antrag ist nicht erforderlich.	Auch hier ist Voraussetzung für den Verfall nach dem verlängerten Übertragungszeitraums, dass der Arbeitgeber die Arbeitnehmerin ordnungsgemäß über den Verfall des Urlaubs belehrt hat; andernfalls wird er immer wieder dem Urlaub des laufenden Jahres zugerechnet.

Zuschläge für Sonntags-, Feiertags- und Nachtarbeit

Steuerfrei können folgende Zuschläge zum Grundlohn gezahlt werden. Der Grundlohn darf max. 50 EUR in der Lohnsteuer und 25 EUR in der Sozialversicherung je Stunde nicht übersteigen.

Zuschlagsart	Zuschläge steuerfrei bis
Nachtarbeit	
von 20 Uhr bis 6 Uhr	25 % des Grundlohns
von 0 Uhr bis 4 Uhr, wenn diese vor 0 Uhr aufgenommen wurde	40 % des Grundlohns
Sonntagsarbeit	
von 0 Uhr bis 24 Uhr hier gilt auch die Arbeit am Montag von 0 Uhr bis 4 Uhr, wenn diese vor 0 Uhr aufgenommen wurde	50 % des Grundlohns
gesetzliche Feiertage	
von 0 Uhr bis 24 Uhr hier gilt auch die Arbeit des auf den Feiertag folgenden Tages von 0 Uhr bis 4 Uhr, wenn diese vor 0 Uhr aufgenommen wurde	125 % des Grundlohns
Silvester	
von 14 Uhr bis 24 Uhr	125 % des Grundlohns
Weihnachtsfeiertage	
von 0 Uhr bis 24 Uhr hier gilt auch die Arbeit des auf den Feiertag folgenden Tages von 0 Uhr bis 4 Uhr, wenn diese vor 0 Uhr aufgenommen wurde	150 % des Grundlohns
Heiligabend	
von 14 Uhr bis 24 Uhr	150 % des Grundlohns
1. Mai	
von 0 Uhr bis 24 Uhr hier gilt auch die Arbeit des auf den Feiertag folgenden Tages von 0 Uhr bis 4 Uhr, wenn diese vor 0 Uhr aufgenommen wurde	150 % des Grundlohns